URBANOLOGICAL STUDIES

城市学研究

2021年第4辑

《城市学研究》编委会 编

ZHEJIANG UNIVERSITY PRESS
浙江大学出版社
·杭州·

图书在版编目（CIP）数据

城市学研究.2021年.第4辑/《城市学研究》编委
会编.— 杭州：浙江大学出版社，2023.5
  ISBN 978-7-308-23673-7

  Ⅰ.①城… Ⅱ.①城… Ⅲ.①城市学—研究 Ⅳ.
① C912.81

中国国家版本馆 CIP 数据核字（2023）第 067749 号

城市学研究 2021 年第 4 辑
《城市学研究》编委会 编

策划编辑	吴伟伟	
责任编辑	宁 檬	
责任校对	陈逸行	
封面设计	雷建军	
出版发行	浙江大学出版社	
	（杭州市天目山路 148 号　邮政编码 310007）	
	（网址：http://www.zjupress.com）	
排　　版	杭州浙信文化传播有限公司	
印　　刷	杭州高腾印务有限公司	
开　　本	889mm×1194mm　1/16	
印　　张	13.75	
插　　页	8	
字　　数	320 千	
版 印 次	2023 年 5 月第 1 版　2023 年 5 月第 1 次印刷	
书　　号	ISBN 978-7-308-23673-7	
定　　价	128.00 元	

目　录

关于大运河国家文化公园建设的思考
（特稿）

王国平

中共浙江省委原常委、杭州原市委书记

杭州城市学研究理事会理事长

浙江省首批新型重点专业智库

浙江省城市治理研究中心主任、首席专家

浙江省大运河文化保护传承利用暨

国家文化公园建设工作专家咨询委员会主任

国家文化公园是重要的国家精神象征，是彰显"中华文化自信"的重要标识，是展示中国特色社会主义文化制度优越性的重要窗口。建设国家文化公园，是深入贯彻落实习近平总书记关于发掘好、利用好丰富文物和文化资源，让文物说话、让历史说话、让文化说话，推动中华优秀传统文化创造性转化创新性发展、传承革命文化、发展先进文化等一系列重要指示精神的重要举措。2017年6月，习近平总书记对建设大运河文化带做出重要批示，指出："大运河是祖先留给我们的宝贵遗产，是流动的文化，要统筹保护好、传承好、利用好。"2019年7月，习近平总书记主持召开中央全面深化改革委员会第九次会议，指出："建设长城、大运河、长征国家文化公园，对坚定文化自信，彰显中华优秀传统文化的持久影响力、革命文化的强大感召力具有重要意义。要结合国土空间规划，坚持保护第一、传承优先，对各类文物本体及环境实施严格保护和管控，合理保存传统文化生态，适度发展文化旅游、特色生态产业。"这些指示要求，为"后申遗时代"大运河保护传承利用工作指明了方向。对浙江而言，落实好习近平总书记的指示要求，必须进一步提高认识、总结经验、正视短板、争创一流，深入做好大运河保护传承利用工作。格局决定眼界，眼界决定理念，理念决定思路，思路决定出路。要围绕国家文化公园的目标定位，做出正确评估，要将国家文化公园建设作为展示中国特色社会主义文化制度优越性最有效的窗口和载体，积极打造大运河国家文化公园的浙江样板。

下面，我结合大家的发言，围绕国家文化公园的定位、内涵、标准以及要求，全面推进浙江大运河国家文化公园建设，谈几点意见。

第一，要处理好国家文化公园与世界文化遗产的关系。在中国历史上，大运河的开凿无疑是一项标志性工程。它承载了中华文明的记忆，历经2000余年、沟通五大水系，从京津冀到长三角，至今仍发挥着重要作用。大运河是浙江一个响亮的城市品牌、一张珍贵的世界名片，更是一条哺育浙江成长的母亲河、维系城市兴衰的生命河。为了保护大运河，从2002年开始，杭州连续多年实施大运河综保工程。通过综保工程，先后完成大运河系列景观的保护和恢复，修复了人文生态，为大运河保护和申遗做出了积极贡献。2006年5月24日，杭州与全国政协共同举办了第一次京杭大运河保护与申遗研讨会并通过了《杭州宣言》。2014年6月22日，中国大运河成功列入《世界遗产名录》，成为我国第46个世界遗产项目。

中国大运河文化建设经历了两次飞跃，第一次是从"世界文化遗产"到"大运河文化带"，主要解决的是大运河文化保护传承利用的思想观念问题；第二次是从"大运河文化带"到"国家文化公园"，主要解决的是大运河文化建设"从何处下手"的落地实践问题。两者相辅相成、良性循环，开创了世界文化遗产保护的新局面。建设大运河国家文化公园，不仅是国家文化工程的一个有机组成部分，同时也是出于大运河世界文化遗产保护、大运河文化带建设和大运河沿线区域发展的现实需要。要在世界文化遗产的基础之上，建设大运河国家文化公园，坚决避免把"世界文化遗产""大运河文化带"和"国家文化公园"对立起来。

第二，要处理好国家文化公园建设中保护、传承和利用之间的关系。始终坚持"保护第一、应保尽保"，保护好历史的真实性、风貌的完整性、生活的延续性、文化的可识别性，尤其要引起高度重视的是生活的延续性和文化的可识别性。所谓真实性，就是不得改变历史文化遗产的历史原貌，尽可能地保护历史文化遗产所拥有的全部历史信息。所谓完整性，就是要把历史文化遗产作为一个整体来保护，与特定区域的文化环境以及多样性相协调，完整地保护其自然风貌和人文特色。所谓延续性，就是要把历史文化遗产的自然变迁和人类活动的信息延续下去，特别是要延续原住民的生活形态，传承传统生活习俗。所谓可识别性，就是对生态环境特别是人文景观的任何修复，要坚持"老的就是老的、新的就是新的"理念，使两者既相互协调又明显区分。在历史建筑的保护修缮中，始终坚持"修旧如旧、似曾相识"的理念，历史建成部分保留传统特色风貌，新建部分充分吸收杭州传统建筑、地域文化的元素和符号，做到"神似"而非"形似"，坚决杜绝"假古董"。

坚持积极保护的理念。"积极保护"就是以保护为目的，以利用为手段，通过适度利用实现真正的保护，在保护与利用之间找到一个最佳平衡点和最大公约数，形成保护与利用的良性循环，实现生态效益、社会效益和经济效益的最大化、最优化，促进可持续保护，进而落实《威尼斯宪章》所倡导的"为社会公用之目的使用古迹永远有利于古迹保护"。历史文化遗产的不可再生性要求我们要妥善、有效地加以保护，而它们的文化价值又要求我们要积极、合理地加以利用，为现实生活和发展服务。

习近平总书记在关于大运河文化的批示里面，提到了"保护、传承、利用"，在保护、利用的基础上，增加了一个"传承"，我认为要引起重视。所以，积极保护就是要做好保护、传承、利用这三篇文章，具体来说应该是"以保护为目的，以传承为手段，以利用为载体"，通过适度的传承和利用来实现真正意义上的保护，否则这个保护是落不到实处的，是不可持续的。

第三，要处理好国家文化公园规划与其他相关规划之间的关系问题。国家文化公园规划高于其他相关规划，不能用其他相关规划替代国家文化公园规划，要以国家文化公园的规划标准，对过去大运河综合保护规划进行反思、改进和提升。规划是"龙头"，是大运河综合保护的依据。

坚持"生态优先"，通过截污、清淤、驳坎、绿化、配水"五管齐下"，全面改善大运河的生态环境，使大运河（杭州段）真正成为一条"城市绿带""生态走廊"；坚持"注重文化"，按照"保护第一、应保尽保"的要求，捡起历史的碎片、文明的碎片，展示千年大运河深厚的历史文化底蕴，使之真正成为一条"历史长河""文化长河"；坚持"功能置换"，摒弃排污功能，弱化航运功能，另辟水运通渠，强化大运河的生态、文化、旅游、休闲、商贸、居住功能，把大运河打造成世界级旅游景区。建立规划实施机制，严格按照大运河综合保护规划的战略思想和系统要求，推进大运河的保护、整治和开发，在科学规划的基础上，精心组织，滚动推进，分期推出大运河旅游产品。

第四，要处理好国家文化公园四个功能区之间的关系。中共中央办公厅、国务院办公厅印发了《大运河文化保护传承利用规划纲要》，强化顶层设计，推进保护传承利用工作。2019年7月，中央全面深化改革委员会第九次会议审议通过了《长城、大运河、长征国家文化公园建设方案》，为"后申遗时代"大运河保护、传承、利用指明了方向。根据《长城、大运河、长征国家文化公园建设方案》，用四年左右时间，到2023年底基本完成长城、大运河、长征国家文化公园建设任务。大运河国家文化公园包括京杭大运河、隋唐大运河、浙东运河三部分，江南运河、浙东运河等10个河段。

国家文化公园建设坚持五大原则。一是保护优先、强化传承。严格落实保护为主、抢救第一、合理利用、加强管理的方针，真实完整保护传承文物和非物质文化遗产。突出活化传承和合理利用，与人民群众精神文化生活深度融合、开放共享。二是文化引领、彰显特色。坚持社会主义先进文化发展方向，深入挖掘文物和文化资源精神内涵，充分体现中华民族伟大创造精神、伟大奋斗精神、伟大团结精神、伟大梦想精神，焕发新时代风采。三是总体设计、统筹规划。坚持规划先行，突出顶层设计，统筹考虑资源禀赋、人文历史、区位特点、公众需求，注重跨地区、跨部门协调，与法律法规、制度规范有效衔接，发挥文物和文化资源综合效应。四是积极稳妥、改革创新。突出问题意识，强化全球视野、中国高度、时代眼光，破除制约性瓶颈和深层次矛盾。既着眼长远又立足当前，既尽力而为又量力而行，务求符合基层实际、得到群众认可、经得起时间检验，打造民族性、世界性兼容的文化名片。五是因地制宜、分类指导。充分考虑地域广泛性、文化多样性、资源差异性，实行差别化政策措施。有统有分、有主有次、分级管理、地方为主，最大限度调动各方积极性，实现共建共赢。

国家文化公园根据文物和文化资源整体布局、禀赋差异及周边人居环境、自然条件、配套设施等情况,结合国土空间规划,重点建设管控保护、主题展示、文旅融合、传统利用四类主体功能区。一是管控保护区。由文物保护单位范围、世界文化遗产区及新发现发掘文物遗存临时保护区组成,对文物本体及环境实施严格保护和管控,对濒危文物实施封闭管理,建设保护第一、传承优先的样板区。二是主题展示区。包括核心展示园、集中展示带、特色展示点三种形态。核心展示园由开放参观游览、地理位置和交通条件相对便利的国家级文物、文化资源及周边区域组成,是参观游览和文化体验的主体区。集中展示带以核心展示园为基点,以相应的省、市、县级文物资源为分支,汇集形成文化载体密集地带,整体保护利用和系统开发提升。特色展示点分散但具有特殊文化意义和体验价值,可满足分众化参观游览体验。三是文旅融合区。由主题展示区及其周边就近就便和可看可览的历史文化、自然生态、现代文旅优质资源组成,重点利用文物和文化资源外溢辐射效应,建设文化旅游深度融合发展示范区。四是传统利用区。城乡居民和企事业单位、社团组织的传统生活生产区域,合理保存传统文化生态,适度发展文化旅游、特色生态产业,适当控制生产经营活动,逐步疏导不符合建设规划要求的设施、项目等。要有效推进大运河国家文化公园建设,就必须对这四个功能区进行深入研究、科学规划和重点建设。

真正的遗产活化是在居民的日常活动中实现的,国家文化公园既要打造"城市里的公园",更要打造"公园里的城市"。以导入国家文化公园标识为契机,确保对遗产本体充分保护,借助大运河文化带活化利用的优秀经验,实现公园化的管理运营模式。既要立足特色大运河文化,进一步梳理分析各类文物和文化资源,识别具有代表性、资源分布密集、文化价值突出、主题鲜明的资源富集区,根据资源富集区内资源分布情况和文化价值,构建管控保护区、主题展示区、文旅融合区、传统利用区。

第五,要处理好国家文化公园建设与"绿水青山就是金山银山"理念之间的关系。2003年,浙江省委书记习近平在调研全国第一个生态县——安吉县时深刻提出了"两座山"的三境界:第一境界是人们在发展之初,一切为发展让路,只要金山银山,不要绿水青山。第二境界是人们在发展过程中逐渐感到保护生态环境的重要性,既要金山银山,又要绿水青山。第三境界是科学发展的实践启示人们,破坏生态环境就是破坏生产力,保护生态环境就是保护生产力,改善生态环境就是发展生产力,绿水青山就是金山银山。建设大运河国家文化公园要彰显"绿水青山就是金山银山"的理念,统筹好生产、生活、生态三大空间布局,推进人与自然和谐相处、共生共荣,实现生态效益、社会效益、经济效益三大效益的统一。

大运河综保工程的还河于民、申报世界文化遗产、打造世界级旅游产品三大目标与国家文化公园的指导思想、发展目标高度吻合。新时期,要按照国家文化公园建设要求,进一步坚持三大目标,打造世界级旅游产品。还河于民、申报世遗、打造世界级旅游产品三大目标是统一的、互补的、相得益彰的。没有"还河于民",没有"世界级的旅游产品",就称不上是名副其实的世界文化遗产。大运河作为活态的文化遗产,按照联合国教科文组织有关章程和要求,惠及原住民是保障其活态发展的重要条件。现在看来,"还河于民""申报世遗"两大目标已基本实现,打造"世界级旅游产品"还在进行中。特别是杭州要以西湖、大运河、良渚古城遗址三大世界文化遗产为核心品牌，打造集旅游观光、都市休闲、文化创意、娱乐体验、会议会展、养生度假等多功能于一体的大都市旅游休闲核心，还有很多工作要做。因此，要充分挖掘和利用大运河（杭州段）丰富的自然景观和人文资源，完善旅游服务，提升旅游功能，把大运河（杭州段）打造成杭州的塞纳河，打造成与西湖、西溪齐名的世界级旅游产品。也就是说，杭州不仅要在大运河综合整治与保护开发上成为全国的样板，也要在大运河管理上成为全国的样板。要围绕打造"清洁、清静、亲水、绿色、无视觉污染"的5A级景区目标，坚持"追求完美、不留遗憾"，坚持"细节决定成败"，进一步理顺大运河沿线管理体制，明确责任分工和措施，妥善解决"有人办事、有钱办事、有章办事、有房办事"问题，进一步落实洁化、绿化、亮化、序化"四化"长效管理机制，真正做到第一时间发现问题、第一时间处置问题、第一时间解决问题，确保大运河的自然景观、人文景观、非物质文化遗产、原住民生活形态、景区景点都能通过高水平管理得到有效保护和合理利用。

"后申遗时代"大运河国家文化公园的建设，要全面提升大运河和河道的生态功能、文化功能、旅游功能、休闲功能、商贸功能和居住功能。要坚持"流畅、水清、岸绿、景美、宜居、繁荣"目标，坚持"统一领导、统一规划、统一标准、分级筹资、分级建设、分级管理"原则，坚持截污、清淤、驳坎、绿化、配水、保护、造景、管理"八位一体"和"六带"方针，依据"水生态、水文化、水景观、水旅游、水开发、水安全、水交通"的评价标准，进一步完善河道有机更新工作。要按照"能通则通""连片成网""留有余地"原则，强化市区河道的交通、旅游、休闲功能，加快市区河道慢行系统和水上交通建设，推出更多水上旅游线路，彰显"五水共导"的城市特色，实现"大河通大船、小河穿小船"。要认真研究通航船型问题，按照"3（机动船分大、中、小三类）＋1（手划船）"模式，进行系统化、一体化设计，打造浙江的贡多拉，再造"浙江水城"和"浙江船娘"形象。要不断优化市区河道景观设计，因地制宜，就地取材，力求"一河一景"，严防"千河一面"，切实搞好市区河道两侧300米控制带的规划设计和开发利用。特别要把依托市区河道，建设以步行和自行车为主的慢行交通系统摆在重中之重的位置，打造具有杭州特色的城市慢行交通系统。市区河道两侧所有已建和拟建住宅小区都要建码头或河埠，沿线历史的碎片、文化的碎片要"应保尽保"，沿河生态环境要保护修复，河道岸线要全线打通，实现"还河于民"。护岸驳坎要采取生态型、亲水型方式。沿河公园广场要避免大面积铺装，凸显手工营造的江南特色，使草石相生，充满野趣。沿河亭台楼阁要有自己的特色，并与历史文化碎片的挖掘展示结合起来。

第六，要处理好国家文化公园建设OMO模式问题。大运河国家文化公园建设是在数字化改革大背景下展开的，要将大运河国家文化公园建设从线上线下相结合（online to offline, OTO）向线上线下相融合（online merge offline, OMO）发展。所谓OMO模式是一种行业平台型商业模式，通过在线分享商务、移动电子商务、线下商务的有效聚合，帮助机构顺应体验经济的发展和用户需求的变化，简化获得实体商品和服务的途径，打造线上—移动—线下三位一体全时空的体验店营销系统，使机构与用户能够通过各种载体及终端进行交易和消费。拥有这种统一平台型商业模式的机构，可结合自身产品与服务特点，合理配置企业资源，制定相应的经营战略，最终实现品牌传播与实际交易的双赢。大运河国家文化公园建设要依托 OMO 商业模式的平台，以消费群体为中心，打通营销、支付和商品各个环节，将实体店电商化，基于用户大数据进行消费行为分析，挖掘新的商业价值，推进技术模式和运营模式的双重创新。

搞好大运河综合保护和国家文化公园建设，关键是要解决好"钱、地、人、章"，即"钱从哪里来到哪里去，地从哪里来到哪里去，人从哪里来到哪里去，手续怎么办"等四大问题，核心是解决好"钱从哪里来"和"地从哪里来"两大问题。其中，要解决"钱从哪里来到哪里去"难题，就要坚持 XOD 模式的发展理念，对城市基础设施和城市土地进行一体化开发和利用，做到节约用地、集约用地、优地优用。XOD 模式是借鉴 TOD 模式的理念，以城市基础设施为导向的城市空间开发模式。广义的城市基础设施由三部分构成：一是经济类基础设施。我国一般所谓的城市基础设施多指经济类（或称工程性）基础设施，主要包括能源系统、给排水系统、交通系统、通信系统、环境系统、防灾系统等六大类工程设施。二是社会类基础设施。三是生态类基础设施。按照基础设施类型的不同，XOD 模式可具体划分为 EOD 模式（educational facilities oriented development，以学校等教育设施为导向）、COD 模式（cultural facilities oriented development，以博物馆、图书馆、文化馆、歌舞剧院等文化设施为导向）、HOD 模式（hospital oriented development，以医院等综合医疗设施为导向）、SOD 模式（stadium and gymnasium oriented development，以体育场馆等体育运动设施为导向）、POD 模式（park oriented development，以城市公园等生态设施为导向）等。

在当今中国，千万不能将土地问题污名化，更不能将"地租理论"污名化。马克思在《资本论》中全面论述了地租理论，特别是级差地租理论。地租理论，特别是级差地租理论是马克思政治经济学的重要组成部分。

目前，中国城市政府共同面临两大挑战：一是发展后劲不足的问题；二是政府负债过高的问题。解决两大挑战的唯一途径是实现"政产学研资用"六位一体。政府负债的主要原因是城市经济类、社会类、生态类基础设施建设带来巨额债务。城市三大类基础设施应该是也必须是公共产品。公共产品应该也必须具备土地的溢出效应，即地租和级差地租的特性。换言之，立足"双循环"新格局，在不增加政府负债的前提下，通过级差地租理论与"XOD + PPP + EPC"模式，既有可能彻底解决政府投资强度不足的问题，又有可能彻底解决城市三大类基础设施建设项目商业模式不足的问题，进而实现项目资金平衡与城市可持续发展。

上海、浙江等地出台的有关支持新基建与新型智慧城市建设相关政策的亮点，在于充分利用了城市三大类基础设施建设产生的土地溢出效应，即地租和级差地租。比如，2020 年 4 月发布的《上海市扩大有效投资稳定经济发展的若干政策措施》，其中有一批含金量极高的政策："存量工业用地经批准提高容积率和增加地下空间的，不再增收土地价款。坚持公共交通导向发展模式和区域总量平衡，研究优化住宅和商办地块容积率，提升投资强度。支持利用划拨土地上的存量房产发展新业态、新模式，土地用途和权利人、权利类型在 5 年过渡期内可暂不变更。""创新土地利用机制，按照不同区域、不同产业差异化需求，精准实施混合用地出让、容积率提升、标准厂房分割转让、绿化率区域统筹等政策，高效利用存量土地。"2019 年 11 月，《浙江省人民政府办公厅关于高质量加快推进未来社区试点建设工作的意见》，则提出了集约高效利用空间的相关举措："加大城市存量用地盘活利用力度，打破一刀切模式，科学合理确定地块容积率、建筑限高等规划技术指标。允许试点项目的公共立体绿化合理计入绿地率，鼓励和扶持建立社区农业等立体绿化综合利用机制，推行绿色建筑。支持试点项目合理确定防灾安全通道、架空空间和公共开敞空间不计费容积率。支持试点项目空中花园阳台的绿化部分不计入住宅建筑面积和容积率。对符合条件的土地高效复合利用试点项目，纳入存量盘活挂钩机制管理，按规定配比新增建设用地计划指标。允许依法采用邀请招标方式、评定分离办法选择设计、咨询单位。在建筑设计、建设运营方案确定后，可以'带方案'进行土地公开出让。"这些政策的出台值得高度关注，也为系统解决文化遗产保护四大难题提供了思路与借鉴。实践证明，只有在坚持 XOD 模式的基础上，广泛应用"XOD + PPP + EPC"模式，对城市基础设施和城市土地进行一体化开发和利用，形成土地融资和城市基础设施投资之间自我强化的正反馈关系，通过城市基础设施的投入带动土地的增值，通过土地的增值反哺城市的发展，才能有效破解新型城镇化"钱从哪里来到哪里去，地从哪里来到哪里去，人从哪里来到哪里去，手续怎么办"等四大难题。

要有效破解"地从哪里来到哪里去"的问题。要按照中共中央办公厅、国务院办公厅《大运河文化保护传承利用规划纲要》的有关要求，进一步拓展大运河综保工程范围，并将浙东运河杭州段（西兴运河）纳入大运河综保工程，统一谋划、系统保护开发。《大运河文化保护传承利用规划纲要》提出，"合理划分大运河文化带的核心区、拓展区和辐射区"；核心区"主要是指大运河主河道流经的县（市、区），包含典型河道段落和重要遗产点"，"大运河文化带的主轴和具备条件的其他有水河段两岸各 2000 米内的核心区范围划定为核心监控区"。要按照此要求，将大运河综保工程范围从原来沿河岸两侧各 1 公里，拓展至 2 公里。在此范围内，根据《长城、大运河、长征国家文化公园建设方案》的要求，将大运河综保工程传统范围（即沿河岸两侧各 1 公里）主要设为"管控保护区""主题展示区""文旅融合区"，将新增的 1 公里范围主要设为"传统利用区"，科学开展保护利用。坚持"生态廊道"和 XOD 发展模式，管控保护区通过严格保护、增加公建、改善服务不断提升品质；传统利用区通过有机更新、改善居住、发展文旅实现繁荣繁华。

要有效破解"人从哪里来到哪里去"问题。对大运河综保工程规划范围内的原住民，要按照"鼓励外迁，允许自保"原则，分两类进行安置：对拆迁户，要坚持就近安置、优先安置；对保留住户，要通过调整业态和实施危旧房改善、庭院改善、物业管理改善等工程，改善原住民生产生活条件，要在遗产保护中帮助原住民扩大就业、增加收入，努力提高他们的生活品质，让原住民真正成为遗产保护的最大受益者，做到"遗产保、公园美、百姓富"。"人从哪里来到哪里去"的核心问题，本质上就是市场问题，游客、投资者、购房者、创业者这四大类群体能不能进入文化遗产区域是破解难题的关键。要围绕后申遗时代、打造世界级旅游产品的目标，建设吃、住、行、游、购、娱、会、展、节、庆、赛、演全要素的国际旅游综合体，深入推进"双创"，重点发展"大旅游""大文创""互联网＋"等高端产业，通过适度利用实现真正的保护。

要有效破解"手续怎么办"问题。体制重于技术，环境重于政策。文化遗产保护和申遗工作的核心问题是体制、机制、政策问题。要强化政府主导，主动履行地方政府对文物保护的属地责任，改变遗产保护由文物行政管理部门单打独斗的被动局面，通过体制机制创新、资源要素整合，建立横向到边、纵向到底的组织框架和"条"抓"块"保、五级联动的保护机制，最大限度地发挥遗产所在地政府的主导主体作用。比如，大运河（杭州段）要早日实现打造"世界级旅游产品"的宏伟目标，关键要按照"政企分开、管办分离"的相关规定，尽快恢复大运河综合保护原有组织架构和运行机制，即杭州市京杭运河（杭州段）综合保护委员会恢复单列，保持正局级事业单位性质；杭州市运河集团建设管理有限公司降格为副局级国有企业，纳入综保委管理，并由综保委派出非公务员、非事业身份的同志到集团公司任职，确保"两块牌子、两套班子，协调有力、同向发力"。

建设大运河国家文化公园样板区的调研与思考（特稿）

胡 坚

浙江省大运河保护传承利用暨国家文化公园建设专家咨询委员会副主任

建设大运河国家文化公园是中华民族实现文化复兴的标志性项目之一，是保护与传承优秀传统文化的需要，也是提升城市文化品位和增强城市识别度、美誉度的重要举措，还是为市民打造美好生活的重要组成部分。为了将大运河国家文化公园拱墅段建成样板区，我们进行了深入的调查研究与多方座谈讨论，在此基础上，形成了以下调研报告。

一、世界城市滨水区文化保护、传承与利用的基本经验

城市的发展总是与水息息相关。人类从农耕文明，走向工业文明，再走向信息文明和生态文明，城市的滨水（滨海、滨江、滨湖、滨河）地区也经历了"水利灌溉→交通运输→工业生产→休闲游憩"的功能演变过程，表现为"生活→生产→生活"的功能回归。随着历史的发展与积淀，滨水区在河道、驳岸、绿化、生物等自然要素的基础上，建设了桥梁、码头、建筑、工业设备等人工要素，形成了风俗、精神和制度等艺术价值、历史价值和科技价值丰富的文化元素，成为一个城市最具代表性的精神文化和区域特色的空间。

世界上不少城市开展了对滨水区的规划和开发活动，并以此带动了整个城市的发展。在开发中，大多数城市都重视各种开发项目与水的结合度，一般在滨水区形成四大功能区域：一是居住区域，极度重视利用滨水位置，通过改进滨水景观或利用水域的可进入性提升住宅的价值。二是商务区域，发展依赖水域、水景以及水运的产业，充分利用水在发展产业中的作用。三是休闲区域，利用一些可开发的区域，建设游船俱乐部、休闲吧、游步道等，供人们休憩。四是特殊区域，保护一些处于自然状态的区域，作为文化遗产与自然生态的存在区。

国内外在滨水区的保护开发利用上，具有以下这些共性：一是适用性，在功能上尽可能地满足城市和公众的多种需求，形式和功能上与环境相互协调，且对公众全年开放。二是多样性，在保证环境健康发展的前提下，有限的滨水区内有多样化的自然环境、开敞空间和各种功能设施为公众提供多种体验和选择。三是开敞性，水边的空间是向公众开放的界面，临界面建筑的密度和形式不损坏城市景观轮廓线并保证视觉上的通透。四是可接近性，所有的人，包括行动不便者均可步行或通过各种交通工具安全抵达滨水区和水体边缘，而不被道路或构筑物所阻隔。五是延续性，林荫的步行道和自行车道将滨水区连贯起来，且在建设中保持自然环境和城市文脉的延续。

城市滨水区开发是一个复杂的过程，受到自身资源条件和各种外部因素的制约，不同导向的开发模式与模式之间并非完全独立，在实际开发过程中往往是多种空间互相渗透，多元功能互相支撑。因而在充分考虑城市滨水区空间和城市历史文化的前提下，需要将不同导向的滨水区开发模式联系起来，这样才能因势利导、因地制宜，为滨水区进行多种途径和多种维度的综合性开发提供一种可能。根据滨水区开发方式的不同主导功能，可以把城市滨水区的开发分为交通水道导向、住区品质导向、边缘新城导向、遗产飞地导向及复合开发导向等五种既有区别又有联系的开发模式。

以上这些滨水区的保护开发与利用，对于我们建设大运河国家文化公园样板区具有重要的借鉴意义。当然，大运河文化是具有世界意义的文化，是中国数千年文明史的代表之一，具有自己的独特性，并不能照抄照搬别人的经验。

二、大运河国家文化公园样板区的主要标志、鲜明特征与发展短板

国家文化公园是整合具有突出意义、重要影响、重大主题的文物和文化资源，实施公园化管理运营，实现保护传承利用、文化教育、公共服务、旅游观光、休闲娱乐、科学研究功能，形成具有特定开放空间的公共文化载体，集中打造中华文化重要标志。国家文化公园重点建设管控保护、主题展示、文旅融合、传统利用四类主体功能区。协调推进文物和文化资源保护传承利用，系统推进保护传承、研究发掘、环境配套、文旅融合、数字再现五个重点基础工程建设。

作为国家文化公园的样板区，我们认为要从七个方面充分体现：一是思想理念的谋划上要高人一筹，实现思想引领与顶层设计的完美结合。二是整体设计上超前一步，实现点、线、面的完美结合。三是文化场景的布局上别样精彩，实现传统与现代的完美结合。四是在数字技术的运用上发挥优势，实现现实与虚拟的完美结合。五是在管理运营与文化活动上亮点纷呈，实现管理、运营、活动、传播的完美结合。六是用大运河文化提升拱墅城市品位，实现城市建设与大运河建设的完美结合。七是体制机制的打造精细科学，实现体系、机制、组织构架等的完美结合。

目前从拱墅区打造国家文化公园样板区来看，在以下方面还需要进一步加强，也是当前推进中的短板：一是由于目前体制上的多重管理，在规划等方面需要进一步加强协调与统筹，全面形成工作合

力。二是在思想认识上需要进一步深化与研究，厘清有关的思想理念。三是还需要做出更加全面系统的规划，形成一个高水平的规划文本。四是相关的街道在工作中要强化大运河国家文化公园的意识，一些项目与工作要更加精准地衔接。五是进一步加强宣传，让居民更多地了解国家文化公园，支持和参与国家文化公园的建设。

三、加强对大运河文化资源的深度挖掘和文化符号的提取，夯实大运河国家文化公园建设的文化基础

大运河（拱墅段）位于京杭大运河南端，北依半山，南望西湖。88 条 170 余公里河道纵横交错，形成运河水网。大运河（杭州段）5 条遗产河道中，杭州塘、上塘河、中河 3 条遗产河道约 30 公里流经拱墅，拱墅区 18 个街道中有 16 个位于大运河沿岸；大运河（杭州段）6 处遗产点中，富义仓、桥西历史街区、拱宸桥 3 处位于拱墅区。其中上塘河是杭州最古老的运河，前身是 2200 多年前秦始皇时开凿的"陵水道"，是杭州运河历史底蕴最深厚、文化遗产最丰富、文旅价值最优越的核心段。

当前，我们需要进一步对拱墅区的大运河文化资源进行更加深入的挖掘与梳理。文化资源可分为八个方面：一是生态山水文化资源，大运河和半山等就是珍贵的资源。二是历史物质文化资源，如大运河的古桥、古码头、商业和工业遗址、两岸的民居等。三是历史非物质文化资源，如大运河故事与传说，与大运河相关的字画、航运、河工治水技术、水上习俗，大运河元宵灯会、与大运河关系密切的传统戏剧与曲艺、杂技与武术等。四是革命红色文化资源，与大运河相关的革命故事、遗址、革命名人的故居等。五是传统文化技术资源，与大运河相关的传统技艺与工艺，如制伞、刀剪、纺织工艺、剪纸、绣花等。六是传统文化思想资源，与大运河有关的文化人、思想家以及他们的著作、学说等。七是地方特色文化资源，大运河（拱墅段）独特的一些文化资源。八是文化人才资源，如文化创意人才、文化管理者、经营者等资源。

对大运河文化资源进行全面深入的普查，可进一步详尽地画出"拱墅区大运河文化资源分布图"，并对大运河文化资源进行筛理，分类进行利用：有的保护，有的开发利用，有的产业化。最重要的是要将这些文化资源转化为资本资源和发展资源，为拱墅区的新发展创造社会财富和经济财富。

在深入挖掘文化资源的基础上，加强对大运河文化基因和文化元素的提取。大运河的文化基因和文化元素主要包括如下三个层次。

一是物质形态的文化基因与文化元素，就是因大运河的运行形成的具有历史、文化、建筑、艺术价值的古建筑或遗址：仓房、税收机构旧址、漕运机构旧址、水河龙王庙宇、行宫、河道、古闸、古坝、驳坎、纤道、埠头、桥梁、码头；大运河沿线体现和记录其历史文化的纪念物或标记的文物碑石：碑、像、坊、楼、亭；与大运河历史文化密切相关，能够体现沿岸聚落的传统格局和历史风貌的历史街巷：古街区、古村、古镇等。

二是非物质形态的文化基因与文化元素，如千百年来，与大运河生产生活息息相关的工艺技术、文艺创作、民俗风情、生活方式等。

三是思想与精神形态的文化基因与文化元素，如大运河的开凿者和建设者们艰苦创业、不屈不挠、奋发图强的精神等。

在大运河文化公园的建设中，我们要充分利用好这些文化基因与文化元素。如富义仓建筑的文化元素、桥西历史街区的文化元素、拱宸桥造型的文化元素等，都可以运用到拱墅区的建筑、公共造型、城市服务系统、城市识别系统、大运河文创产品等的开发之中。

四、充分利用大运河文化增强城市辨识度，提升城市品位与城市美誉度

随着城市化大踏步地推进，在中国的城市建设中出现了一种不可忽视的现象，就是百城一面。从建筑上看，几乎都是雷同的高楼大厦，许多城市失去了自己独特的个性。杭州在呈现"独特韵味"，绽放"别样精彩"时，最重要的就是体现"独"和"别"。怎样保护与传承城市的文化个性，彰显城市独具特色的魅力是当下城市现代化建设中的一个重大课题。

大运河是新拱墅的金名片。可深入挖掘"千年运河、繁华武林"的文化底蕴，统筹做好保护传承利用文章，通过弘扬大运河文化增强拱墅区辨识度和提升城市美誉度，充分利用大运河文化元素提升城市形象。

城市形象，共由七个方面构成，要从细节上提升与打造。

（一）城市建筑

好的城市建筑要能够延续历史文脉，讲述城市故事；彰显独特个性，避免百城一面；美化天际轮廓，构筑城市韵律；规划城市空间，布局疏密有度；精选城市色彩，打造别样韵味。要高度关注城市建筑的造型，使之充分彰显个性，不能百城一面。我们要充分注重大运河文化元素在城市建筑上的运用。重视历史文化符号在城市建筑上的表达，注重建筑形态和色彩的总体规划，特别是要高度重视城市标志性建筑的打造。同时，要高度重视城市广场的建设，注重城市广场的人性化、个性化、生态化、人文化，在拱墅打造一批文化主题广场，让城市广场体现城市个性，彰显城市品质。

（二）城市街区

好的城市街区要成为饱含历史底蕴、市民生活记忆的街区；成为市民生活空间，因为街区离市民的生活最近；成为城市服务节点，城市服务的最后一米在街区。在拱墅区城市建设中，要高度重视对街区的设计与打造，为市民和游客提供舒适的城市公共空间，让人们找到家的感觉。我们一定要把大运河两岸的历史街区打造好，全面提升历史文化街区风貌。近年来改造升级了桥西历史文化街区、小河直街历史文化街区、大兜路历史文化街区，保护历史信息，保持风格风貌，改善生活设施，注重生活形态传承，完善文化休闲新业态。同时，也要高度关注新的特色文化街区的打造，方便开展各种文

化活动和文化交流，例如，打造音乐街区、艺术街区、民俗街区、文创名品街区等。继续打造好运河湾文化街区、祥符桥文化街区，明确产业定位与实施方案，综合提升改造重点文化设施，丰富文化展现形式。

（三）公共造型

公共造型，代表一个城市的形象。在当代城市建设与发展中，雕塑主要具有以下八个方面的文化功能：一是弘扬城市精神，用雕塑来展示城市的精神，如杭州钱塘江畔的钱王射潮雕塑、绍兴的大禹雕塑等。二是展示城市历史，用雕塑来讲述历史的故事。三是丰富城市生活，街头和公园中的雕塑，能够营造很好的生活环境，增添生活的气息。四是彰显城市风俗，用雕塑讲述民俗风情，如杭州清河坊的各种雕塑。五是倡导城市价值，可以把社会主义核心价值观、城市价值观用雕塑的形式展现出来。六是彰显城市特色，如车进丽水龙泉，一路都是青瓷和宝剑造型的雕塑，充分展现了龙泉的城市特色。七是感悟城市意境，雕塑也像大地艺术，可以为城市营造不同的艺术氛围与意境。八是增加城市温度，文化是有温度的东西。在拱墅区的城市发展中，要更加重视以城市雕塑为核心的公共造型的建设。在大运河两岸，在城市公园，在公共绿地等，多增加一些公共雕塑，打造更多的雕塑公园，彰显城市文化个性。

（四）园林与绿化

城市园林与绿化，具有美化城市环境、打造舒适生活、净化城市空气、营造良好生态的作用。在拱墅区的城市发展中，要重视打造一批文化口袋公园，如唐诗公园、民俗公园、书法公园、音乐公园、雕塑公园等，把学习、休闲、娱乐结合起来。

（五）城市细节

城市的文化形象常常藏在城市的细节之中，城市的道路井盖也代表一个城市的形象，是城市细节的文化表达。当下我们的窨井盖，相对缺设计、无色彩、少地标，可以学习欧洲的窨井盖，提升文化品位。城市还要体现无微不至的人文关怀，城市的盲道、无障碍路线等要进一步提升改造。当前，我们在拱墅区城市发展中，还需要进一步关注城市细节，让城市的每一个细节都会讲故事，都充满文化温度。

（六）城市家具

城市公共空间中的休息椅、垃圾箱、公共车棚、服务报亭等城市家具，既能服务市民生活，又能传导城市故事。拱墅的城市建设中，一定要把城市重大事件与城市家具的建设结合起来，为城市留下更多的文化记忆。如在大运河两岸的休息椅上，可以标上大运河历史名人的名字，强化文化传导功能。又如在大运河的码头、候车亭、垃圾桶等各种服务设施上，都可以讲述大运河文化故事。

（七）指示系统

指示系统是便利人们寻访、展示城市文化的重要媒介，特别是交通标识和道路命名，是一个城市使用频率最高，也最能给人留下印象的东西。在拱墅区的城市建设中，我们需要更加重视交通标识和道路命名。一是增加交通标识。二是作为国际化的城市，交通标识和道路命名应当使用中英双语。三是道路标识要体现城市风格，突出大运河的地域标识。四是有的道路可以进行文化命名，如大运河畔的"走运之路""怀古小道""古码头观光带"等，还可以标上二维码加以介绍，让城市成为一个无处不学习的地方。

五、传承和营造大运河沿岸的特色文化生活方式

大运河（杭州段）数千年来形成的大运河生活方式具有独特的当代价值，也是一笔无形的资产。大运河生活方式背后蕴藏的技艺、艺术、语言，独特的生活形态、思维方式，渗入了大运河两岸居民的生活脉络，形成了一种特色鲜明的文化传统。

当前，我们要探索更多让大运河文化走进寻常百姓家的途径，让大运河文化成为"活态"的文化。在传承和营造共享的大运河特色文化生活方式方面，我们可以推进以下工作。

第一，进一步打响"走大运"的文化品牌，使历史传统文化与当代生活紧密结合，打造群众喜闻乐见的文化生活方式。要深化"春走大运""夏品民俗""秋游庙会""冬赏花灯"系列活动，吸引更多的人参与。近年来，拱墅区有关部门和群众重新挖掘和再现传统的运河元宵灯会、运河庙会等节庆，举办融入现代元素的运河美食节、"新年走大运河"等文化休闲活动。如首届大运河戏曲节，呈现了整整1个月的戏曲文化盛宴，让"水路即戏路"的表述从历史的纸面上"活"了起来，在火热的现实生活里"传"了开去。

第二，充分发挥大运河两岸人民在文化生活打造方面的主体作用，培育基层文化队伍，形成共创共建共享的局面。如根据原拱墅区的数据，大运河边的群众文体活动团队有380多个，常态化举办诗歌吟咏、挥毫泼墨、吹拉弹唱等文化活动。还成立了运河文化公益促进会，聘请运河文化大使、文学大使，创办大运河文化沙龙。举办系列非遗进校园活动，不断传承和发展大运河文化，丰富文化产品供给，实现文化惠民，努力提升百姓幸福感、获得感。

第三，将大运河畔打造成杭州知名的文化体验区和展示区。我们要充分发挥大运河作为"文化之河"的品牌效应，推出一批具有国际知名度的文化活动，举办一批具有国际影响力的高端论坛，推动拱墅区与国际城市的合作交流，提升对人才、资本和技术的吸引力。要进一步加强基层文体设施配备，建设社区文化家园、杭州书房，完善大运河戏曲驿站廊道，新建、更新全民健身苑点，启动文艺惠民活动。要打造一批民俗体验馆、乡愁纪念馆、匠人坊，设立名人工作室等，丰富大运河两岸人文景观，推动文化遗产体验式展现。以大运河为轴，形成传统与现代完美融合的"东动西静"文化品牌格局，留住大运河的文脉乡愁，也使之焕发出新时代的活力姿态。

第四，高度关注和大力弘扬与大运河历史、文化遗存相关的非遗项目。近几年，开展了大规模、地毯式的非遗普查工作，共收集非物质文化遗产线索4300条，内容涉及17个门类84个种类。其中，

包括1项人类非物质文化遗产代表性项目——"半山立夏习俗",2项国家级非遗代表性项目——"张小泉剪刀锻制技艺"和"朱养心传统膏药制作技艺"。当前,要以大运河为轴,将各个非遗点串起来,辐射全区,依托大运河沿岸老工业厂房和历史建筑,打造大运河非物质文化遗产的集聚区和活化的样板区,让非物质文化遗产融入当下百姓的生活。

第五,在拱墅区的城市公共文化服务设施建设中,强化大运河文化元素的理念。一是要推进一批重点项目建设,建成一批具有明显大运河(拱墅段)辨识度的标志性项目。二是要在公共文化服务设施的外立面、公共空间、周边绿化与步行道、室内装饰和墙面布置等方面,尽可能地与大运河文化元素结合,以打造与众不同的、大运河文化元素凸显的公共文化服务设施。三是要高度重视保护优化大运河沿岸生态环境,打造水清岸绿景美的品质运河。做好大运河4A级景区的环境整治工作,提升景区美誉度。建设"上塘河—半山国家森林公园"景观风情带,打造"一山一水、山水融合、相得益彰"的大运河国家文化公园良好生态。

六、推动大运河文化与旅游融合发展

中共中央办公厅、国务院办公厅印发的《大运河文化保护传承利用规划纲要》明确提出,要建设享誉中外的缤纷旅游带。紧扣满足人民日益增长的美好生活需要,强化文化旅游发展顶层设计,加快文化旅游资源古今汇合、类别融合、区域整合,建设大运河文化旅游精品线路,培育统一的"千年大运河"文化旅游品牌,把大运河打造成设施完备、服务优良、特色突出、效益良好、示范带动力强的"多彩大运河"。在推进大运河文化与旅游的结合中,我们可以推进以下工作。

要在旅游六要素上下足功夫,用文化打造大运河旅游与众不同的品牌。一是要做好"吃"的文章,把大运河美食打造成一个更加响亮的品牌。现在大运河畔已经有不少的美食街和美食店,要进一步强化"大运河美食"的品牌理念,评选"大运河美食十大碗"。同时,在大运河美食街的打造、餐饮店的环境设计、美食包装的设计、美食节的举办等方面,要进一步做精做细,加强顶层设计,提升大运河美食的知名度和美誉度,唱响美食拱墅品牌。二是要做好"住"的文章,多建设一些大运河文化主题酒店和民宿。目前虽然国内外具有文化主题的酒店和民宿的价格要比许多四、五星级的酒店高,但更受人们的欢迎。三是要做好"行"的文章,多建一些文化主题的游步道。如将大运河畔的游步道建成文化游步道,更好地展示大运河文化,讲好大运河故事;如在休闲椅上刻上大运河历史名人的名字,在大运河边多立一些讲述大运河故事的牌子,多举办大运河文化书画展,建设文化长廊等。四是要做好"游"的文章,推出健康养生游、研学修行游、探秘寻访游、文化体验游、民俗风情游、艺术采风游等。开发培育世界文化遗产研学游、华夏历史文明体验游、大运河沿线古都游、大运河古镇记忆传承游、大运河故事特色专题游等,汇聚形成若干各具特色的精品线路。五是要做好"购"的文章,更多地打造大运河文创产品,提升旅游产品开发和旅游服务设计的文化内涵和数字化水平,推动虚拟旅游展示等新模式创新发展。在大运河文创产品和旅游产品的打造中，特别要重视非物质文化遗产的开发与利用，把大运河非遗这篇文章做好。推动产品的创新性转化，推出具有大运河元素、融入生活、进入市场的传统工艺产品。六是要做好"娱"的文章，丰富娱乐项目，集聚人气，特别是要打造好大运河夜生活。通过以上这些方面，不断地丰富大运河旅游的服务模式，提升旅游消费体验，引领旅游消费潮流。

在文化旅游产业的发展中，要进一步鼓励发展体育休闲产业，加快体育休闲、健康、旅游深度融合。积极开发徒步、健走、马拉松、骑行、自驾车、龙舟运动等产品，举办大运河龙舟、赛艇等相关主题的特色品牌体育赛事活动，开展运动休闲体育活动和全民健身活动，利用大运河开展相关群众性体育活动。

七、充分发挥数字技术在大运河国家文化公园建设中的推动作用

要高度重视数字文化经济的发展，推动拱墅区数字文化经济率先发展。充分运用杭州作为数字经济发展强市的优势，以业态创新、产品创新和内容创新为重点，加快发展网络文学、网络影视、网络游戏、数字动漫、数字音乐等数字内容产业，加快培育文化新业态，拓展文化产业发展新空间。运用数字化改革成果，推动大运河文化展示宣传数字化场景运用。建设大运河文化数字传播研究中心、大运河数据影像研究中心，加强非遗数字化保存、音视频制作，推动智慧非遗数据库建设、大运河系列影像资料采集与存储，推进大运河文化数字体验，运用数字化技术展示宣传大运河文化，建设大运河文化数字文旅服务平台。发挥数字艺术高互动性、高应用性、高融合性的特点，拓展数字艺术展示应用范围和市场空间。推动数字艺术展示与公共空间、公共设施、公共艺术相结合，与智慧旅游、城市综合体、特色小（城）镇相结合，打造数字艺术展示品牌活动，发挥数字艺术展示在拉动地方消费、提升地区形象、提高文化品位等方面的作用。

要大力推进拱墅区文化创意产业的发展，发挥文化对拱墅区经济转型的作用，进一步发展创意设计产业，重新设计拱墅的各种产品，推进大运河历史文化的时尚化。要强化设计理念，做大做强设计产业，用设计提升现有产业和产品的附加值，打造拱墅设计平台，常年举办精细化的设计大赛，吸引世界设计师设计拱墅产品。拓展文化产业，拉长产业链，打造大运河最长的文化产业链。着力推动工业遗产活化利用，充分利用大运河两岸工业化过程中遗留下来的老旧工业厂房、仓库等设施，推动工业遗产保护利用和改造升级，围绕近现代工业发展历程，梳理杭钢工业遗存、中石化杭州炼油厂遗存、华丰造纸厂工业遗存、LOFT49创意园等近现代工业文化资源。发展文化创意、科技研发等高附加值产业，丰富制造业、加工业等行业产品的人文内涵，增加附加值。

八、建设大运河国家文化公园样板区的路径

拱墅建设大运河国家文化公园样板区，要加强组织领导。成立拱墅区大运河国家文化公园样板区建设领导小组，由区领导担任组长，各相关部门为成员单位，建立多方沟通协调机制，形成建设合力。加强整体推进。制定相关政策，将大运河国家文化公园样板区建设纳入拱墅区"十四五"规划，坚持规划引领、整体推进。加强财政保障，加大重点项目保障力度，加强文化设施投入。坚持文化惠民、提升文化软实力。除做好这些工作外，我们还要做好以下这些工作。

（一）提炼运河精神，站位国家公园

我们要站在精神层面和国家公园的高度谋划大运河国家文化公园的建设。中共中央办公厅、国务院办公厅印发的《大运河文化保护传承利用规划纲要》明确提出："长期以来，大运河系统性、全方位的遗产保护和文化展示仍显不足，承载的文化价值和精神内涵挖掘还不够。"因此，挖掘大运河的精神内涵是建设国家文化公园的一项重要任务。

大运河本身就是一条"精神之河"，大运河历史凝练的文化是指大运河数千年历史在推动南北融合、东西交汇、中外交流过程中逐步升华形成的文化精髓和价值观念，体现了中华民族的精神特质，其载体是大运河沿线乃至全体中国人所具有的伦理道德、理想信念、情感性格等。我们要强化对大运河精神内涵的挖掘，结合时代条件加以继承和发扬，赋予其新的时代含义和文化价值。数千年来，大运河从开凿到运行，一直到今天，不仅是一个交通枢纽，而且推进了中国南北文化的交流，推动了两岸城乡的发展，形成了独特的大运河生活方式，积淀了深厚的文化，也充分彰显了中国人民"不畏艰险、奋发图强、推进发展、融合文化"的精神理念与精神气质。为此，在推进大运河国家文化公园建设中，要深入提炼大运河精神，提升建设境界。要进一步打响"到大运河寻找精神"的品牌，弘扬当年大运河的开凿者和建设者们艰苦创业、不屈不挠、奋发图强的精神，让大运河成为中华民族的精神家园之一。

同时，我们要深入认识建设国家文化公园的意义，要探索国家文化公园建设的思想理念、建设路径和管理方式。

（二）梳理思想理念，完善顶层设计

拱墅建设大运河国家文化公园样板区，首先是思想理念上的样板区，关键在于梳理思想理念。全面深化大运河文化的价值研究，挖掘和弘扬大运河千年文化的当代价值和时代特色。系统研究建设大运河国家文化公园样板区的总体布局、鲜明特色、重点任务、工作路径。开展在用河道、水工设施、古代水利技术等方面的保护研究，推出更多优秀科研成果，加快研究成果转化，为拱墅建设大运河国家文化公园样板区提供坚实的思想理论支撑。建立专家智库，常态化开展调查研讨，举办"建设大运河国家文化公园样板区发展论坛"，汇集各方面的意见，在思想理念上先人一步、高人一筹。

（三）统筹落实规划，体现先人一步

建设大运河国家文化公园样板区，要体现在统筹推进规划上。关于大运河文化的传承与建设，中央、浙江省和杭州市出台了许多文件，做出了详细的规划。当前，我们要全面梳理大运河国家文化公园建设中涉及的各种规划和法规政策要求，逐条地加以分析，切实地抓好落实。要形成合力，与全国大运河沿线地区的大运河建设管理有关部门相互协调，按照职能分工，完善配套政策，强化沟通协调，配合各地区及时解决工作中存在的问题。

要明确目标，按照规划纲要确定的目标，2020—2023年为基本建设阶段。完成浙江省大运河国家文化公园规划体系、空间体系、法规体系构建，沿线文物和文化资源保护传承利用协调推进局面初步形成，权责明确、运营高效、监督规范的管理模式初具雏形，文化遗产保护和传承利用水平国内领先；建成1—2个纳入国家层面的标志性项目；建成10个左右大运河文化集中展示体验园区，沿线5市年旅游产业增加值达到4300亿元。2024—2025年为优化发展阶段。形成一批文化旅游精品线路和品牌，实现核心区18个县（市、区）全覆盖，沿线5市年旅游产业增加值达到5300亿元。2026—2035年为提升运营阶段。浙江省大运河国家文化公园成为文化浙江的新地标和全国的样板地之一。

加强规划协调和衔接，与国家发展规划和国土空间规划相关要求精准衔接，及时编制地方国土空间规划和修订完善省级、市县级发展规划等，健全相关技术标准规范，确保各项任务落实落地并取得实效。建立协作机制，明确任务分工，推动重大活动组织、重大项目建设、重要政策落地，共同研究解决重大问题，形成合力，确保规划有序推进落实。加强对规划实施的监测评估，结合规划实施情况及时做好政策调节和配套服务，提高实施效率。建立大运河遗产综合保护协调机制，统筹解决大运河遗产保护、管理、展示、开发、利用、文化交流中的重大问题。

（四）借力多种渠道，传播拱墅品牌

打响大运河文化的拱墅段品牌，需要做好文化的传播，讲好大运河的拱墅故事。杭州2022年亚运会是讲好大运河故事难得的机遇。2020年4月，杭州亚运会正式向全球发布吉祥物琮琮、莲莲和宸宸。其中，宸宸以机器人的造型代表世界遗产大运河，名字源于大运河（杭州段）的标志性建筑拱宸桥，这对于宣传推介大运河文化起到了不可多得的强大作用。要建立大运河沿岸城市的交流互动机制，形成大运河文化传播的合力，助推大运河文化走出去；培育一批特色文化品牌，推动与国际城市的合作交流，提升对人才、资本和技术的吸引力，打造中国大运河文化国际体验区。

积极推动社会力量广泛参与大运河沿线非物质化遗产的宣传传播，充分发挥新闻媒体作用，促进非物质文化遗产走入人民群众、走入日常生活，形成人人参与、人人共享的新格局。强化社会教育引导，推动大运河文化元素进社区、进校园、进企业，以大运河文化为主题，统筹利用大运河沿线的历史遗存、革命文物、爱国主义教育基地等资源，开展丰富多彩的实践体验活动，广泛吸引社区居民、中小学生等参与。鼓励有条件的学校开展相关文化教育，支持各地根据实际需要编写符合中小学生特点、具有地方特色的读本读物，结合大运河文化遗产传承教育，积极开展研学实践教育活动。

加强专题文艺创作。坚持思想精深、艺术精湛、制作精良相统一，深入生活、扎根人民，开展大运河舞台艺术和美术创作专题采风活动，鼓励电影、电视剧、纪录片等多种艺术形式创作，提升文艺原创力，推动文艺创新。积极支持大运河题材文艺创作，不断推出大运河题材的精品力作。集聚一批优秀网络作家，推动大运河主题的网络文化精品生产。以传承弘扬大运河文化为主题，推出一批体现大运河文化特点、适合在大运河沿线城市开展的各类文艺活动，推动大运河沿线剧场、院线组成联盟，搭建公益性展演平台，推动优秀作品走进群众，打造大运河文化艺术品牌。

讲好大运河故事。加大对大运河商贸、历史名人、传统技艺、民间戏曲等的阐释力度，挖掘大运河在数千年历史中逐步凝练、升华的中华民族优秀传统文化，讲述大运河水上文明史，讲活大运河历史和当代故事，深化全社会对大运河文化的认知，切实增强文化自信。大力推动大运河文化走出去，阐发中国精神，展现中国风貌，增进世界认同，促进大运河成为中华文化传播的符号和载体。拓展文化品牌传播形式。拓展大运河文化的展现形式，引进虚拟现实等新技术，提高大运河文化的体验性；拓展大运河文化的数字化传播渠道。创新媒体融合时代大运河文化品牌的传播方式，拓宽传播渠道，加强宣传推广。

大运河（杭州段）打造国际旅游目的地战略研究

胡红文[1]　吴茂英[2]　沈旭炜[1]

1 杭州市京杭运河（杭州段）综合保护中心
2 浙江大学管理学院旅游与酒店管理学系

摘　要：大运河的修建是我国古代重要的国家工程，也是代表国家形象的世界文化遗产。推动大运河文化带建设、更好传承人类文明，是大运河沿线城市的共同使命和责任担当。本文结合国家、省、市各层面对大运河文化带的定位，积极对接杭州城市国际化新布局，结合后遗产时代大运河世界遗产的新使命，探索大运河（杭州段）打造国际旅游目的地的战略与对策。

关键词：旅游目的地；国际化；大运河；战略；杭州

一、引　言

大运河是沟通我国北方政治中心与南方经济中心的通道，是连接海上丝绸之路与陆上丝绸之路的纽带，是当代复兴中华优秀传统文化的重要切入点，也是代表中国国家形象的世界级人类瑰宝。2017年6月，浙江省第一时间响应习近平总书记的指示，在浙江省第十四次党代会报告中明确提出，"积极谋划我省大运河文化带建设，把大运河文化保护好、传承好、利用好"。推动大运河文化带建设、更好传承人类文明，是响应中央号召的重要战略行动，是提升大运河作为世界遗产和国家重点文物保护单位的保护与利用水平的重要机遇，是推进大运河全线及周边地区协调联动、实现区域充分均衡发展的重要抓手，对发挥大运河世界遗产的多重价值具有重大战略意义。作为一座被大运河滋养的城市，杭州因水而生、因水而兴，铸就了"精致和谐、大气开放"的人文精神。杭州在大运河综合保护传承利用中相对起步较早，实施了多轮综合保护工程，所形成的成果与经验对大运河其他区段具有很好的借鉴引导意义。基于上述背景，本研究以大运河（杭州段）为研究对象，以国际旅游目的地为研究内容，对接杭州城市国际化新布局，寻求区域旅游差异化新发展。本研究的开展，有助于G20峰会后杭州城市国际化战略的实现，有助于后遗产时代大运河世界文化遗产的保护，有助于继续保持杭州在大运河文化带沿线城市中的示范引领地位。

二、文献综述

（一）城市滨水区的演替

自20世纪60年代开始，由于随着海洋贸易规模的不断扩大和技术的不断变化，集装箱操作需要更深的水域和更广阔的腹地[1]；城市先进的技术和陆路交通的发展削弱了水路集散的优势，滨水区赖以生存的经济基础变得飘摇不定[2]；发达国家的城市，尤其是大城市的老城区产业重心转移，亟待产业升级与转型[3]；原有规划理念的滞后与新建设需求对接不够紧密；城市人口快速增长；对独特景观的需求增加等原因，滨水区的发展经历了新一轮的调整。滨水区产业布局由倚重第一产业向第三产业转变，此外，世界范围内掀起了不同程度的以旧区更新、文化复兴、休闲游憩导向为特征的滨水运动。澳大利亚、新西兰、日本等国家先后对城市中的港口、滨水地段进行合理的规划设计，让滨水区成为热门的文化复兴、休闲游憩空间，以崭新的面貌复兴。[4] 城市滨水地段，特别是那些具有悠久历史的历史滨水地段，成了当地市民、国内外游客休闲游憩的重要场所，成为中产阶级的重要居所；成了各种文化机构的云集之地，包括音乐厅、艺术走廊等高雅文化机构，以及娱乐场、电影院、水族馆等大众化机构。城市滨水地段的复兴与开放，为整个城市带来了新的活力。[5] 21世纪以来，我国的众多城市也先后开展了滨水区的整治与产业调整，满足广大人民群众的生活需要。概括滨水区在后工业文明时代的特点，不难发现，在这个时期，滨水区日益回归生活，具有以下特点：一是突出滨水区在城市公共生活中的作用；二是注重亲水空间的创造，重建市民与水体的联系；三是重视滨水空间的可达性；四是保护与再开发滨水历史地段；五是强调滨水区空间生态环境的整体性。

从国内外诸多滨水区开发案例可以发现，水与城市发展密切相关，但在不同的历史阶段，水对于城市发展的作用差异巨大。当下，滨水区农业、渔业和工业的生产功能下降，旅游和游憩等休闲功能

---

① Hoyle，B S. The port-city interface：Trends，problems and examples [J]. Geoforum，1989，20（4）：429-435.

② Griffin T，Hayllar B. Historic waterfronts as tourism precincts：An experiential perspective [J]. Tourism and Hospitality Research，2006，7（1）：3-16.

③ Lehrer U，Laidley J. Old mega-projects newly packaged?：Waterfront redevelopment in Toronto [J]. International Journal of Urban and Regional Research，2009，32（4）：786-803.

④ Mann R B. Ten trends in the continuing renaissance of urban waterfronts [J]. Landscape and Urban Planning，1988，16（10）：177-199.

⑤ 张环宙，吴茂英. 休闲游憩导向的国外城市历史滨水地段复兴研究 [J]. 人文地理，2010（4）：28-35.

得到提高。^①滨水区功能从最初的满足人类农业生产和基本生活的需要，到工业化时期依托水岸线进行工业布局，再到后工业化时代因产业结构调整而承载城市生态系统建设，总体上经历了"能源供给→农业运输→工业生产→休闲游憩"的功能演变，表现为"生活→生产→生活"的功能回归，因而具有历时性意义。滨水区功能的演变直接影响相应空间开发的重心、规模及形式，滨水空间规划、开发与改造则又进一步强化了滨水区功能横向和纵向的推进，使其成为"属于后工业化城市主义（postindustrial urbanism）象征的城市空间"。

大运河具有多种功能，随着社会历史文化的变迁，水利功能和运输功能在鲁运河北段和北运河、南运河沿线一带已经消失，但以大运河为载体的文化传承功能、交流功能、休闲功能和旅游功能则逐渐得到强化，形成了丰富而复杂的大运河文化多元价值体系，也为国内外游客提供了优越的亲水游憩空间，成为了解中国文化与价值的独特载体。

（二）国际旅游目的地

旅游目的地（tourism destination）是指能够使游客获得多种旅游体验的特定的空间地域或地域组合。它是旅游活动的载体，是旅游活动体系中最重要和最有生命力的部分，一般具有空间范围广泛性、主体多元性、形象独特性、周期动态性等特征。^②

旅游目的地由一系列要素构成，这些要素的供给和质量在很大程度上决定了游客在目的地的行为及旅游体验的满意程度。一个旅游目的地的基本构成要素包含旅游吸引物、可进入性、基础设施、人力资源和商业配套环境等（见图1）。

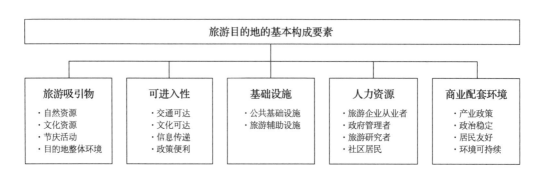

图1 旅游目的地的基本构成要素

国际旅游目的地（international tourism destination）是旅游目的地发展的成熟阶段，其形成需要经历旅游国际化的过程。旅游国际化是一个国家、区域或城市整体国际化的一个层面，是一个阶段性的动态变化的概念，也是一项涉及面很广的系统性工程，需要诸多方面的支持与配合。随着对外开放及

① Sarah W. Great expectations: Waterfront redevelopment and the Hamilton Harbor Waterfront Trail[J]. Cities, 2007, 24（4）：298-310.
② 李虹，冯翔. 杭州旅游的国际化探索与实践[M]. 北京：中国旅游出版社，2012.

旅游业的不断深入发展，我国很多地方的旅游发展都表现出一定的国际化倾向，只不过不同地区旅游国际化的进程及水平受到多种因素影响而不同，而只有顺利成为旅游国际化的目的地才能成为国际旅游目的地。

在国际范围内，旅游目的地建设与发展始终是一个明确的主题，世界旅游组织（WTO）也正在积极倡导加强旅游目的地的管理和改善旅游目的地的环境。旅游目的地的核心竞争力在于城市、旅游产品和吸引力载体。[1]城市特别是国际城市是全球、国家和地区资源的集结点、吸收国外投资的载体、财富创造的中心和经济社会发展的龙头。国际旅游城市则是城市旅游功能主体化、现代化并迈向国际化的一种高级发展形态，因其强大的旅游吸引力，每年都能够吸引大量国际游客前往游览，同时又有巨大的中心辐射功能，成为所在国家或地区旅游流的重要集散地。国际旅游城市是国际旅游目的地的第一界面、依托主体和建设重点。较多学者将国际旅游目的地的研究首先聚焦于城市层面，对国际旅游城市的概念内涵、基本特征、战略打造和建设对策进行了不同视角的研究（见表1）。

表1　国际旅游城市研究观点

学者	国际旅游城市主要特征
张广瑞[2]	国际旅游城市具有符合国际标准的旅游设施与服务设施；遵循国际惯例，使游客处处感到方便；具有独特且吸引力广泛的旅游吸引物；具有友好、文明的社会环境
周玲强[3]	国际旅游城市是社会经济发达、旅游资源丰富、资源品位高级、具有国际吸引力、城市综合环境优美、旅游配套设施完善、旅游产业发达并作为城市的主要支柱产业、国际国内游客数量众多、在国际上具有较高知名度的国际型城市
李志刚、宾宁[4]	现代化国际旅游城市在城市现代化、国际化的进程中，突出旅游特征和优势，以吸引国内外旅游者前来观光游览、度假休闲等为主要目的，突出特点是有发达的旅游业、深厚的文化底蕴和优美的环境，而政治及经济功能则可能相对有所减弱
金丽、赵黎明[5]	国际旅游城市呈现出临河、临海布局的规律性，大规模、廉价的水运条件是国际城市形成初期的决定性因素
丁于思、黄莉[6]	国际旅游城市特征包括：旅游资源丰富，旅游产业发达，且具有主导地位；旅游形象突出，具有独特而广泛的旅游吸引物；国际知名度高，国际国内游客众多，世界客源市场份额大；旅游基础设施和服务体系完善，服务水平高；城市开放度高，经济发达；城市生态和社会环境良好

① 刘国强. 深圳国际旅游目的地核心竞争力研究[J]. 中国商论, 2015（22）: 159-162.
② 张广瑞. 简谈国际旅游城市应具备的条件[J]. 旅游学刊, 1994（1）: 16-19.
③ 周玲强. 国际旅游城市研究——以杭州为例[M]. 北京: 航空工业出版社, 2004.
④ 李志刚, 宾宁. 建设现代化国际旅游城市标准体系初探[J]. 社会科学家, 2003（11）: 121-123.
⑤ 金丽, 赵黎明. 国际旅游城市形成发展的动力机制[J]. 社会科学家, 2007（6）: 113-116.
⑥ 丁于思, 黄莉. 国际旅游城市评价标准研究[J]. 标准科学, 2015（3）: 31-34.

三、大运河（杭州段）发展现状分析

大运河成功申遗至今，大运河（杭州段）面临着前所未有的发展机遇。结合杭州城市国际化和旅游国际化发展战略要求，大运河（杭州段）的旅游国际化还存在着一些可以提升之处。分析大运河（杭州段）旅游开发现状，对于发现和解决大运河国际化旅游开发问题具有现实的指导意义。

（一）大运河（杭州段）旅游定位不清晰

大运河（杭州段）到底是旅游目的地还是旅游景区、旅游产品、旅游线路，主要目标客群面向国内还是面向国外，是面向散客还是面向旅游团等，在课题组的调研访谈过程中，依然没有得到非常明确的答案。杭州城市国际化以及旅游国际化战略都要求大运河（杭州段）旅游加快打开国外市场，这就使得大运河（杭州段）在旅游宣传方面面临二元目标市场的问题。除此之外，大运河（杭州段）旅游与旅行社的合作尚且不足，主要接待的是散客而非团体，大运河（杭州段）究竟是以面向散客还是面向团体为主仍未有定论。

（二）大运河（杭州段）产品业态设置不够完善

1. 旅游资源空间分布不均

空间上，大运河（杭州段）旅游资源高度集中在武林门码头到石祥路这一核心段。城北段还处于规划、招商引资阶段。大运河（杭州段）南端基础设施，如游步道等已经建设完工，但缺乏标志性的文化旅游产品。在核心段内，旅游资源类型丰富，包含怀古观光类、休闲游憩类、节庆活动类、宗教文化类、场馆体验类等五大类产品36个重要旅游节点（见表2）。通过分析这些旅游产品和旅游节点，不难发现，大运河（杭州段）沿线的怀古观光类景点主要以工厂遗址为主，可观赏性不强；而拱宸桥、左侯厅等遗迹则存在解说不足的问题。历史街区等休闲游憩类景点的知名度逐渐提升，但游客以本地居民为主，消费能力有限；几条街区的业态也存在一定程度上的雷同。相关的节庆活动，特别运河庙会的品牌价值和旅游价值逐渐凸显，但是其他节庆活动的影响力还有待提升。

表2　大运河（杭州段）核心区的主要旅游节点

类型	主要旅游节点
怀古观光类	拱宸桥、香积寺、富义仓旧址、通益公纱厂旧址、高家花园、洋关、桑庐、国家厂丝仓库旧址、中心集施茶材会公所旧址、大河造船厂、桥西土特产仓库、长征化工厂、红雷丝织厂、左侯厅、忠亭、御码头
休闲游憩类	大兜路历史街区、小河直街历史街区、桥西历史街区、运河天地、富义仓
节庆活动类	运河庙会、新年祈福走运大会、音乐节、烟花大会、元宵灯会、美食节、情人节
宗教文化类	香积寺、张大仙庙、财神庙
场馆体验类	中国刀剪剑博物馆、中国扇博物馆、中国伞博物馆、手工艺活态展示馆、杭州工艺美术博物馆

在空间分布上，不难发现，大运河核心段西岸的资源丰度高，且分布集中，东岸则以行政商务、生活居住为主，且资源单体之间较为分散，旅游点分布较为散乱，没有延续和铺设，因而无法形成相应的辐射效应与晕轮效应。

2. 业态设置不均衡

在具体的业态上，本研究发现大运河（杭州段）沿岸的业态设置非常不均衡，呈现两多三少的状态，也就是餐饮、文化场馆多，住宿、娱乐、购物业态少。比如大兜路历史街区主要为餐饮业；桥西历史街区聚集着多种文化场所；运河天地的业态相对丰富，但仍缺少住宿、娱乐和购物场所。

3. 缺少标志性旅游产品

最为重要的是，大运河（杭州段）旅游缺乏标志性的产品。目前散客可以陆路或者水路到达大运河（杭州段）沿岸的旅游节点，自主参观。目前人气较旺的节点是三大历史街区（桥西历史街区、大兜路历史街区、小河直街历史街区）、香积寺、塘栖古镇、运河漕舫和水上巴士。面向团队游客的半日游、一日游、两日游的线路也都是围绕这些节点展开。

总体而言，大运河（杭州段）目前已初步具备一定的配套项目和支撑，但仍然缺乏具有市场号召力的"领雁产品"，包括由此带来的衍生产品和伴生产品。

（三）大运河（杭州段）旅游空间可进入性较强，配套设施不够完善

可进入性是指旅游资源所在地同外界往来的交通通畅和便利程度，也就是说不仅要便利游客的来访，而且要便利游客结束游览后的离开。大运河（杭州段）的空间可进入性主要包含陆运和水运两个层次，具体而言，涉及外部大交通、内部交通环线和配套设施等方面。

1. 外部大交通便利，可进入性强

大运河（杭州段）的核心景区与机场、高速公路口、火车站等距离适中，20分钟到1小时之内可以到达。

2. 内部交通环线形成，出入方便

大运河（杭州段）属于开放式景区，沿岸拥有诸多出入口，便于游客与社区居民自由出入。交通内外成环，沿线总体大环线已形成，大兜路历史街区、小河直街历史街区、拱宸桥等区块的内部环线也已基本形成。同时沿岸游步道完备，其中滨河一线景观带均为块石步道与木栈道，各大区块内部基本采用仿生态游步道，且有较多富含大运河文化的相关雕饰。运河天地的水陆换乘系统的建成改善了核心段的交通。

3. 客运航运码头丰富，水上交通便利

大运河（杭州段）拥有武林广场、香积寺、卖鱼桥、北新关、小河直街历史街区、拱宸桥、运河文化广场等客运码头，水上交通便利，并与钱塘江相互贯通。

4. 配套设施有待改进

大运河（杭州段）沿线各区块大巴车停车位严重缺乏,团队游客集散周转困难。于2017年新建成投用的运河水陆交通集散服务中心一定程度上缓解了接待问题，但交通瓶颈依然存在，且缺乏有效引导。大运河（杭州段）与西湖、西溪湿地等串联时交通来往耗时严重，一定程度上影响旅行社线路组织的积极性。景区主入口模糊，一般游客并不知道景区与非景区的界线，从而降低了旅游感知度。散客系统旅游咨询点、公共观光车、慢行车道等虽然有一定建设，但形式大于内容，并没有真正意义上起到旅游服务的作用。

5. 漕运旺季接待能力有限且位置过于隐蔽

漕运是大运河（杭州段）旅游的主亮点和重要盈利点之一，但是漕舫目前的接待能力有限，很难满足旺季游客的需求。目前，大运河（杭州段）拥有2条60座的大漕舫和10条45座的中小漕舫，每天最大承载量是9000人左右。一到旺季，周转就非常困难，而且很容易达到饱和状态，难以满足游客需求。

（四）大运河（杭州段）旅游与城市国际化发展结合度低

"打造世界级旅游产品"是大运河（杭州段）综合保护与利用的第三大目标，但是大运河（杭州段）的国际化水平仍有待提高。大运河（杭州段）目前的客源市场仍然在国内，集中在华东地区。G20峰会之后，杭州城市国际化程度提高且大运河（杭州段）旅游具有很大的潜力，但仍然以市民休闲市场为主，国内外旅游市场的触及度较低。

1. 旅游信息不畅

大运河（杭州段）区域面积大，旅游资源点相对分散，缺少详细的线路导览和景点之间的串联信息；除此之外，大运河（杭州段）文化内涵也没有很好地传递给国内外的游客。

2. 旅游服务不到位

越来越多的国际游客进入杭州，但是很少有旅行社对接这些入境游客，带领他们系统地参观游览大运河。

3. 旅游宣传不到位

把杭州推向世界、把大运河推向世界少不了要借助国外的相关媒体，除了在国内互联网上宣传，还要在诸如Facebook等国外社交软件上进行宣传。

4. 旅游配套系统未与国际接轨

还未形成与国际接轨的规范语言、解说展示系统、自助游览服务、城市公共服务、遗产创意衍生品、国际营销品牌渠道、国际文化交流活动等。

四、打造大运河（杭州段）国际旅游目的地的基础与路径

（一）五大基础

1. 大运河文化带战略

大运河（杭州段）要主动对接大运河文化带战略，促进沿河城乡生态环境优化和产业结构调整，促进沿河文物保护与文化旅游产业的整合开发，促进水环境治理与大运河（杭州段）沿线产业恢复，促进文化与古镇街区人文生态修复的整合，促进文化与生态、休闲、度假产业的融合，从而实现文化振兴和乡村振兴，讲好大运河故事，讲好杭州故事，为打造大运河文化带建设鲜活的杭州样本。

2. "一带一路" 倡议

"一带一路" 倡议促进了中国与世界多国之间互联互通、互利合作，大大推进了构建全球人类命运共同体的进程。大运河是连接海上丝绸之路和陆上丝绸之路的纽带，大运河城市作为 "一带一路" 建设中的重要节点城市，是推进 "一带一路" 的重要切入点。大运河承载着互联互通、共享资源、拉近时空的美好期待，人员、商品、文化、信息等的流动拉近了人心的距离，诠释着 "一带一路" 的精神内涵。在此背景下，大运河（杭州段）积极融入 "一带一路" 倡议，要用好历史文化遗产，打造具有丝绸之路特色的旅游产品和遗产保护模式，大力发展文化体验、探险旅游、商务旅游等旅游业态，积极推进水上旅游，全面升级休闲度假旅游产业，推动遗产文化主题公园等的建设，全面融入 "一带一路" 旅游。

3. 城市国际化战略

树立 "大旅游、大市场、大产业" 的发展理念，本着合作共赢的原则，整合大运河（杭州段）特色旅游资源，积极融入杭州城市国际化、杭州旅游国际化发展战略，紧紧围绕杭州打造 "世界文化遗存保护带、生态文化的示范带、历史文化魅力与旅游的融合带、运河经济发展带" 的四个带建设思路，开发新产品、打造新业态、创造新模式，实现产业同筑、产城联动，构建国际游线、黄金夜游线、精品游线等旅游线路，形成大区域、大旅游的发展联动格局，实现大运河旅游兴城、城旅共荣的目标，既成为杭州城市国际化的一颗亮眼明珠、一张世界名片，也为杭州打造世界最具影响力的国际旅游目的地添砖加瓦。

4. 内涵式发展战略

围绕 "还河于民、申报世遗、打造世界级旅游产品" 的三大目标，立足大运河自身特色，以国际视野发展大运河（杭州段）旅游，大力实施国际化旅游提升战略。切实做好遗产保护国际化、旅游形象国际化、旅游营销国际化、旅游服务国际化、产业布局国际化、人才培养国际化工作，促进大运河（杭州段）内涵式发展，构建起国际化旅游目的地发展大思路、大格局，全力使大运河（杭州段）成为享誉中外的国际旅游目的地。

5. 旅游智慧化战略

以"互联网＋旅游"为发展契机，紧跟智慧旅游发展的大环境，从智慧服务、智慧管理和智慧营销三方面加强旅游资源的整合开发与管理，大力提升大运河（杭州段）旅游发展的信息化管理水平和智慧化服务水平。以 AR（增强现实）、VR（虚拟现实）等技术手段，创新智慧旅游体验方式，增强旅游产品的吸引力，提升游客旅游体验满意度和市场竞争力，从而构建起"智慧管理＋智慧服务＋智慧营销＋智慧体验"的智慧旅游运营价值链。

（二）顶层设计

重点实施"3611"战略措施，打造一流的国际旅游目的地、大运河文化带、大运河旅游国际化先行示范区。

"3"——通过主题聚焦、功能聚合，建设"世遗运河""世界运河""休闲运河"，打出三张"运河牌"，构建大运河（杭州段）旅游国际化发展的大视野、大格局，打造世界人民共享的国际旅游目的地。

"6"——构建大运河（杭州段）旅游六大国际化支撑体系：遗产保护国际化、旅游形象国际化、旅游营销国际化、旅游服务国际化、产业格局国际化、人才培养国际化。

"1"——建立一个完善的"三统三共"管理体制和政策法规保障工程。

"1"——建立一个智慧旅游服务平台，打造智慧运河。

通过建设"世遗运河""世界运河""休闲运河"，主打三张牌，紧扣国际游客的需求变化，实现旅游主题聚焦、功能聚合，建设具有国际水准的旅游产品，打造凸显大运河文化、支撑大运河（杭州段）旅游迈向国际的世界级旅游产品；加大国外市场营销和推广力度，做好大运河遗产文化输出，逐步扩大大运河（杭州段）旅游在世界的影响力。在地区、国家和国际层面，分阶段地实现战略突破，逐步实现大运河（杭州段）旅游发展目标，塑造国际旅游目的地的品牌形象。同时，主动融入国家大运河文化带建设战略，力争成为大运河文化带、大运河旅游国际化先行示范区。

（三）实施路径

1. 建设世遗运河，推动世遗文化扬名世界

大运河（杭州段）打造国际旅游目的地，打响"世遗运河"牌，要按照保护好、传承好、利用好大运河的思想，保护好大运河（杭州段）的文化基因、传承好大运河（杭州段）的文化载体、创新利用好大运河（杭州段）的文化发展模式。坚持高起点、高标准保护大运河历史风貌，延续大运河人文底蕴。保护大运河（杭州段）遗产点段和历史街区，保留大运河的"遗传密码"，形成大运河历史风貌核心区。保护大运河沿岸其他区域的历史建筑，形成大运河历史风貌协调区。构建"大运河居民共同体"，形成大运河历史风貌保护的内生力量。

2. 全面构建"五水联游"水上游线，再现"五水共导"城市格局

通过打造江、河、湖、海、溪"五水共导"的城市格局，再现杭州"五水贯通"的城市风貌，重

现江南水城的千年神韵，让中外游客能在杭州的游船上品湖、赏溪、游河、渡江、观潮，领略江南水乡的风采、"东方威尼斯"的魅力。以大运河为中心，连接钱塘江、西湖、西溪、东海，串联杭州市区重量级的水旅游资源，整合形成"五水共导、五水联游"的综合水上旅游体系，打通江、河、湖、海、溪的"任督二脉"。让大运河的水"活"起来，带动杭州这座江南水城"亮"起来，把中外游客"引"进来。大运河西湖水陆两级联动，协同发展形成杭州"双遗旅游"互动格局。恢复杭州、苏州大运河通航，构建苏杭天堂水上旅游线，积极融入"一带一路"建设。

3. 打造水上生活运河

大运河在历史上便是百姓之河、市井之河，旧时商铺林立、商贾云集、货物山积、街市繁华，享有"十里银湖墅"之称。以打造水上生活运河为主题，通过恢复塘栖运河水上市场，再现大运河水上繁华盛景。恢复塘栖运河水上市场，以展卖枇杷、甘蔗、草莓四季鲜果为特色。大力发展大运河水上婚礼，将爱注入大运河，让大运河见证、承载爱情，让大运河之美与爱情之美融合在一起。通过大运河水上婚礼，串联大运河景点，打造成熟的大运河爱情之旅游线，将大运河塑造成"绝代有佳人，情定大运河"的美丽爱情童话圣地。打造大运河国际休闲小镇，引领大运河（杭州段）核心景区发展。武林门到石祥路段是大运河（杭州段）的核心景区，集中了大运河（杭州段）历史文化资源的精华，积累了绚丽多彩的大运河文化。向世界展示大运河文化，让世界知晓大运河文化，是杭州城市发展的天然使命，更是大运河（杭州段）发展的责任担当。同时，进一步丰富现有旅游业态，并融入国际元素，形成完善的旅游要素链。

4. 举办大运河国际会展，提高国际声望

主动对接杭州市打造国际会展之都的目标，积极融入"一带一路"、长江经济带、大运河文化带等的建设，扩大会展影响力。加强与国际组织和相关城市合作，升级会展设施，大力举办国际性会议、国际会展等，将大运河（杭州段）打造成世界知名的国际会展旅游目的地。大运河（杭州段）通过举办具有国际影响力的国际会议和国际交流活动，会形成品牌效应，从而产生持续的国际影响力，产生国际性的凝聚力和吸引力。围绕承办国际会议与展览、打造高端休闲度假等目标，在大运河（杭州段）布局建设一批高端国际酒店，使其成为大运河国际会议和高端休闲度假的新引擎，并为杭州酒店发展树立新标杆。建立大运河（杭州段）国际免税购物中心，打造国际旅游购物绿色通道。

5. 建设休闲大运河，打造世界人民共享的大运河

全线打通大运河（杭州段）两岸景观，将生态、文化注入景观，改善大运河（杭州段）原住民的生活环境，开发公共休闲廊道，创造共享休闲空间，关注原住民的利益。必须立足本土，放眼世界，着眼于国际化的旅游标准与需求趋势，拉近国际游客与大运河（杭州段）之间的文化距离感，将大运河（杭州段）打造成国际游客探索中国古老文明的目的地。

6. 建立完善统一管理、统一规划、统一平台机制

积极整合社会各界资源，构建可以容纳多方利益主体共享、共融、互惠的大平台，遵循大运河（杭

州段）旅游国际化发展的大思路，汇聚多方力量，吸引社会资本投资旅游产品、公共服务等，引导周边社区居民参与旅游发展，形成大运河（杭州段）旅游国际化发展合力。

五、结　语

大河有界，文化无疆。在国家、浙江省大运河文化带建设的宏观大背景下，大运河（杭州段）坚持以习近平新时代中国特色社会主义思想为指引，紧紧围绕"还河于民、申报世遗、打造世界级旅游产品"三大战略目标，大力融入杭州打造"独特韵味，别样精彩"世界名城的城市国际化进程，持续深化大运河综合保护工程，数十年如一日，切实把大运河（杭州段）保护好、大运河文化传承好、大运河两岸利用好，在打造"千年运河、魅力浙江"鲜活文化范本上走在了前列，为构建中国大运河文化带做出了应有贡献。立足大运河（杭州段）资源特色，打造世界文化遗存保护带、生态文明示范带、魅力文化旅游融合带、开放经济带，精心规划、精致建设、精细管理，率先形成具有杭州烙印的中国大运河国际旅游目的地，是一个转瞬即逝的宝贵机遇，也是一种义无反顾的责任担当，更是一定能实现的宏伟蓝图。

遗产风景

——杭州大运河国家文化公园景观规划研究

王 晓

杭州国际城市学研究中心副研究员

摘 要：大运河国家文化公园主要通过区域协同的方式统合文化遗产区、文旅融合区和城乡生活区的遗产与解决发展问题。杭州市大运河国家文化公园空间规划主要以市区级河道水网为主要骨架，以大运河沿线十座文化公园为主要载体。本文通过对大运河国家文化公园的解读，发现其中对遗产、旅游资源进行了充分展示，但对景观生态的保护不足。本文通过对国内外生态型景观规划和经典古迹花园的总结，试图以四个面向来纾解大运河国家文化公园生态问题。

关键词：大运河杭州段；国家文化公园；景观规划

"风景"来自人与自然的交流和识别，其本身就是一种文化的隐喻。"风景是以文化为媒介的自然景色。它既是再现的又是呈现的空间。"[①] "风景首先是文化，其次才是自然；它是投射于木、水、石之上的想象建构。"[②] 一直以来风景中寄托了人们对于无限宇宙的神思，将其看作是造物主之手的神妙象征。风，自古以来既有风俗教化之意，又指代风范和气度。《庄子》曰："风，以动万物也。"《诗·关雎》有言："诗有六义焉。一曰风，上以风化下，下以风刺上。"《广韵》曰："景，大也。明也。像也。光也。焰也。"风景是万物绵延中的广大明亮之处，能够以其所昭示的物象点亮目光和内心意识。"山水质有而趋灵"，"圣人含道应物，贤者澄怀味像。至于山水，质有而趋灵，是以轩辕、尧、孔、广成、大隗、许由、孤竹之流，必有崆峒、具茨、藐姑、箕首、大蒙之游焉"[③]。

中国大运河因春秋时期吴国伐齐而开凿，至明清历代延用，南起余杭（今杭州），北到涿郡（今北

---

① 米切尔. 风景与权力 [M]. 杨丽，万信琼，译. 南京：译林出版社，2014.

② 沙玛. 风景与记忆 [M]. 胡淑陈，冯樨，译. 南京：译林出版社，2013.

③ 张彦远. 历代名画记·画山水序 [M]. 杭州：浙江人民美术出版社，2019.

京），贯通五大水系，形成了自身的风景文化。国家文化公园是中华文明的重要标识，其建设致力于形成一种针对大片区覆盖、多区域联动的线性文化遗产保护与利用的总体规划模式，进而推动沿线各区域共同促进、协调发展。2019年，中共中央办公厅、国务院办公厅出台了《长城、大运河、长征国家文化公园建设方案》，强调"重点建设管控保护、主题展示、文旅融合、传统利用四类主体功能区；协调推进文物和文化资源保护传承利用，系统推进保护传承、研究发掘、环境配套、文旅融合、数字再现五个重点基础工程"。2021年，国家文化公园建设工作领导小组印发的《大运河国家文化公园建设保护规划》指出大运河国家文化公园建设的总体目标："推动大运河文化创造性转化和创新性发展，建设大运河文化带、生态带、旅游带。"其中，重点是推动建设一批以文化生态要素为核心的文化生态公园，打造集交通、文化、体验、游憩于一体的复合廊道。

一、现状与问题

大运河国家文化公园，包括京杭大运河、隋唐大运河、浙东运河三部分，通惠河、北运河、南运河、会通河、中运河、淮扬运河、江南运河、浙东运河、永济渠（卫河）、通济渠（汴河）10个河段。其中大运河（杭州段）包括浙东运河、江南运河两段，总长110余公里，包括11个遗产点段。2022年，杭州市发改委出台了《杭州市大运河文化保护传承利用暨国家文化公园建设方案》，杭州大运河国家文化公园以管控保护区和主题展示区为核心空间，总面积约522平方公里。其规划范围涵盖杭州塘、上塘河、中河、龙山河、西兴运河五条世界遗产河道，余杭塘河、西塘河、东苕溪、杭甬运河四条历史上重要的大运河河网以及大运河三堡段，总长约228公里。杭州大运河国家文化公园规划依托十条骨架河道形成"山水群落、河岸双带、核心十园、特色百景"的主题空间展示格局。

杭州大运河国家文化公园主要是依托大运河流经杭州市域的河道骨架展开其空间架构，同时将其保护传承和利用的范围通过大运河河道的重要水网做进一步的延伸和扩展，形成以大运河的遗产段河道为主要骨架，以河道水网支线等历史上具有重要价值的大运河支线河道水网为补充的空间格局。在其总体的建设方案中明确以四个功能区域来进行建设指引：重点建设管控保护、主题展示、文旅融合、传统利用四类功能区，通过优先建设十条河道河岸、十座核心展示园、特色景观，以"一廊两片串山水，三群十园多节点"交织的形式打造杭州大运河国家文化公园实体。

根据建设方案，近期的建设重点主要为大城北示范段，规划构建完成以大城北核心展示园为重点，通过集中展示带串联特色展示点的大运河国家文化公园主题展示体系。规划根据资源禀赋和建设时序对四个不同区域在建设的重点和目标上做了区分，可以看到管控保护区主要沿用世界遗产保护体系的管理运作标准，以延续性工作为主。而主题展示区为当前一段时间的建设重点，其中的核心即位于杭州大城北的主题展示带和展示园的建设。杭州大运河国家文化公园规划是在分析其遗产资源的价值和遗产分布的空间后，根据自身的城市特征而形成，四个规划区域对建设尺度的把握均有不同。

（一）管控保护区

管控保护区以大运河的保护范围划定，同时包括各类型的文物保护单位保护范围及新发现发掘文物遗存临时保护区。对文物本体及环境实施严格保护和管控，对濒危文物实施封闭管理，以文化遗产保护为主，其保护标准主要为《保护世界文化与自然遗产公约》《中华人民共和国文物保护法》《杭州市大运河世界文化遗产保护条例》。

（二）主题展示区

主题展示区为杭州大运河国家文化公园主要的建设范围，包括核心展示园、集中展示带、特色展示点三种形态。核心展示园为主要体验空间，由开放参观游览、地理位置和交通条件相对便利的国家级文物和文化资源及周边区域组成，是参观游览和文化体验的主体区。集中展示带由文物资源分布较密集的地带汇集形成，对其进行系统开发提升。特色展示点指对相对分散的文化遗产资源进行保护开发。

（三）文旅融合区

文旅融合区主要是对核心展示园、集中展示带、特色展示点外围区域的渗透，在主题展示空间周边布置相关的文化旅游服务区、深度拓展区等，适宜于创业主体发展多样化的文旅产业。

（四）传统利用区

传统利用区主要是指文化遗产、文旅空间范围之外的生活生产区域，这也是文化遗产活态利用的主要空间。在这一范围内主要是保存传统文化生态，保护环境生态，适当控制生产经营活动，疏导不合理建设，为空间弹性发展的预留空间。

这四个区域虽然在功能上可以进行明确区分，但是实际上在空间上可能是重叠的，比如活态保护的历史城镇内可能存在普通居民生活空间，而文旅融合区和主题展示区可能会以圈层叠加的形式存在，它们一直处在动态的相对融合中。目前来看，杭州大运河国家文化公园的空间规划以对大运河世界遗产空间和河道水网空间为骨架的保护为前提条件，把主题展示中的核心展示园、集中展示带建设作为工作重点是综合考虑城市发展的资源禀赋特征，并分析了城市北扩的空间发展走势的结果。

规划中提到目前杭州大运河国家文化公园建设所存在的问题：（1）对自然、人文、景观资源的全面保护与深度挖掘不足。（2）文化遗产的活态环境逐渐衰退。（3）湿地群落保护不到位。由西溪湿地、闲林湿地、古运河—丁山湖湿地、东塘三白潭湿地等组成的大运河重要湿地群落水源，正面临淤积和退化。（4）水环境治理压力大，部分岸线缺乏有效维护，部分河段滨湖湿地淤积和退化，生态空间挤占严重。

可以看到，杭州大运河国家文化公园目前所存在的问题主要集中在生态环境恶化和活态传统生活衰退两个方面。尽管在调研初期意识到这两个问题的严重性，但是在规划中并未过多考虑生态空间的修复和景观环境的优化。而这两个方面却是在短时间内最难以解决的问题，对"文化带""旅游带"都做到了充分重视，而未能以设计结合自然和生态景观规划的角度对"生态带"进行严格审视。

二、理论与原则

大运河国家文化公园的空间规划主要以大运河遗产河道为其景观中心，同时将市内外河道水网作为其自然基底，这延续了大运河保护的一贯做法。其景观特征是河道自然蜿蜒，景观品质取决于河道的宽度、河岸的坡度和高差、河岸近中远景的层次、河岸的植被、河道水网的品质等。尽管被分为四区进行建设，但是这四区在空间上是叠加或重合的关系，除了遗产河道两岸被规划为核心保护区从法规上能够保证其景观的纯粹性之外，在遗产河道向缓冲区和建设控制区延伸时，其余三个区中自然景观的形态是"拼贴"状的，呈现出城镇、历史街区、河道、湿地、水岸、城市新区混合的形态。

现代城市无序扩张的情况在短时期内是无法改变的，即使是在法规上严格管控的遗产区仍然存在大量的混合状态，所以必须看到大运河国家文化公园景观所面临的基本问题，即呈现一种混杂、多样的、拼贴状态的视觉现象，规划仍然只能在这种肌理状态下综合考虑生态的价值和景观的价值，遵循几个适应性原则。

（一）设计结合自然

"人和自然的关系问题不是一个为人类表演的舞台提供一个装饰性的背景，或者甚至为了改善一下肮脏的城市，而是需要把自然作为生命的源泉、社会的环境、诲人的老师、神圣的场所来维护。"[①]大城市中的自然同时具备多种身份，之前作为城市建设的背景存在，或者以花园、公园等形式存在。但在现代城市中自然本身在演进过程中的价值获得重视。设计结合自然，即大城市内保留作为开放空间的土地应遵循的自然演进规律，即适合于"绿"的用途；应该妥善保存和遵循城市中河流、湿地的自然状态。所谓设计结合自然便应该使自然具备景观图底和生态进化的双重价值。

（二）拼贴城市肌理

如今大城市的肌理困境越来越严重，除了资本的盲目扩张导致的无序建设之外，设计师们认为网格状的城市规划同样应该为其负责。"到处展开的网格同时消灭了地方性的细节，并且表达了取悦地产商的技能。如果变幻偶发的事件提供一种更有力的平台，也许会为它普遍的方格网提供一份最好的辩白。"[②]这种反思不仅仅来自设计师对多样性的渴求，也是普通民众在生活中的感受。以规划图纸为指导进行切割式建设，原初有机随意的肌理和生活兴味便被清除。破除这种困境的方式唯有鼓励随机、多样、偶发的力量参与其中，这便是拼贴城市的积极含义。

（三）创造空间诗学

所谓景观的创造并非停留在观望中的平面，实际上它更是现象学的一种空间。城市中无数个形态各异、大大小小的空间为创造诗学提供了可能，而这种随机空间的无数组合形成多样的生存诗意，"空

---

① 哈格.设计结合自然[M].黄经纬，译.天津：天津大学出版社，2006.
② 罗，科特.拼贴城市[M].童明，译.北京：中国建筑工业出版社，2003.

间在千万个小洞里保存着压缩的时间，这就是空间的作用"。这种景观空间的营造来自树林、天空、河流等自然和人工元素的混杂，从而产生具有庇护性的小型公共场所，在此人们感觉到安全。而创造类似于诗歌和绘画的现象学，像是在墙壁上观赏一幅风景画，"诗歌想象力的现象学的一个迷人之处就在于能够在看似千篇一律的、可以概括为一个观念的景象面前体验到新的细微差别"[①]。这种逃脱之术与"张绢素以远暎，则昆、阆之形，可围于方寸之内"如出一辙。

三、经典与经验

（一）古代大运河

古代中国大运河较少受到大规模城市建设的影响，除码头和大运河市镇之外大多数保留自然景观状态。然而至今仍保留的单独表现古代大运河的图像资料较少。由于清代皇帝对于大运河保运工程的关注，从而遗留下大量清代京杭大运河舆图和胜迹图。从《清代京杭运河全图》上可以看到大运河自江苏至北京的不同形貌，其中在江浙一带多呈现连续的大小不一的葫芦状，即较短的纵向的河道与周边的湖泊连成一体，紧邻大运河的大面积湖泊不少，可见当时南方水资源的充足。同时在河道两岸仍可见断续的矮小丘陵的聚集，这是对江南景观风貌的真实写照。《京杭道里图》以青绿山水的形式绘制，其中包括京城、府、县城图，还包括名胜图示。其所绘制的名胜图示能够以山水画的方式直观反映大运河沿岸代表性景观的特征，其中既包括山形地貌、云雾江涛，还包括河道上的桥梁、水工设施，以及河岸上的庙宇、关隘、城墙等。古典河图对于未遭受大面积侵蚀的自然景观的记录，反映出当时大运河河道两岸较为真实的地貌特征，其中的景观层次、水貌聚合和植物丛聚的形式具备更高的审美价值。

（二）意大利花园

意大利花园起源于古罗马文明，为欧洲大陆经典的花园形式，其艺术宗旨便是"模仿并赞美自然"。意大利花园创造了第三自然，是艺术和自然的结合体。园林设计的精髓表现在对同时期艺术、哲学和美学的理解。最初的意大利花园风格简洁，尽量避免对自然的破坏。往往以一片树林、一道拱廊连接别墅和花园，花园的两边错落布置小屋。通常花园中会引入一道清泉，主要种植苹果树、石榴树、梨树、李树等，并因地制宜植入藤蔓围合的篱笆。逐渐人工设计和艺术被引入花园，在原生态的自然中创造出第三自然。在梵蒂冈花园中，设计者通过台阶把花园中处于不同水平面的部分衔接起来，形成富有音乐韵律的组合。[②]哈德良别墅的设计灵感便来自描绘意大利古迹废墟的风景画。哈德良别墅为长方形半开放式空间，在花园中以景观组团的形式放置雕塑作品。花园中对水景观的营造为其特色，形

---

① 巴什拉. 空间的诗学［M］. 张逸婧，译. 上海：译文出版社，2013.
② 周武忠. 现代景观创意［M］. 南京：东南大学出版社，2014.

成 42 座喷泉、6 个水帘洞。以不同形式的水景观形成剧场式空间,可供游客在水池边观赏戏剧。

（三）美丽风景区开发的环境评价

景观和生态本身也具有价值,且时至今日它们的重要性还在城市开发中不断增加。因而在大运河国家文化公园大张旗鼓推进工程建造的时候,不应当忘记活态生活空间和自然景观空间对人的内在吸引力,"人们的古老记忆使得它们坚持要回到土地,回到自然中去"①。因而即使是开发者仍然应该计算其增长性利益,例如纽约斯塔腾岛的案例提供了拯救衰亡中的土地资源的尝试性做法,即环境评价。这是一块被大城市所包围的岛屿,拥有蜿蜒的山脊和灰绿岩堰堤,记载了长期气候变化所带来的地貌变化,它所携带的物质和生物进化过程使得它自身的演化具有极大的价值。设计师对气候、地址、地貌、水文、土壤、植被、野生生物环境和土地利用中的价值要素进行了比较和价值评估,并最终以其价值的重要性来确定如何利用。自然的演进是有价值的,为人类使用提供了机会但也有限制,因此必须识别其地理的、水文的、土壤的、植物的生态价值,并将其结合到规划中。

四、对策与应用

大运河国家文化公园主要是以文化公园的形式整合大运河沿线文化、生态资源,并以河道(道路)网络的贯通将零散的"点—线—面"式分布逐渐调整为动态整体联系的网络状结构。从规划中所显示的杭州大运河国家文化公园生态资源的分布上看,其主要形式为市级大运河河道和区级河道,其次为湖泊、湿地、群山、低丘,其余为城市公园绿地。当前来看,大运河国家文化公园的景观规划所面临的不仅包括景观的形式美学问题,还包括以景观的生态化实现其长效保护问题。

（一）城市拼贴化中的保护层次

伟大的历史性城市正在一步步走向毁坏,这是由来已久的命题。新的城市建设不断在旧城之上对其进行切割,由此可以看到旧河道(道路)的和谐格局上断断续续出现尺度和色彩等各异的道路和建筑。大运河河道坡岸被侵蚀的情况暂且不论,实际上由于保护工作的加强,杭州市区河道本身大多能够逃脱被拼贴的命运,但是河道两岸由于实用和经济目的早已不可避免地形成拼贴的局面。拼贴是指其建设的无序和风格的多样,这种多样化所带来的效果具有两面性,一方面,它实现了使用的目的;另一方面,它显示了使用中的粗放和漫不经心。因此,大运河市区两级河道的景观生态型保护规划应该包括河道本身、河岸坡地、河岸建设等近、中、远三个层次。从近景景观来看,主要为对河道水质进行保护和治理以缓解甚至避免水质退化的情况,以对河道中水生生物和水生植物多样性的保护和涵养,特别是对当地富有特色的生物植物的保护来维持地方性特征,同时形成可观的具有地域识别性的水景观,这种景观除了其本身自然形成的观赏性之外,甚至还因对生物生存的友好性而具备生物性和

---

① 哈格. 设计结合自然[M]. 黄纬经,译. 天津:天津大学出版社,2006.

生态性的价值。从中观情况来看，主要是在河两岸的建设控制区和环境保护区。对这两个区域的划定已经有了明确的规定，但面临两个方面的问题，在市区密集的建成区大多数能够实现对其的建设和环境保护，而在市区和郊区的过渡区中建成区往往叠压在建设控制区和环境保护区之上，使得这种规定徒有其名。这种情况下应该有针对性地做到叠加地区的有序搬迁，无法搬迁的情况下对特定地区制定适宜的生态保护措施。而远郊地区的情况则相对简单，这些地区大多属于郊野农田和荒地缓坡，但是往往为管理工作的空白区。对这类地区而言，提前的介入划定和严格保护管理其建设控制区和环境保护区，能够避免未来城市扩张所带来的无序的拼贴式状况。从远观的层次看，我们应该考虑从河道本身望向河岸的观景层次，河道、河岸和连接河岸的坡地为中景，而河岸所连接的建筑群、丘陵群、高地等的混合便形成其远景，这种远景层次的丰富性和多样性、其空间的纵深和变化将会使得河道两岸的空间更具吸引力。因此，从生态的角度看应该尽量维持河岸与远景浑然一体的山水、湿地形态，使得建设围绕这种生态资源展开并维持其原始状态，最终能够通过道路、小径、水网等连接形式实现近中远景观的连接。

（二）城市折叠的体验与时间棱镜

"自然神话的普遍性证明，它们是处理人类内心恐惧和渴望时必不可少的心理机制。"[①]空间的吸引力来自其所形成的庇护性环境和自然的亲和力，而庇护性的衡量标准包括体验者在其中所停留的时间和意愿。这种停留的意愿便造就了记忆，而风景记忆便是文化的印记。在当前的时代，人们的体验再也不似过去，经由时间的折叠从而带来了空间体验的变化，比如人们能够接受通过三维的虚拟空间进行风景读取，从而地域的限度便不像过去那样成为绝对的问题。而这种体验的折叠同样表现在过去的休闲空间发生了变化，传统街区中大量的旧的购物空间消失和空置，通勤成为主要的出行目的，城市中的体验变得越来越单调。这种变化对于大运河两岸空间来说显然是有利的，即大运河本身并非纯粹的消费体验而是休闲体验的空间。强化这种利好的途径包括增加大运河两岸景观空间的多样性和制造更多的停留机会。这便要求景观规划中加入城市功能叠加，不仅仅要将大运河两岸看作是自然和生态空间，更是将其看作是一种新城市空间的缔造。从风景的层面上来说，诗意的空间即仿造"家园"，使人体感觉安全、放松和美好。运用湿地、圜丘、水岸、生物多样性、植物丰富性等，来营造多种多样的、小规模的、连续的、具备亲和力的大众体验空间，这种空间可以满足至少一个人，同时具备完备的安全服务设施，使得人们更乐意在此处停留和分享，从而将风景变成其生活中密不可分的部分。从城市功能叠加的层面来说，可以在大运河两岸的空间中因地制宜地留出多种城市服务场所，将传统城区的小而灵的服务功能引入大运河的景观空间，使得在这一地域中同时能够实现休闲体验和城市服务。目前来看，由于大运河历史文化街区多被视为旅游地，从而这种对城市服务功能的引入相对不足。特别是大运河与城市交通及城市中的大众文化体验场所如体育场、博物馆等重要地标的联络等仍不够紧

---

① 沙玛. 风景与记忆［M］. 胡淑陈，冯樨，译. 南京：译林出版社，2013.

密。景观与城市功能的叠加将会形成以大运河河道水网为纽带的交通网络，以大运河为中心的多样性通达方式可以实现与城市中大量的文化空间的勾连，从而使得大运河的景观价值叠加以实现其形塑文化的目的。

（三）风景区土地价值的评估与规划

风景区价值的评估主要在于对唯经济论的反驳，即证明这种景观与生物多样性本身所具备的价值，从空间价值的长久性来看，对任何一方都具备更大的价值。从杭州大运河国家文化公园的近期主要建设工程和中期的建设中可见，其中涉及了大量的建设，包括十大展示园区的建设，另外在规划中并未注明但是实际上在强化建设的包括大运河周围城区众多的公共活动场馆。其中整合和容纳了城市中湿地、绿地、山丘等生态资源，本质上即是一种自觉的生态性行为。这里需要强调的并非文化公园范围之内的建设，而是当文化公园的土地价值升值之后其周边空间的建设与环境价值的维持。对于城市中公共场馆的建造和河道景观区紧密关联地区的开发，应该符合并遵循生态型景观规划的原则，即在规划前期进行调研和土地价值评估。不同于西方城市中自然资源的尺度广阔和居住密度较低的情况，目前中国城市中较少见到规模巨大的自然裸露区，且杭州大运河国家文化公园所密集分布的三大区域（城南南宋皇城遗址区、大城北运河世界遗产地区、萧山运河区）的居住密度都呈上升趋势，而建设中对于生态资源的粗放处理在萧山运河和大城北扩张区域有所显现。针对公共河谷地区的开发，研究者提供了一种评估方法和开发原则，即针对其空间的类别和森林的覆盖情况，有区别地进行建设（见表 1）。对于具备建设可能性的空间进行适度的建设，而对于濒临环境临界点的地区则进行环境保育并禁止建设。针对没有生态环境价值的地区则鼓励进行高密度的建设开发。这种对于土地类型的分类和精细化处理使得风景区周边的景观生态价值进一步扩大。

表 1　公共河谷地区开发的原则

地区	开发原则
没有森林覆盖的河谷阶地	禁止建设，适当种植硬木
森林覆盖的河谷阶地	除了坡度在 25% 及以上，只有在保持相当的森林密度情况下才可建设
河谷阶地和坡度为 25% 及以上的坡地	禁止建设或植树覆盖
有林的高地	控制建设密度
隆起的高地	允许建设覆盖率低的住宅
空旷的高地	允许大量集中建设

（四）如画之美的景观经验

风景至美便被称为如画，对于如画之美的体验自古有之，即山水为人情所常喜，"尘嚣缰锁，此人情所常厌也。烟霞仙圣，此人情所常愿而不得见也。……不下堂筵，坐穷泉壑；猿声鸟啼依约在耳；

山光水色，滉漾夺目，此岂不快人意，实获我心哉"。风景画的出现是为了满足无法亲近山水之人的渴望，从而在尺幅之间见水光山色，而这种山水画的审美格式又从反面影响了景观的营造。风景如画并非单一尺度，其实无论是风景画还是山水营造，自古以来便有可望可游可居的标准，"世之笃论，谓山水有可行者，有可望者，有可游者，有可居者。画凡至此，皆入善品。……但可行可望，不如可居可游之为得"①。大运河国家文化公园中的景观营造主要处理的是三种要素：一是大运河河道本身，即蔓延的水景观，二是大运河沿岸的各种类型的古遗迹，三是大运河国家文化公园划定范围内的公园。从如画的原则看河道本身仅仅是一种图底，河道的形态和多样性的景观需要其周边的植物、水岸、山峦、历史建筑、水工遗迹等来围合、衬托和显示。这种景观设置的原理与道路规划的原则一致，道路本身是图底，而其两侧的建筑和尺度、色彩、密度、高差等构成道路景观的视觉效果。因此，简言之，主要是如何围绕水景观、古遗迹和植物景观形成统一和谐的整体。从经典河图看，大运河河道的景观并不一定要完全维持线性，而是可以一定程度地恢复过去那种葫芦状布局，将大运河河道水引入内陆，或者与城中的湖泊相连，无论是人工的还是天然的湖泊，都将形成多种多样的水形态。而古遗迹不再被视为单独的遗迹，而应该将其与水景观联系在一起，例如在古罗马的哈德良别墅中将河道的水引入花园并营造多种形态的喷泉，甚至运用水作屏障形成剧场空间，在这里水便具有了立体效果。使水的多种形态与大运河古遗迹相互映照与勾连，根据其大小形成剧场效果便使其格调大大提升。最后，水作为景观材料，与石头、植物、建筑等，可借鉴如画的效果共同形成江河湖海溪泉等不同的景观形态，以大运河为纽带形成一帧一帧可观可游的水道画卷。

---

① 郭熙. 临泉高致［M］. 北京：中华书局，2010.

大运河生态文化景观可持续保护与发展研究报告

王　薇

天津工业大学副教授

摘　要：大运河文化遗产保护是一项充满挑战的工作，以申遗成功作为一个重要的起点，后续保护工作尤以大运河的"活态"发展为重。如何明确大运河"活态"特征以及探索出可持续保护其活态特征的方法和路径是本文探讨的问题之一。另外，本文试图以文化景观的视角，从大运河遗产本体、文化场所以及人的行为三种维度来进一步构建大运河文化景观格局，强调对"人"的关注，对大运河遗产所属的场所以及场所文化意义的认识和保护。随着大运河国家文化公园建设，相关的理论探索已处于起步阶段，因此在建设之初，迫切需要结合实践提出与大运河国家文化公园建设相适应的理论体系。本文将从共同记忆与文化认同的角度来解读大运河遗产的文化意义，将研究大运河中具有符号象征意义的景观作为解读其文化建构的一种途径。

关键词：大运河；遗产保护；景观格局；文化带；国家文化公园

大运河是我国最为典型的横跨数省、辐射面积甚广的线性遗产之一，历史上曾在漕粮运输、商贸流通、文化交流等方面发挥了重要的作用，时至今日大运河仍是重要的航运线路与生态河道，而其保留下来的丰富文化遗产的价值更是难以估量。但同时，由于现代化和城市化的急剧加速，大运河沿线开始出现一系列针对大运河文化遗产保护的改造工程，将其作为一种商业产品来操作，无视大运河主体及其文化的真实性，使得原本属于大运河的文化价值及其背后所承载的共同记忆和文化认同被生硬地割裂，造成原有记忆的人为再构建，[①] 这使大运河原有的价值遭到无法挽回的破坏。目前，国家层面已制定《大运河遗产保护与管理总体规划（2012—2030）》，正式审

---

① 孙九霞，周一. 遗产旅游地居民的地方认同——"碛乡"符号、记忆与空间 [J]. 地理研究，2015，34（12）：2381-2394.

议通过了《大运河国家文化公园建设方案》，这标志着以大运河为核心的线性文化遗产保护传承与利用将进一步完善。

本文以大运河系统整体生态空间形态为出发点，借助历史学、生态学、艺术学、遗产保护学相关理论探讨关系大运河兴衰的格局规划特点，挖掘导致大运河演变潜在内因的研究思路。主要有三个方面内容：第一，探索出可持续保护大运河活态特征的方法和路径。第二，从注重大运河遗产历史的研究转为对大运河遗产文化的研究，从大运河遗产本体、文化场所以及人的行为三种维度来进一步构建大运河文化景观格局框架。第三，从共同记忆与文化认同的角度来解读大运河遗产的文化意义，将研究大运河中具有符号象征意义的景观作为解读其文化规划的一种途径。

一、大运河文化遗产的现状与保护

（一）大运河文化遗产的形成

大运河是一个复杂的时空变化系统，在历史时期，大运河各个河段是独自开凿的，目前有些河段还在使用中，而有些已经被废弃。根据历史上对大运河的划分和命名习惯，大运河包括隋唐大运河、京杭大运河、浙东运河三部分，具体河段为：通济渠、永济渠（卫河）、淮扬运河、江南运河、浙东运河、通惠河、北运河、南运河、会通河、中运河。各部分大多经历了复杂的演变，在不同的历史时期，各个河段的组成元素和主要特征也有较大差异。在 7 世纪和 13 世纪，大运河所有河段被重新修复并串联起来，形成两次南北大贯通，构成了中国南北走向的交通大动脉，这对我国政治、经济、文化各个方面都产生了重大而深远的影响。

（二）大运河文化遗产保护现状

大运河在 2006 年成为国家重点保护遗址，在此之前是按照文物保护、水利、交通管理、开发等法律法规，对大运河各个组成部分按其功能和用途、类别和条件进行保护。2014 年，中国大运河被联合国教科文组织列入《世界遗产名录》后，我国学界在大运河遗产保护研究中主要使用物质与非物质的二分法。这种文化遗产的分类方法并不能全面反映出大运河所具有的"活态"特征，大运河所拥有的物质遗产与非物质遗产之间应是相互依存和不可拆分的共生关系。比如，在大运河沿岸生活的居民不能脱离大运河这个载体，而将当地居民迁移，换成商业地产项目后的场所也就完全失去了其文化内涵。正因为如此，在对大运河遗产保护研究中，更应关注大运河遗产文化的生成过程，对其进行文化研究。其研究方法也需从物质遗产与非物质的二分法，转变为大运河遗产的本体（object）、文化场所（cultural sites）和人的行为（practice）三个维度，并强调这三者之间的共生性与交互性。

大运河遗产是一种文化和社会活动的产物，对当今社会具有重要的影响和意义。在对大运河遗产保护的过程中要强调对"人"的关注，遗产保护的最终目的是关注居住生活在其中的人，关注他们的社会生活，使其生活得到改善，可持续发展。大运河遗产是由其建造者、管理者及使用者共同构建而成，这些人持续不断的努力，才会赋予遗产场所精神意义。

（三）影响大运河文化遗产保护的因素

大运河沿岸地区一直是繁荣的城区。随着城镇化进程的快速发展，大运河沿岸已修建大量现代化商业建筑和住宅。由于机动车数量的增加和城市间建设快速便捷交通的需求，大量的铁路和公路逐渐沿着大运河修建或重建，有些公路和铁路桥甚至横跨大运河。2008年，针对这些情况，大运河沿岸省市政府制定并发布了关于大运河沿岸文化遗产保护的各项规划。地方政府根据保护规划，严格监督指定区域和缓冲区的开发，有效控制建筑物的密度和高度以及交通设施的建设。

考虑到大运河的巨大规模和容纳游客的巨大潜力，在未来的旅游开发管理中，有序参观的游客不太可能对其保护造成负面影响。此外，大运河遗产管理机构制定了一份详细的大运河潜在风险的评估管理计划。针对大运河遗产各类要素的展示展览也制定出相应的旅游计划，并提出相应的措施以确保大运河遗产旅游业的可持续发展，如设计合理的参观路线，指导游客游览，加强对旅游设施的建设和使用监督等。

二、大运河生态文化景观格局的建构

（一）大运河历史景观格局

我国地势总体上西北高、东南低，分三级阶梯，由西向东逐步降低。我国的山脉走向主要呈东—西和东北—西南方向。这样的山脉分布格局决定了我国大部分河流的流向为由西向东，所以自然的河流体系大多是向东流入大海。我国中东部自北向南分布有海河、黄河、淮河、长江、钱塘江水系。这种由各水系分隔而成的地理环境是大运河形成的自然背景，大致是一条从北到南的路线。

大运河主体河道的修建基本上分为三个时期：第一，春秋和战国时期（公元前5世纪至3世纪），当时大多数国家在战争中为各自的需求挖掘河道，但规模都较小，以间隔形式开凿，所以没有形成完整的大运河系统。这一时期最著名的大运河工程是邗沟的开凿，它是最早连接淮河和长江的大运河通道，并作为重要的区域交通枢纽而得到不断维护和运营。第二，隋朝时期（7世纪初），为满足北方军事需求与连接南方经济中心，中央政府通过统一规划，修凿通济渠和永济渠，重建江南运河和疏浚东部的浙江航道，并将之前建造的运河连接在一起，形成了以都城洛阳为中心，北至涿郡，南抵宁波的大运河航道，这是大运河第一次实现南北贯通。大运河在唐宋时期得到维护和进一步发展。第三，元朝时期（13世纪），此时中国的政治中心已从关中迁移到北京，皇帝忽必烈组织开凿会通河和通惠河后，大运河的内陆运输水路直接从北京连接至长江以南地区，从而第二次完成南北大运河的连通。大运河的这一基本格局在明清时期得到了保持，并进行了大量的大规模维修和保养，使大运河向北不间断地运送粮食，保证了国家稳定和繁荣。

（二）大运河文化景观格局

大运河文化景观不仅是人们记忆与认同的载体，也是记忆与认同建构的媒介。人们对大运河的情感与记忆，通常会凝聚在相应的符号与象征之上，而这种符号与象征就是大运河中的景观。依据上文所述大运河遗产具有三种维度，即大运河本体景观、文化场所和人的行为，这三个方面构成了大运河文化景观的格局。

1. 大运河本体景观

大运河本体景观是大运河居民记忆中的核心元素，具有标志性象征意义。大运河遗产由隋唐大运河、京杭大运河、浙东运河三大部分十段河道组成，河道总长度1011公里，自北向南连接海河、黄河、淮河、长江、钱塘江五大水系，大运河的开凿使其周围的自然环境、生态环境和生产环境都得到极大的改善。每段运河上修建的水坝、船闸、桥梁、码头使用过程中也成为人们记忆的重要符号，与河道共同构成了大运河水体景观。从历史记忆的角度看，这些因大运河而建的桥梁一直使用至今，它们不但延续了历史，更塑造了人们的记忆。在当今时代，大运河不能仅仅作为交通线路，应该从文化线路的视角来诠释，并以此为基础将大运河转化为一条具有文化游憩功能的廊道。大运河作为连接南北地区的文化游憩廊道，其本身具有感知度很高的游憩资源以及文化价值。大运河廊道的使用者仍是以本地居民为主，他们利用大运河廊道进行休闲和游憩等活动。虽然大运河的功能有所转变，但是在当地居民心中形成的记忆与认同感并未改变，由交通运输线路转变为文化线路，其历史与文化意义都得以延续，这正是当代社会对大运河价值需求的体现。

2. 文化场所

大运河遗产中的文化场所可以分为两类：一是由官府设立的衙署、官邸、驿站、仓库等大运河管理场所；二是指通过宗族关系、邻里关系、贸易关系等社会关系形成的城镇、村落、街区与集市等形式的生活环境。这些场所是人们在日常生活实践中逐渐形成的，承载着当地人的共同记忆和认同感。同时，人们的生产行为、经济行为和管理行为都赋予其所处场所以文化意义，也就是说，是人们的种种生活实践行为构建了大运河的文化场所与景观。因此，大运河中的文化场所与相对应的人们的行为是密不可分的，如果文化场所失去其主体人的行为，那么也会随之失去价值与意义。

3. 人的行为

大运河文化场所中的景观具有很高辨识度，例如沿大运河而建的居民点作为当地人创造与继承的遗产，与地方认同有着内生性联系。大运河成为世界文化遗产后，激发了当地人的自豪感，使之对大运河作为遗产的价值有了更深入的了解，同时进一步加强了人们对大运河的认同。从符号象征的角度看，大运河作为文化遗产对当地人有着特殊意义与价值。我们在大运河遗产保护过程中不仅要遵循世界文化遗产保护的规则，还要关注当地人对大运河所具有的特殊情感，应避免当地人与作为遗产的大运河之间产生距离感。因为这一距离的存在会使大运河遗产保护偏离方向，失去大运河遗产的真实性。这也会使对大运河产生的共同记忆发生改变，因为这种记忆是一种认知意向，也是经验集合，呈现过去也映射现在，[①]直接影响大运河文化的延续。因此，在大运河遗产保护过程中，我们必须关注当地人的感受，这也体现在遗产保护中公众参与的重要性。

三、大运河线性空间的多维度内涵

（一）大运河线性空间的内涵解析

1. 内生脉络

大运河遗产作为跨区域的大型水道交通动脉，其中绿道理念是对大运河自然特征的关注。遗产廊道强调大运河自然生态系统与经济价值之间的平衡关系。大运河文化线路则将历史文化内涵提到首位，侧重文化层面的交流与影响。大运河作为遗产廊道和文化线路的共同点是两者都建立在历史时期人类迁徙与流动线路的基础上，都是具有动态特征的文化景观，都需要跨区域的整体性保护。大运河遗产廊道强调拥有文化资源的线性景观，更多地以经济振兴为目标，如何对大运河文化景观进行设计，并与自然保护结合设立游憩河道和步道，使之重新获得价值，成为一种兼具生态效益的综合意义上的绿色通道。[②]大运河文化线路更强调线路在文化上的影响、交流和对话，更注重历史发展过程中产生的文化意义（见图1）。[③]

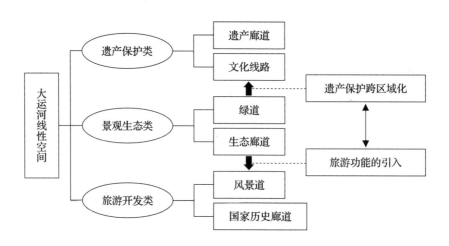

图1 大运河线性空间的多个维度

2. 空间特征

（1）生态性。近半个世纪以来，在工业化和城镇化进程中，大运河河道本体及沿线生态环境发生了巨大变化，出现了水体、土壤等受到严重污染，河流生态系统被破坏，生物多样性减少，城市建设

① 孙九霞，周一. 遗产旅游地居民的地方认同——"碉乡"符号、记忆与空间[J]. 地理研究，2015，34（12）：2381-2394.
② 汪芳，廉华. 线型空间研究进展与发展趋势[J]. 华中建筑，2007（7）：88-91.
③ 李伟，俞孔坚. 世界文化遗产保护的新动向——文化线路[J]. 城市问题，2005（4）：7-12.

急剧扩张和人口暴涨，景观建设趋同和文化遗产破坏等问题。对于大运河遗产廊道保护而言，畅通连贯的河道与植被生态系统为遗产廊道提供了统一连续的基底背景。因此，作为风景道，在规划过程中，大运河植被结构设计也十分重要，其沿线土地资源的开发利用和水资源的可持续利用应营造出能够让人欣赏、亲切的自然景观。

（2）体系化。大运河绿道规划的目的在于建立一个相互连通的多层次沿河绿道网络，可分为三个层次——河道层次、地区层次和区域层次。大运河遗产廊道的保护规划更加注重河道生态系统与经济价值的平衡性，因此，要从大运河整体空间规划入手，保护大运河所有的自然和文化遗产，并充分发掘遗产的经济价值。从文化线路角度看，大运河使生活在不同地方的人们在相遇过程中产生政治、经济、社会、文化、科学技术及宗教等方面的交流，由此他们之间形成了相互的联系。而这种相互联系也反映在大运河的文化景观与文化现象之中，构成了大运河遗产的重要因素。因此可以说，大运河是一条具有"活态"特征的文化线路。因为人与人之间产生交流与联系是大运河使用的结果，这一联系反映了人们对土地的利用以及对材料、技术的使用，也是商品交换和许多其他重要的社会生活的表达，这些因素都是文化线路的一部分，了解它们在其中的重要性，对于理解大运河遗产的文化意义极为重要。[①]

（3）人本性。在大运河遗产相关研究中一直较少涉及"运河人"。笔者认为大运河遗产保护最终是为了世世代代生活在大运河区域的居民，关注他们的社会生活，改善与提升他们的生活质量，优化生态环境以及文化环境。因为大运河遗产是由生活在大运河两岸的居民、建造者、管理者和使用者共同构建而成，这些人不断持续的努力，才会赋予大运河场所的意义。这些人在使用大运河及各类建筑物时，往往心理上会产生不同的感应，这种感应反过来也会影响大运河空间及建筑空间的塑造。因此，在现代绿道、遗产廊道规划设计中，正在逐步关注人们对大运河的诉求，更多从这些大运河主人的视角考虑游道的设计。同时，从游览大运河的角度来看，还要为游客提供阐释系统，包括大运河历史景观要素的构成、遗产保护与发展方法等方面，要将这些内容精确而积极地传达给公众，使他们逐步提升对大运河保护和政府保护策略的认识，为公众提供生态体验、文化教育和游憩游览等多维度的服务。

（二）大运河线性文化空间分析

基于上文对大运河文化内涵的解析，可以看出大运河文化价值具有多个层面，是绿道、生态廊道、遗产廊道、文化线路、风景道、国家历史廊道这些概念不能全面概括的。大运河文化带的提出是融合生态保护、遗产保护、经济发展、旅游开发等多视角，对大运河文化价值全面提升的一个概念，能够全面完整地囊括大运河所有的内涵与价值。

1. 大运河文化空间格局

大运河连接北京、天津、河北、山东、河南、安徽、江苏、浙江八省（市），形成贯穿南北的交通动脉。隋唐宋时期的"Y"形大运河，以洛阳为中心，满足了南方农区直接到达中原政治中心和北方

---

① 王薇. 动态文化线路中"场所精神"的研究——以梅关古道为案例[J]. 博物馆研究，2014（1）：75-82.

军事中心的政治经济要求。元明清时期，为保证漕运与政治中心、经济中心的直接联系，对大运河进行了修直，并对原有的"Y"形线路进行裁弯取直的改造。可见，大运河的线路随着政治中心的变化而不断调整，受到政治和地缘因素的影响，进一步证明了大运河修建的主要目的是通过漕运连接政治中心和经济中心。

现今，从经济地理空间来看，大运河文化带也是一条经济带，北连环渤海经济带，南接长江经济带，其中包括京津冀城市群和长江三角洲城市群。大运河文化带包含中国6个省和2个直辖市，是全国人口分布最稠密的地区，经济总量占比很大，并且发展质量相对较高。从土地和人口密度看，有很高的集聚性。但由于地理位置、资源条件和历史发展等的影响，大运河文化带上各省市的发展水平存在较大差异。① 然而这也正是大运河文化带经济发展的动力，可以通过发达地区的示范作用来激励和带动相对落后的地区发展，其目的是实现区域协调发展。

2. 大运河文化空间共同体

大运河南北连接我国6个省、2个直辖市，25个地级市，也贯穿了多个不同的文化区，在整体统一的基础上各个河段又保持了独特和多样的文化特征。因此，可将其称作"大运河文化空间共同体"。具体而言，构建一条主轴（隋唐大运河、京杭大运河和浙东运河）带动整体发展，五大片区（京杭大运河黄河以北片区、京杭大运河黄河以南片区、浙东运河片区、隋唐大运河北片区、隋唐大运河南片区）重塑大运河实体，六大文化区（中原、燕赵、京津、齐鲁、淮扬、吴越文化区）凸显文化引领，多点联动（支点城市和特色村镇）形成合力的空间格局框架（见图2）。

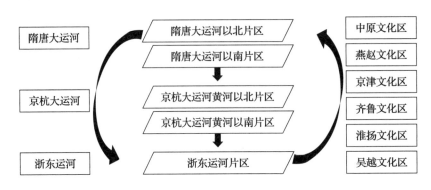

图2 大运河文化空间格局框架

① 孙久文，易淑昶. 大运河文化带建设与中国区域空间格局重塑[J]. 南京社会科学，2019（1）：11-16.

四、大运河文化规划框架

（一）大运河文化规划的内容

1. 大运河文化资源

大运河沿线城市中一般沿河的地段具有较高的商业价值，因此为使这些地段不断增值，很多地方政府以大运河改造名义建设了许多只服务于少数精英人群或象征其身份地位的高端设施，例如高级住宅区和高级商业中心等，并将其视为提升城市大运河文化资源价值的一种方式。但是这些高端设施并未给城市带来有利的竞争力和影响力，对当地居民的生活的改善也未发挥作用。另外，大运河沿线许多城市在物质遗产保护和发展工作上取得了较多的成绩，实现了经济、文化、场所、个性发展的统一，却又出现了一个问题，即大运河文化失去了丰富的多样性，众多大运河城市建设出现同质、雷同的景观元素，缺少本土性和多样性特征。

因此，我们需要转换研究视角，从注重遗产本体的研究转向对遗产过程的研究，大运河遗产形成的过程也就是文化生成的过程，即大运河所具有的文化内涵。大运河遗产文化资源存在于人与人、人与物的关系之中，通过各色各样的社会行为反映出来。因此，需要特别强调大运河遗产中人的行为这一特征。

2. 文化规划——形成共同记忆与文化认同

针对大运河文化资源的实际特征，其文化规划主要涵盖物质景观形态、文化象征景观和共同记忆三个部分。

一方面，大运河文化意义体现在大运河是国家经济交通命脉，是巩固国家政权的重要方式，因此，它是国家权力的象征，其文化价值已经上升为一种国家符号；另一方面，大运河遗产反映了一种社会文化、实践和技术，它的形成反映并强化了与之相关的社会群体的构成。历史上人们在使用大运河过程中所产生的政治、经济、社会、文化等方面的交流与联系，对于今天生活在大运河沿线的居民以及仍然使用大运河的人们来说是一种文化延续，进而形成了共同的记忆，对大运河共同的记忆，可以使大运河居民产生相同的身份和文化认同。这种共同记忆与文化认同是维系大运河的历史与现在以及人与人之间关系的纽带。

大运河遗产作为文化认同的载体，承载着当地居民的情感与记忆，这些记忆往往是通过具有符号意义的景观表现出来的。那么，研究大运河遗产中这种具有符号象征意义的景观就可以作为解读其文化建构的一种途径。这些景观与文化认同之间具有相辅相成的联系：一是景观由当地社群创造与拥有，表达其对大运河的认同；二是景观的存在能维持与加强文化认同，而景观的改造却可能威胁文化认同。[1]大运河在保护发展过程中以保护之名重建或仿造的文化遗产不仅损坏了遗产的真实性，更会使

---

① 孙九霞，周一. 遗产旅游地居民的地方认同——"碉乡"符号、记忆与空间[J]. 地理研究，2015，34（12）：2381-2394.

人们的共同记忆与认同感偏离文化遗产建造的初衷,对大运河遗产未来的发展产生深远的影响。所以,为使大运河遗产可持续发展,我们必须在大运河遗产保护工作中明确与正视这一问题。我们提出的任何一种保护规划方案可能都会在某种程度上重塑人们的记忆,更会影响和改变早已被民众所接受的文化认同。正因如此,我们需要强调大运河遗产保护应该聚焦现在和未来,我们今天对大运河遗产的解读会直接影响到后代对大运河历史和文化的认识与理解。

(二)大运河国家文化公园建设

大运河国家文化公园建设是党中央加强中华优秀传统文化传承发展的重大决策部署,是推动新时代文化繁荣发展的重大工程。[①] 大运河是一汪生命活水,生生不息,含有流动、联通、传承的意蕴。针对目前大运河景观同质化趋势严重的问题,应更重视各河段文化标识的打造。其中大运河的活态文化是通过空间元素、居民集体记忆、社区居民等要素展现出来的,因此要激发出各地段的文化活力,适应城市发展需求,实现有效保护。

大运河的保护与发展问题,具体而言,即古今风貌、城河空间、景观活动这三个方面如何整合统一的问题,相对应的便是“河、城、人”这三个层面(见图3)。大运河文化公园的建设也需要从这三个层面以及它们的相互关系切入,分析大运河的历史文化景观特征,如何保护与营造大运河河文化场所以及激活沿岸居民的行为,进而形成一个整体的规划体系。

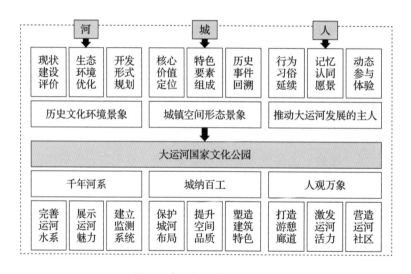

图3 大运河文化公园构建

① 王秀伟,白栎影.大运河国家文化公园建设的逻辑遵循与路径探索[J].浙江社会科学,2021(10):72-80;陈璧显.中国大运河史[M].北京:中华书局,2001;董文虎.京杭大运河的历史与未来[M].北京:社会科学文献出版社,2008;吴欣.中国大运河发展报告:2018[M].北京:社会科学文献出版社,2018;汪芳,蒋春燕,卫然.文化景观安全格局:概念和框架[J].地理研究,2017(10):1834-1842;王薇.申遗成功后的大运河文化遗产可持续保护研究[J].博物馆研究,2018(2):81-86;毛峰,吴永兴,李喜佳,等.京杭大运河开凿与变迁[M].北京:电子工业出版社,2014;安作璋.中国运河文化史(全三册)[M].济南:山东教育出版社,2008;邓辉.从自然景观到文化景观[M].北京:商务出版社,2005.

目前，大运河国家文化公园完成了概念构想，逐步拉开建设帷幕。但是，作为一项新的概念，我们还没有结合具体实践有针对性地进行基础理论的系统研究，例如文化公园空间如何确定，展示线路如何梳理、呈现，怎样建设与管理，如何构建与文化公园建设相适应的理论体系。这都是十分复杂的问题，需要扎实的基础研究作为支撑。笔者认为，大运河文化遗产是一种社会和文化活动的产物，不是一种固化的历史。因此，我们更加需要思考大运河遗产可持续保护的方法与途径。首先，要从注重大运河遗产本体的研究转为对大运河文化的研究，了解大运河遗产中人与人、人与物之间的关系，这有助于理解大运河遗产文化生成的过程。其次，从共同记忆与文化认同的角度来解读大运河遗产的文化意义。大运河遗产作为文化认同的载体，承载着当地居民的情感与记忆，这些记忆往往是通过大运河景观表现出来的。所以，研究这种具有符号象征作用的景观可以作为解读其文化建构的一种途径。最后，从大运河遗产本体、文化场所以及人的行为三种维度，来进一步构建大运河文化景观格局。大运河与孕育它的场所、社会环境和其主体"人"的日常生活息息相关。所以，在对大运河遗产保护过程中尤其要强调对"人"的关注，大运河遗产是由其建造者、管理者还有使用者共同构建而成，这些人持续不断的努力，才会赋予遗产场所以精神意义。因此，大运河遗产可持续保护的聚焦点应该是在当下甚至是未来，同时，还要强化对大运河遗产中文化场所意义的认识和保护。这些是大运河国家文化公园建设的基础理论层面，也是未来亟待展开的工作，这也是笔者今后持续关注的内容与研究的对象。

大运河文化遗产本体的预防性保护

——以大运河（苏州段）为例

陈 伟

苏州市文物保护管理所所长

摘　要： 大运河文化遗产具有显著的活态、线性特征，遗产类型丰富，其在后申遗时代的保护与利用面临诸多难点。在数字化测绘时代的背景下，本文以大运河（苏州段）为例，以新兴的多波束测深技术、船载河景采集技术等空间信息技术为抓手，以计算机、互联网等技术为依托，探索了一套以大运河文化遗产本体监测数据生产及应用为核心的预防性保护体系，结合工程实践系统阐述了预防性保护的技术路线和方法。通过该技术的运用，以期增强大运河文化遗产的新时代生命力，为大运河遗产的保护性传承与活态利用提供借鉴。

关键词： 一体化点云；大运河文化遗产；预防性保护；多波束测深技术；船载河景采集技术

　　京杭大运河是世界上里程最长、工程最大的古代运河，是中华民族文化地位的象征之一，也是世界运河史上的伟大创举，于2014年成功入选《世界遗产名录》。大运河以"线"带"点"形成了遗产类型丰富、集物质文化遗产与非物质文化遗产于一体的大运河文化遗产带，兼具货运、旅游等现代化服务功能，形成了人类历史上一道独特的景观。保护好、利用好、传承好大运河这一流动的文化遗产，赋予大运河新时代中国特色，实现大运河遗产的"活态传承"[1]，将成为大运河文化遗产保护的重中之重。

　　保护好、利用好、传承好大运河文化遗产的前提是保护。最有价值的保护是通过现代化监测技术，建立预防性保护体系。自2003年香山会议肯定了空间信息技术在文化遗产保护中的作用后，毛锋、唐剑波、吴永兴、赵云等学者先后对空间信息技术在线性文化遗产保护中的应用进行了大量研究。[2]大

---

① 单霁翔. "活态遗产"：大运河保护创新论[J]. 中国名城，2008（2）：4-6.

② 毛锋，吴永兴，唐剑波. 空间信息技术在大运河遗产保护中的应用[J]. 中国文化遗产，2011（6）：55-59；毛锋. 空间信息技术在线形文化遗产保护中的应用研究——以京杭大运河为例[J]. 中国名城，2009（5）：20-23；唐剑波，赵云. 空间信息技术在大型线性文化遗产保护规划中的应用研究[J]. 北京规划建设，2013（1）：79-84.

运河各周边城市也有了初步应用，应用的技术类型也在不断拓展，但也存在不少问题：采用的技术手段主要为低空无人机低空摄影测量技术，在宏观角度对大运河本体及其缓冲区进行监测，难以形成监测成果的资源化，难以实现预防性保护的目的。

本文从大运河（苏州段）现状出发，以一系列科技化、信息化的手段为抓手，将多波束测深技术、船载河景测量技术等新兴空间信息技术应用于大运河遗产的本体监测，获取水下河床、水面驳岸等遗产本体的全覆盖点云数据，并采用现代化测绘基准转化技术实现水体上下一体化点云数据的空间基准的统一，完成了一系列衍生数字化成果的生产与应用，通过周期性监测，从遗产本体的角度建立大运河文化遗产本体的数字化档案，并据此构建预防性保护体系。

一、大运河遗产本体预防性保护的必要性

大运河（苏州段）北起望亭镇五七桥，南至京杭大运河与太浦河交界处，是江南运河的重要组成部分，地理位置优越，除具备大运河文化遗产显著的活态、线性等共性之外，还具有一些苏州地区的特性。这些特性共同决定了大运河遗产本体保护的必要性。

（一）符合世界文化遗产保护标准和国家有关战略部署的需要

现阶段，大运河已进入后申遗时代的保护性阶段。一方面，应满足《保护世界文化与自然遗产公约》及《实施保护世界文化与自然遗产公约操作指南》等相关规范的要求，建立长期的监测与保护机制。另一方面，2017年，习近平总书记就大运河文化带建设曾两次提出"保护好、传承好、利用好"的重要指示与要求；现阶段大运河文化带建设也已上升到了国家战略高度。大运河（苏州段）作为大运河文化带建设中的一颗耀眼明珠，要争创大运河文化带建设国家示范点，就应做好大运河文化遗产的整体性保护，必须将以水下河床与水面驳岸为主要组成部分的大运河文化遗产本体的"微观"保护纳入保护与利用的行动中，与无人机低空摄影测量技术的"宏观"保护相结合，构建完整的大运河文化带的预防性保护机制。

（二）线性、活态特征显著，保护性继承大运河遗产文化带的需要

大运河文化遗产作为线性文化遗产的典型代表，具有不同于任何具体样态的物质文化遗产[①]的特性，是将线性或带状区域内物质文化遗产和非物质文化遗产进行整合的文化遗产族群。[②] 现阶段的三维激光扫描技术、近景摄影测量、VR等新兴技术主要应用于大运河周边文化遗产点的点状预防性保护中；无人机低空摄影测量技术主要应用于大运河文化遗产本体及缓冲区的块状预防性保护中。大运河水下河床及水面驳岸作为大运河文化遗产本体的重要组成部分，是串联各遗产点、形成遗产文化带

① 李麦产，王凌宇. 论线性文化遗产的价值及活化保护与利用——以中国大运河为例［J］. 中华文化论坛，2016（7）：75-82.
② 方静. 论大运河特色文化遗产活态传承利用——以常州段运河为例［J］. 中国名城，2018（12）：92-96.

不可或缺的部分，是发挥大运河文化遗产文化功能与运输、旅游等服务功能的纽带与基础，对其预防性保护应当引起重视。

（三）多样性地区特色服务建设的需要

大运河（苏州段）最早起源于春秋时期，是江南运河的雏形，除具备大运河文化遗产的一般共性外，还具有独特的区域特性。首先，历史上苏州的繁华，离不开承载量巨大的大运河漕运；现在的苏州，大运河货运仍占重要比例，为保证货运的正常开展与大运河遗产本体的安全，必须建立影响行洪、分洪的水下地形的数字化档案。但现阶段水下河床的保护仍处于"静态"规划阶段，对河道分批次、分阶段进行疏浚等工作，不仅造成了大量人力、物力浪费，影响了大运河遗产双重功能的挥发，也使得水下河床数字化档案"另起炉灶"。其次，大运河绕城、穿城而过，形成与古城水系融为一体的独特景观，这就为大运河保护性利用提供了契机。现已与旅游、服务等功能完美融为一体，形成了一条水上旅游产业链：一方面，水面驳岸作为产业链的重要组成部分，是串联各遗产点的直接纽带，对游客产生直接的视觉冲击，其预防性保护成为重中之重；另一方面，通过对水面驳岸的预防性监测，可直接推动周边建设与大运河文化遗产本体的协调，避免"爆发式"的现代化建设，轻视大运河文化遗产的整体性保护。最后，大运河与苏州民居、商业相融合，两者相得益彰，但居民生活、商业活动产生的生活垃圾等，又必然对水面驳岸和水下河床造成破坏与影响。为实现长足发展，不断赋予大运河新时代的生命力，必须建立水面驳岸与水下河床的长期性、预防性保护机制。

二、大运河（苏州段）遗产本体预防性保护体系

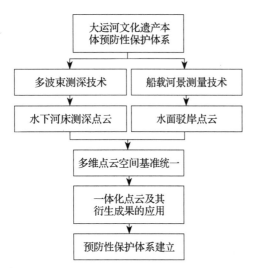

图1 大运河遗产本体的预防性保护体系建设流程

苏州以争创大运河文化带建设国家示范点为契机，除采用已被广泛接受的无人机低空航空摄影测量技术开展遗产本体及缓冲区的变化监测与数字化建档外，还引入了多波束测深技术、船载河景测量技术等新兴测量技术，形成了多位一体、全方位的水体上下一体化的预防性保护新模式。大运河遗产本体预防性保护体系建设流程如图1所示。

（一）预防性保护技术体系的构建

近年来，水陆一体化的采集技术已成为海洋测量及海岸改造的重要手段，但鲜有应用于大运河等浅水或超浅水区域的案例。本文对多波束测深系统、船载河景采集系统进行了融合，形成了水体上下一体化的采集技术体系。

1.多波束测深系统

多波束测深系统是一种多传感器融合应用的现代信号处理系统，能够实现条带覆盖区域内测深数据的采集，实现了"点—线"测量到"线—面"测量的技术突破，更突破了仅将工程竣工图作为大运河"体检"依据的局限性，其组成如图2所示。

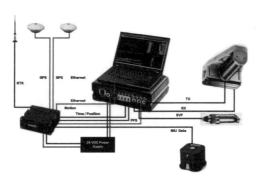

图2　多波束测深系统

受多波束测深系统的条带覆盖角度为165°及船载河景采集系统中的激光扫描仪无法获取水面以下驳岸点云数据等因素的制约，水下河床与水面驳岸的点云成果中必然存在测量盲区，难以获取完整的数字化成果。为避免测量盲区，在海洋测量中，有两种作业模式可供选择：一是利用潮位涨落实施测量；二是将多波束测深系统中的换能器组件上扬一定角度。[1]受大运河水深一般为1—4米的影响，无法利用潮位涨落的间隙，采用多次测量的模式实现测量盲区的补采，且难以采用垂直测量的模式获取完整的河床点云数据，因此，本文采用将换能器上扬30°的方式，且采用无验潮站方式进行水下河床测深数据采集。采集的某河段水下多波束测深成果如图3所示。

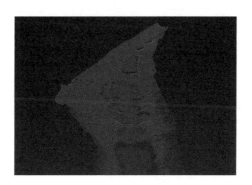

图3　某河段水下河床测深点云成果

2.船载河景采集系统

船载河景采集系统综合利用激光扫描系统、影像采集系统、定位定姿系统、辅助硬件系统等多元系统，并移植至船载平台上，完成大运河水面驳岸点云与360°影像数据的采集工作。通过水面驳岸及

---

① 管明雷，陈智鹏，李清泉，等.船载水岸一体测量技术在码头改造工程中新应用[J].测绘通报，2019（2）：113-116.

周边环境点云数据与全景影像数据的采集，展示大运河沿岸风貌，串联大运河沿岸的遗产点，凸显大运河（苏州段）"线性文化遗产显著"的特性，使得大运河各遗产点与大运河本体文化各美其美，交相呼应。船载河景采集系统如图4所示，采集成果如图5所示。

图4　船载河景采集系统

图5　船载河景采集成果

3. 空间基准统一技术

由于多波束测深系统采用无验潮站测量模式，直接连接 SZ-GNSS 系统，获取 CGCS 2000 坐标系下的空间位置与测深数据成果；船载河景采集系统依托惯导系统及 GPS 定位技术，直接获取 WGS 84 坐标系下的水面驳岸点云及影像数据。虽实现了水体上下点云的无缝采集，但受空间基准不统一等因素的影响，仍无法获取一体化成果。因此，本文建立高精度的空间基准转换模型，获取统一空间基准下的水体上下一体化点云成果。一体化点云成果如图6所示。

图6　水体上下一体化点云效果图

（二）预防性保护体系在大运河（苏州段）的应用

监测是手段，保护是本质，保护性利用与传承是目标。如何以新兴空间信息技术为抓手，实现大运河文化遗产的预防性保护，是最终保护好、利用好、传承好大运河线性文化遗产的核心。本文依托多波束测深技术、船载河景采集技术等新兴空间信息技术，系统全面地研究了大运河线性文化遗产本体预防性保护体系的应用方法和技术路线。

1. 基于数据挖掘的预防性保护应用

监测是预防性保护的前提，如何实现监测数据的分析与利用关系到能否建立健全的预防性保护体系。以真实性、完整性为基本原则的水下河床、水面驳岸点云数据监测，不仅是为了数据存档，更是为了清晰地了解遗产本体的现状，因地制宜地制定预防性保护措施。

依托一体化点云成果，获取完整的水下河床测深数据，生产一系列的衍生成果，并进行相应数据的挖掘、分析，以更好服务于遗产本体的保护。依据一体化点云成果可实现完整水下河床的模型、断面图、水下河床地形图等一系列数字化成果的生产，并将其进行数字化存档，继而将水下河床的具体形态搬进电脑里，放入大运河遗产本体的"体检"档案中。

基于 DEM 成果可完成水下河床形态，影响行洪、分洪的表里特征诊断及保护性措施采取前后的现状分析。如图 7 所示，某段水下河床存在一块凸起的土体。由于土体深约 1.1 米，与古城水系融合的该河段水深仅为 2—4 米，因此应及时结合水文数据采用相应的保护措施，以保证来往船只及大运河本体的安全；河道疏浚后遗留下的规则孔洞，如图 8 所示。利用河床坡度比，可完成河床安全性评估的肌理特征诊断。

图 7　水下河床凸起的土体　　　　图 8　水下规则孔洞

2. 基于拓展性的预防性保护应用

随着大运河文化遗产保护进入数字化时代，新兴空间信息技术日趋多元化，依托各项监测技术的成果不应相互割裂，只有融合应用，才能更好地服务于大运河线性文化遗产的保护。

通过将水体上下一体化点云与船载河景 360° 影像进行匹配，突破了影像只能看不能测量的技术瓶颈，实现了单项技术的拓展应用，拓宽了预防性保护的应用渠道。依托一体化点云成果与河景影像成果，可进行三维可量测河景数据生产；通过发布于监测数据管理系统中，可实现对水面驳岸及部分水下河床的病害巡查，对发现的水面驳岸病害情况进行位置、大小等方面信息的测量，并建立相应的病害档案。后期可依据病害档案，在不影响大运河现有功能的前提下，增加监测频率，以实现"变化可监测、风险可预报、保护可提前、险情可预警"的预防性保护目标。

3. 基于推演性的预防性保护应用

推演性的预防性保护是指在监测数据的基础上，结合相应的文献资料及周期性监测数据，对某一文化遗产的内在或外在发展规律进行推演，及时掌握文化遗产的变化规律，以期更好地实现文化遗产的预防性保护，为文化遗产的可持续发展提供助力。

　　大运河线性文化遗产集物质文化遗产、非物质文化遗产等文化遗产价值，旅游、货运等现代化服务价值于一体，是一种流动的文化，受自然环境、人为等因素的影响较为显著。通过周期性的监测，可实现影响因素的可识、可辨，并据其变化规律，在险情到来前，实施保护性措施。如图9所示，基于一体化点云成果制作的水下河床DEM等多类型成果，以河道走向、特殊地物、地形及其衍生地貌分析为基础，完成水下河床演变的预防性判断。

图9　水下河床演变的推演分析成果

三、基于大运河遗产本体预防性保护模式的思考

　　大运河文化遗产具有空间跨度大、时间跨度长、狭长的线状特征，并串联缓冲区内的各遗产点及遗产区，形成了独特的大运河遗产文化带。文化带的建设更注重整体性、区域性，其预防性保护工作必然要突破"碎片化"。以水体上下一体化点云及其一系列衍生成果为基础的预防性保护模式，能够使整个大运河本体的保护与利用工作实现有机结合，实现大运河文化遗产的保护、利用与传承。但大运河文化遗产的预防性保护是一个长期而艰巨的任务，需要不断拓展、融合应用多元空间信息技术，统筹规划，逐步推进。本文以大运河（苏州段）为例，对大运河文化遗产本体的预防性保护模式进行了以下几方面的思考。

　　（一）应建立遗产本体的长期监测机制，构建精确的预防性保护模型

　　大运河（苏州段）水陆并行、河街相邻的独特区域风貌，[①] 加速了大运河文化遗产与苏州市城市发展的融合进程。同时，大运河文化遗产更易受到城市现代化发展的冲击，因此，建立长期性的监测机制已成为迫切需求。建立长期性的监测机制，一方面，能够及时对大运河遗产的"四有"档案进行更新；另一方面，通过水下河床、水面驳岸的周期性点云监测数据，能够分析对比大运河遗产的变化情况，建立病害档案。通过长期的周期性监测，构建病害的预测模型，依据文化遗产保护的先验经验及文物保护的准则，确定文化遗产的风险阈值，形成精确的预防性保护模型。

　　（二）监测数据资源化，增强大运河文化遗产的时代生命力

　　对大运河文化遗产采取的预防性保护措施受益于城市现代化的发展进程、新兴空间信息技术的革

① 李培娟. 文旅融合背景下大运河苏州段文化产业建设的几点思考[J]. 时代金融，2020（18）：89-90.

新，再结合其整体性、流动性的特性，注定了大运河文化遗产预防性保护只有与城市发展相适应，经济建设相协调，在其强大的生命力基础上，不断赋予新时代的特色，才能真正实现大运河文化遗产的保护性利用与继承性发展。

在长三角一体化战略的城市建设背景下，应以苏州争创大运河文化带建设国家示范点为契机，以文旅融合为出发点，将大运河文化遗产本体的预防性保护纳入城市经济社会发展的整体规划中，实现监测数据的资源化。一方面，依托虚拟现实等技术，构建多渠道、全方位的文化遗产共享方式，既实现城市不同管理部门间的数据共享，又实现社会大众的共享，以促进文化交流，实现大运河遗产预防性保护从城市社会经济发展中来，又服务于城市社会经济发展的目标；另一方面，监测数据资源化，有利于与城市建设、特色旅游等专项规划相衔接，变大运河文化遗产静态保护为动态保护，与城市发展更加协调，更加相得益彰。

（三）多元数据整合与融合应用

随着空间信息技术的出现，已有多元技术应用于大运河遗产监测中。水下维度，采用多波束或单波束测深技术获取水下河床的测深数据；水面维度，采用船载河景采集技术、三维激光扫描技术、近景摄影测量等技术获取水面驳岸及水工遗存的数字化留存信息；空中维度，采用无人机低空摄影测量技术，获取大运河遗产本体及其缓冲区的空中全景、航拍视频、正射影像等多元化的数据。但各类技术相互割裂，受空间基准、数据格式等因素的制约，难以将各维度数据进行融合应用，无法实现从"数据大"到"大数据"的转变。

通过构建高精度的空间基准转换模型，实现跨格式的多元监测数据的无缝融合。通过监测数据管理应用平台实现水体上下一体化点云及其系列衍生成果、空中多元监测成果与水文、文化遗产点或遗产群监测成果等数据的融合应用，并关联相应的空间及属性信息，构建完善的大运河"四有"档案，构建适用于多部门的、健全的大运河遗产预防性保护机制，避免因某个部门或某个领域的变动，引起后续"四有"档案建设、遗产保护和管理、遗产展示利用等多方面的变动，引起不必要的人力、物力的浪费。

四、结　论

悠悠运河，奔腾于历史，不息于今日，更应流光溢彩于未来，保护好、利用好、传承好大运河文化遗产，离不开预防性保护体系的建设。本文从大运河（苏州段）遗产本体预防性保护的必要性入手，探讨了以水体上下一体化点云及其系列衍生成果为基础的预防性保护体系，构建了大运河文化遗产本体的预防性保护新模式，最后基于探索的预防性保护模式，提出了几点思考，以期对大运河文化遗产的保护性利用与传承有所借鉴。

深入践行新发展理念　打造杭州水上"交旅融合"示范城市路径研究报告

顾政华

杭州市公路与港航管理服务中心行业发展处处长

摘　要：交通强国是建设现代化经济体系的先行领域，是全面建设社会主义现代化强国的重要支撑。杭州作为"五水共导"的旅游城市，做好水上交通和旅游的融合，能有效推进交旅新业态发展，促进产业转型升级。本文深入分析杭州市水上交旅融合发展现状，为杭州打造水上"交旅融合"示范城市，推动杭州水上"交旅融合"高质量和可持续发展提供决策参考。

关键词：交通；水上运输；交旅融合；水上杭州

一、概　述

（一）研究背景

杭州是一座"五水共导"的旅游城市，钱塘江、富春江、新安江的"三江两岸"黄金旅游线多年以来一直受到政府、社会与游客的关注。交通是国民经济的先行官，做好水上交通和旅游的融合，能有效推进交旅新业态发展，促进产业转型升级，推动杭州打造水上"交旅融合"示范城市，实现城乡区域统筹发展和促进共同富裕。

笔者所在的调研组由杭州市公路与港航管理服务中心分管负责人和部门业务骨干组成，在杭州市交通运输局指导下，联合杭州市交通运输学会、杭州市水上发展集团有限公司等单位、部门，深入区、县（市），听取一线企业和交通、旅游行业部门的需求，收集国家部委、省市有关交通和旅游的政策材料及相关学术论文资料，在广泛调研的基础上，详尽梳理分析了存在的问题及找寻破解思路。以习近平总书记新发展理念为统领，按照杭州市第十三次党代会提出的"奋进新时代、建设新天堂"总体要求，提出实现杭州水上"交旅融合"高质量可持续发展的对策建议。研究成果可为杭州打造水上"交旅融合"示范城市，推动杭州水上"交旅融合"高质量和可持续发展提供决策参考。

（二）政策依据

2019 年 9 月，中共中央、国务院印发了《交通强国建设纲要》，明确提出要加速新业态、新模式发展，深化交通运输与旅游融合发展。

近年来，《国务院办公厅关于促进全域旅游发展的指导意见》为旅游发展创造了良好的环境。交通运输部联合国家旅游局等六部门发布了《关于促进交通运输与旅游融合发展的若干意见》，提出进一步扩大交通运输有效供给，优化旅游业发展的基础条件，加快形成交通运输与旅游融合发展的新格局。

浙江省、杭州市有关交通、旅游等系列专项规划相继出台和实施，市级交通、旅游部门构建了市区联动、政企联动的工作机制，杭州市水上发展集团等国有水上客运企业经营主体优化完成，推出了钱塘江—富春江等水上旅游系列线路，钱塘江 90—135 米大型酒店式游轮通航完成了可行性研究与论证等，都为水上交通和旅游融合发展创造了空间。

（三）主要结论

通过深入分析杭州市水上交旅融合发展情况，在借鉴国内外相关城市水上旅游案例的基础上，得出以下结论。

1. 水上旅游客运发展的阶段性特征

目前，我国水上旅游客运线路的特征是：传统的"以运为主"的客运线路已全面萎缩；新兴的"以游为主"的水上旅游线路正快速发展。总体来看，我国水上旅游客运正处于由"水上客运线路"向"水上旅游线路"发展的转型时期，赋予了水上旅游客运线路"交旅融合"发展的新时代特质。

2. 杭州市"交旅融合"发展的基础和契机

杭州是江、河、湖、海、溪"五水共导"之城，拥有得天独厚的水资源，有利于做好"水文章"。但以通勤为主兼具旅游功能的水上巴士，目前不能实现财政平衡，需要政府补贴；而水上旅游的兴起，特别是通过交通运输促进旅游行业转型升级，具有巨大的发展潜力。

3. 杭州市"交旅融合"发展面临的困难和挑战

目前，杭州水上"交旅融合"面临的困难主要包括基础设施供给不足、行业配套管理制度欠缺和产业开发配套缺乏等方面。

4. 杭州市"交旅融合"发展路径研究

（1）坚持创新发展理念，以申报水上"交旅融合"杭州示范区为契机，制定杭州"交旅融合"的地方标准与管理规范。（2）坚持协调发展理念，以杭州市"十四五"规划落地为契机，全面规划、整合、建设现有三江两岸船舶服务设施和陆域交通接驳设备设施。（3）坚持绿色发展理念，以杭州饮水供水路径调整和船舶新技术应用为契机，为码头规划建设、船舶运营腾出环境空间。（4）坚持开放发展理念，以打造国家级三江两岸跨区域 5A 级风景区为契机，规划、整合现有三江两岸"交旅融合"资源，实现资源、资金、技术和人才等优势互补和开放互通。（5）坚持共享发展理念，以推进产业优化升级为契机，提升吸引力，推动水上客旅行业高质量发展。

5. 相关建议

（1）恢复钱江新城水上巴士码头，开通奥体中心与钱江新城的过江通道。（2）制定杭州市三江两岸"交旅融合"地方标准，包括码头、船舶的技术标准与服务标准。（3）优化三江两岸饮水源保护区。（4）出台与"交旅融合"配套的人才培养支持政策，加快交通类职业技术院校游艇相关专业的建立与完善，争取早出人才，多出人才。（5）成立杭州"交旅融合"三江两岸5A级景点策划与申报工作组。（6）制定岸线管理新法，为岸线资源出让提供条件，也为游船经济提供市场空间和可能。

二、杭州市水上旅游客运情况分析

（一）基本情况

目前，杭州市高等级航道里程达413公里（Ⅳ级以上），占内河航道的20.7%，呈现出航道里程长、高等级航道占比低的特点。杭州港是全国主要内河港口，但杭州水上客运在客运总量中占比极低（约占3%）。

截至2021年6月底，杭州市水运客运企业22家（含省际客运企业1家），全航区拥有客运船舶844艘、33893客位。

钱塘江、富春江、新安江、千岛湖、大运河（杭州段）以及西溪、湘湖是杭州重要的客运通航水域，水上客运旅游航线主要集中于此。

常规航线：以观光休闲游为主，包括千岛湖中心湖区（东南湖区、西南湖区、东北湖区等各景区间旅客运输航线，分为普通观光游和高端观光游两类）、钱塘江滨江码头环线（提供婚宴、商务活动、餐饮等功能性的休闲观光游）、桐庐富春江至钱塘江杭州段航线（东门旅游码头至钱塘江滨江码头）、新安江航线（城东集散中心、风月轩旅游码头、姚坞游客接待中心码头间往返，有龙舟、游船两类）。此外还有景区封闭水域航线，包括湘湖景区和西溪景区内游客摆渡用的。

水上巴士航线：2004年杭州水上巴士开通，作为杭州市公共交通体系的补充，目前营运线路共4条，其中1至3号线属于普通巴士船线路，包括大运河主城区段（杭州运河水陆交通集散服务中心—濮家）、余杭塘河（武林门—西溪五常港）、上塘河（打铁关—半山）。7号线属于小型观光船线路。

水上巴士的营运目前不能形成财政平衡，需要政府补贴。以2021年为例，总收入281.92万元（其中公交收入179.39万元，码头靠泊费等其他收入102.53万元）；总支出3083.27万元。财政补贴800万元之后仍有1668.17万元的亏损。目前水上巴士营运存在诸多问题，如：大运河市区段货船过多，航道条件存在瓶颈；码头设施不完备，交通接驳体系不完善，配套设施不足；公交船不适应公共交通通行需求，旅游船不适应旅游要求；开发滞后，公交和旅游线路同质化等。

夜游航线:钱塘江环绕钱江新城灯光秀夜游、千岛湖中心湖区及城中湖夜游、桐庐《富春山居图》水上实景游、建德梦幻新安江夜游项目,并且都提供餐饮服务。

(二)发展目标

以水网为载体构建杭州独特的文化旅游体系。

(三)发展设想

1. 对接战略,优化产业布局

对接大运河文化带、大运河国家文化公园、长三角一体化战略、浙江诗路文化带规划等,丰富产业内涵,落实基础设施布局,为串珠成链、连线成网奠定基础。

2. 打通水网,构建水上杭州

市内:通过大运河联通支流河网、钱塘江、西湖、西溪等水域,整合南宋皇城、西湖、大运河、良渚等文化遗产以及沿线的文化、休闲、旅游设施,构建水上文旅体系。

市外:通过大运河、钱塘江向北与太湖水系沟通,向南与浙东水乡沟通,向东与东海沟通,向西与新安江、兰溪沟通,整合诗路文化,打造长三角一体化中的文化产业发展引擎。

3. 水陆联动,推动多形态旅游融合发展

丰富水上旅游产品内容,包括水上公交体系、水上观光旅游、水上休闲旅居等水上旅游产品体系。加强"水上＋文化内容"开发,一是游船植入文化活动、文化表演等内容,创新文化产品展示空间;二是依托水上航线开发文化旅游线,使文化内容主题化、生活化。发挥城北独特的水网肌理优势,结合大运河国家文化公园标志性项目建设,开发水上漫游文化之旅,将大运河新城打造成为国家文化公园示范段。

4. 愿景展望,打造千亿级文旅市场

形成以水上漫游为特色的杭州文化之旅,带动旅游、文化、娱乐、运动等消费,形成千亿级文旅市场。

三、国内外水上旅游客运城市案例借鉴和思考

(一)国外城市案例

1. 芝加哥

芝加哥水上旅游较为发达,由非营利组织芝加哥建筑基金会所属的"芝加哥第一夫人"号游船运营,船只最多可容纳250名乘客。每年的3—10月为运营期(芝加哥河有冰冻期),5月起提供黄昏巡游,游客可在暮色中体验建筑之美。

2. 阿姆斯特丹

阿姆斯特丹共有165条人工开凿或修整的运河,被称为"北方威尼斯"。由于地少人多,河面上泊

有近2万家船屋。阿姆斯特丹人居水上、水入城中，人水相依，景自天成。独特的景观使阿姆斯特丹的旅游业十分发达。

3. 巴黎

巴黎市区塞纳河河段仅20公里（跨区域旅游航线约240公里），拥有水上巴士、水上观光、水上餐饮、水上民宿、内河游轮、内河游艇、旅游趸船、水上影院等丰富多样的业态，水上旅游创造的产业收入占城市旅游总收入10%以上，成为巴黎第四大旅游接待项目。

（二）国内城市案例

1. 重庆

重庆是三峡游目的地城市。2020年8月7日，"长江黄金2号"游轮从重庆朝天门15码头始发前往宜昌茅坪。这是新冠疫情后"重庆—宜昌"三峡旅游首航。目前，重庆长江黄金游轮有限公司已开通重庆—木洞一天山水都市游等经典三峡游线路。

2. 广州

广州"珠江夜游"是指乘游船夜游珠江核心河段，可欣赏到广州塔、海心沙、广州大桥、猎德大桥、星海音乐厅、海印桥、花城广场等广州标志性景观建筑及璀璨夜景。

3. 天津

海河是天津的母亲河，很多外地游客来天津后，都会选择先坐船看风景。海河游船分为海河游船观光游、海河游船夜景游、海河游船水陆互动游和海河游船一日游等。

（三）浙江省内城市案例

1. 湖州

湖州市建设完成了渔人码头、月亮码头等多个旅游客运码头，开通了水上巴士旅游线路，建成了多家游艇俱乐部，组织编制出台了《箱式结构内河游船码头质量检验规范》。

2. 衢州

衢州市已开通信安湖1.5小时的画舫之旅夜游项目，全程近18公里。开通了四喜亭码头至杭州滨江码头之间的市际航线。

3. 丽水

丽水市对千峡湖、仙宫湖、南明湖、乌溪江、古堰画乡等通航水域进行了开发，已形成了较好的水旅融合生态链。

（四）总结与思考

目前，我国水上旅游客运线路具体以下特征。

第一，传统的"以运为主"的客运线路已全面萎缩。随着人们生产生活节奏不断加快，传统水上客运在航行速度方面劣势凸显，公路、铁路、航空客运网络不断普及，水上客运量占比显著降低。

第二，新兴的"以游为主"的水上旅游线路正快速发展。随着我国经济繁荣稳定发展，以航线旅游产品、船上旅游服务和岸上游览风光紧密结合的水上旅游线路得到了快速发展。

总体来看,我国水上旅游游客运正处于由"水上客运线路"向"水上旅游线路"发展的转型时期,赋予了水上旅游客运线路"交旅融合"发展的新时代特质。

近年来,杭州市顺应新形势新发展要求,先后编制了大运河、钱塘江客旅发展专项规划,以大运河、钱塘江水上旅游线为抓手,大运河、钱塘江两条诗路旅游发展轴为纽带的水陆联动、市区联动的良好发展机制已逐步形成,近年来先后有 5 个旅游码头投入使用,20 余处旅游码头待建。开展全域旅游合作,开通了大运河日游、夜游,钱塘江日游、夜游,以及杭州—富阳旅游航线等项目。建德新安江、桐庐富春江也已先后开通了夜游航线,以更好满足人民群众多元化、高品质出行需求,为加快建设交通强国示范城市提供支撑。

四、杭州市水上"交旅融合"发展的优势与存在的问题

(一)"交旅融合"的案例与研究

国外在公路交通与旅游融合方面已经形成典型案例,如美国 1 号公路、大西洋公路、老鹰之路、精灵之路,以及葡萄酒之路等。

美国 1 号公路被美国国家地理杂志评为一生中不可错过的 50 个景点之一。大西洋公路是世界上最危险也是最美丽的海滨公路,2011 年被英国《卫报》评选为世界最佳公路旅行目的地之一。老鹰之路与精灵之路是由 11 个"之"字组成的惊险公路。在公路观景台,还可以俯瞰盖朗厄尔峡湾的美景,是挪威最令人震撼的景观之一。

近年来,国内对于公路交通与旅游融合的研究热度不减,涌现了很多特色鲜明的案例。笔者收集了近年来国内针对"交旅融合"问题的研究文献,集中在公路交通与乡村旅游的范畴。主要有:张立宏的《"交旅融合"新形势下的云南省公路景观建设探讨》、凌珑的《"交通+旅游"理念下旅游公路景观规划设计》、金双泉的《"交通+旅游"深入融合的广东滨海公路规划研究》、韦增平的《促进交通建设与旅游融合发展的探索与实践》、范延贺的《交旅融合下旅游型服务区建设研究》、张郎平的《综合交通体系与旅游产业协同发展的相关研究》等。

综上,目前国外的典型案例和国内研究文献集中在公路(线性工程与服务区)等与旅游产业之间的关系,甚少涉及对水上"交旅融合"的研究。

(二)杭州市水上"交旅融合"优势分析

杭州市得天独厚的水资源,有利于做好"水文章"。杭州是江、河、湖、海、溪"五水共导"之城,河网水系密布,可通江达海。杭州市有 2006 公里航道、数千公里城市河道;大运河贯穿城市南北,钱塘江纵贯市域东西,西湖、西溪、千岛湖以及丰富的河流支脉、郊野湿地等串珠成链、连线成网。杭州是全国文化旅游发展高地,坐拥西湖、大运河、良渚三大世界遗产;拥有两大国家级风景名

胜区、两大国家级旅游度假区、103处国家A级景区，这些文化旅游资源多以水为景或水陆可达，形成了独特的水上诗路文化盛景。

1. 先期规划奠定稳固发展基础

2007年，杭州市在全国率先按照"大河通大船、小河通小船"发展理念完成了《杭州市"水上巴士"站点布局规划》《杭州市区河道交通航运规划》，以京杭大运河、钱塘江为主轴线，整合通航河道，规划了近十条水上巴士及水上观光线；2016—2019年，杭州市又相继完成了《钱塘江（杭州段）旅游码头布局规划》《京杭运河水系（杭州段）水上客运发展专项规划》，提出了水上交通、水上旅游、水上运动三位一体的产业发展体系，建成集散中心、重要码头、停靠点三级基础设施体系；此外，杭州市还以钱塘江、大运河为主轴线，编制了《杭州市"拥江发展"行动规划》等旅游规划，为水上交通、旅游融合发展创造了空间。

2. 前期发展提供良好成长条件

杭州市区及其他各区县依托内河航道及非通航水域大力发展水上客运旅游。目前，全市主要的旅游航道包括新安江、钱塘江、大运河、杭余线、上塘河、三留线、千岛湖库区、青山湖库区；此外，西湖、湘湖、西溪湿地、东河等非航道水域也在经营水上客运航线。2020年5月，在交通、旅游等多部门通力合作下，建德—兰溪的兰江水上游正式启航。5月16日，杭金衢三地联合开发的"杭衢钱塘江诗路之旅"也完成了首航，实现了钱塘江全线融合发展。6月，桐庐、杭州合作推出"桐庐—杭州G20峰会会场"航线。7月，杭州、富阳合作成功完成了"春江花月夜"富春江夜游首航及举办了钱塘江—富春江水上旅游线首航仪式，市民反响非常热烈。

3. 产业升级预见了未来发展可能

杭州市鼓励在大运河发展水上旅游、水上运动等休闲旅游产业，打造世界级的水上旅游产品，还河于民；市级交通、旅游等部门积极推动钱塘江水系水上旅游发展，构建了市区联动、政企联动工作机制，对标欧洲莱茵河、多瑙河，论证了钱塘江通航90—135米大型酒店式游轮的可行性，推动了内河船舶向休闲度假船型的升级及三江两岸黄金旅游线的开发。

（三）杭州市水上"交旅融合"存在的问题

1. 基础设施供给不足

码头岸线是发展水上旅游的必要基础设施，是水上交旅融合的重要节点。目前码头设施供给不足，主要表现为以下几点。

（1）交通旅游码头数量少。目前，杭州航区客旅停靠点约182个，其中持证码头34个，仅占19%。由于历史原因，一方面，持证码头少，不能满足水上旅游发展需要；另一方面，大量因历史、法规滞后等客观因素无法取得"港口经营许可证"的客船停靠点仍在实际经营，存在安全等风险，若一律取消，则会严重影响水上旅游甚至造成停摆。

（2）规划码头建设难。"十三五"期间，列入《杭州港总体规划（2021—2035年）》的24个旅游码头，受土地、水资源等要素控制影响，仅实施了7个，2个处于施工状态，实施率为37.5%。

（3）码头建设标准低。部分码头靠泊能力不足。随着游船日趋大型化和游艇等新型业态发展，一些早期建造的码头和船舶停靠点已不能满足适靠尺度。

（4）码头配套设施缺位。随着三江两岸整治，钱塘江全流域原有60余家船舶修造厂，目前仅剩10家。船舶停泊区、应急锚地、船舶配套维修保障基地等配套设施的缺乏，不利于船检质量控制和船舶应急抢修，提升了成本。杭州船舶设计、制造、维保落后，影响了水上客运旅游发展。

（5）码头陆域交通衔接少。码头的集疏运道路体系不完善，影响了水运与公路等其他运输方式之间的快速转换，不利于提升综合运输效率。

2. 行业管理制度欠缺

目前，行业管理制度对水上客运的支撑不够，留白较多，标准体系不完善。主要表现为以下几个方面。

（1）特种码头审批难。如旅游趸船、浮码头、游艇靠泊点及专用停靠区域审批等较为复杂，这些特种码头难以纳入港口经营许可范畴。

（2）船型技术标准落后。现行《内河通航标准》缺乏客船代表船型尺度，导致各种新型客船、特别是大型多功能游轮无参照船型尺度标准，限制了行业转型升级。

（3）行业管理制度滞后。如现有行业管理制度滞后于新能源技术发展等，影响行业多元化、特色化发展。

（4）资源规划统筹不足。缺乏对钱塘江进行全流域船舶设施的规划设计与使用整合优化，包括标准化船型推荐、航线优化与配置、运力合理匹配、全域防污纳管设施等，造成相邻区、县（市）间重复发展、无序竞争、分散经营，降低了码头、航线、运力等资源利用效率。

3. 产业开发配套缺乏

目前，从水上旅游企业角度来看，产业开发配套滞后，主要表现为：（1）有效供给不足。随着水上旅游需求侧多元化、个性化市场急剧扩大，低端产品供大于求，精品航线供给不足。（2）行业人才匮乏。企业普遍面临着人员老龄化、高级船员招聘难等问题。

五、杭州市打造水上"交旅融合"的路径研究

（一）重要意义

1. 坚持人民至上，满足人民对美好生活向往的客观要求

党的十九大以来，建设"人民交通"是以人民为中心的发展思想的具体体现。省委常委、市委书记刘捷在杭州市第十三次党代会报告中指出要"推动建设世界一流的社会主义现代化国际大都市迈出坚实步伐，争当浙江高质量发展建设共同富裕示范区城市范例"。水上旅游交通集吃、住、行、游、购

等多重属性于一身，发展具有通达、游憩、体验、运动、健身、文化、教育等复合功能的水上旅游交通是人民的新期待、新诉求，加强水上旅游交通发展研究，推动高品质水上旅游业发展，可以有效提升人民旅游消费的体验感。

2. 践行国家战略，促进交通运输和旅游融合发展的迫切需要

近年来，我国相继提出了长江经济带、粤港澳大湾区、长三角一体化等发展战略，《交通强国建设纲要》明确了交通运输和旅游融合发展的新任务。新时期，杭州将围绕忠实践行"八八战略"，奋力打造"重要窗口"，奋起新时代、建设新天堂，推动水上旅游和交通运输融合发展，提升水上旅游服务品质，有效落实国家战略要求。

3. 丰富旅游业态，助力水上消费升级与区域经济发展的必然选择

对于富春江、新安江、千岛湖等"两江一湖"的杭州市域中西部地区，依托丰富的水域资源，发展集观光农业、水上娱乐、住宿餐饮、特色民俗等于一体的水上旅游已经成为推动区域经济发展的重要手段，也是实现乡村振兴、实现全面小康的重要保障。

4. 保护水域资源，改善城乡环境及旅游生态的优选策略

水上旅游以水资源为载体，集约了生态游、健康游、文化游等绿色要素，与水资源开发利用的本质要求有机融合，为保护水资源提供了良好的策略。旅游航道建设有利于推动水网沟通、农业灌溉、退耕还湖；景观航道、生态航道建设，将会极大地改善沿线城乡生态环境，真正绘制好人与自然和谐相处、经济与环境和谐发展的美好蓝图。

（二）相关建议

第一，坚持创新发展理念，以申报水上"交旅融合"杭州示范区为契机，制定杭州"交旅融合"的地方标准与管理规范。

参照上海、广州等地的发展经验，积极争取省部级层面支持，以市政府的名义向浙江省政府申请建设水上"交旅融合"杭州示范区。并以此为契机，制定杭州市三江两岸"交旅融合"发展的地方技术标准、服务标准、行业规范，包括码头、船舶的技术标准与服务标准。

第二，坚持协调发展理念，以杭州市"十四五"规划落地为契机，全面规划、整合、建设现有三江两岸船舶服务设施和陆域交通接驳设备设施。

以杭州市"十四五"综合交通规划全面落地为契机，对三江流域码头、应急锚地等进行统筹规划、布局和建设，按航区船舶流量进行合理配置，完善水域交通与陆域交通的换乘设施设备和集疏运道路体系建设。

第三，坚持绿色发展理念，以杭州饮水供水路径调整和船舶新技术应用为契机，为码头规划建设、船舶运营腾出环境空间。

交通和环保、水利、旅游等相关部门联动，在绿色发展、碳达峰、碳中和等时代要求下，推进新能源船舶在水上客运旅游行业中的应用。严格执行在船舶垃圾上岸、仓底油污水回收、船舶岸电环保

等措施，制定与"交旅融合"相适应的环境保护标准，为码头规划建设、船舶运营腾出环境空间。此外，由于杭州市饮用水源由三江沿岸多处取水改为千岛湖直接取水，现在的饮用水源保护区宜予以优化调整。制定岸线管理新法，为岸线资源出让提供条件，也为游船经济、岸线使用和码头建设等提供市场空间和可能。

第四，坚持开放发展理念，以打造国家级三江两岸跨区域 5A 级风景区为契机，规划、整合、建设现有三江两岸"交旅融合"资源，实现资源、资金、技术和人才之间优势互补和开放互通。

成立由市政府主导，交通、旅游部门和市属国企等组成的杭州"交旅融合"三江两岸 5A 级景点策划与申报工作组，对沿线景点进行"穿线成珠"，实现资源优势互补；通过政策引导，吸引社会投资，补齐水上客旅产业链短板；加强科技创新与产业规划、空间规划，明确行业发展方向与路径；制定出台与"交旅融合"配套的人才培养支持政策，加快交通职业技术院校游艇等相关专业的建立与完善，争取早出人才，多出人才。

第五，坚持共享发展理念，以推进产业优化升级为契机，提升吸引力，推动水上客旅行业高质量发展。

充分利用钱塘江水域特性，延伸拓展水上巴士钱江线，复建钱江新城水上巴士站，开通水上公交亚运快线，为亚运会和广大市民提供服务；高质量打造精品航线和产品，发展游船、游轮、游艇等高端水上旅游产业，提升吸引力；开拓特色夜游项目，发展夜游经济，如建德"江清月近人"、千岛湖"月光之恋"光影秀等。

参考文献：

［1］望灿，刘冲.大运河文化带下浙江内河水运高质量发展策略［J］.中国水运，2020（6）：15-17.

［2］刘占山，高嵩，纪永波.交通运输与水上旅游如何奏响融合乐章［J］.中国水运，2020（12）：14-15.

［3］殷翔宇，方砚，曲明辉.促进京杭运河水上旅游发展研究［J］.交通与港航，2019，6（5）：79-83.

［4］许斌.钱塘江杭州段水上旅游发展现状与对策分析［J］.中国水运，2018（10）：39-40.

基于用地关联演化分析的大运河（杭州段）沿岸空间治理研究

童　磊

杭州国际城市学研究中心博士后

摘　要：本文首先梳理总结了大运河（杭州段）城市空间治理的杭州经验，然后从微观用地关联演化的视角切入，利用蜂巢网络分析、核密度分析、莫兰指数等分析法解析了2002—2018年大运河（杭州段）沿岸居住、工业、公共设施三类用地空间关联演化的时空特征。再由空间至机制，结合杭州经验，对三类用地空间关联演化特征形成的机制进行了分析。本文的主要结论有：（1）工业空间的更新是三类用地空间关联演化的关键纽带。（2）三类用地空间关联关系在宏观和微观维度表现不同，宏观维度方面，居住与工业、公共设施在演化过程中逐步由强关联走向弱关联，微观维度则由弱关联向有机融合模式演化。（3）空间治理是一项系统综合工作，城市建设理念、城市规划、公共政策（含土地政策）、重大事件等都会影响空间演化方向。（4）值得关注的是，大运河（杭州段）空间治理过程中工业用地的政策创新以及保护优先的管控方式对三类用地空间演化起着直接关键作用。（5）大运河（杭州段）空间治理中的以下经验值得重点研究借鉴：一是一张蓝图绘到底，用长远的、系统的思维谋划和推进大运河（杭州段）的空间治理工作；二是重视市场的力量，用经营的思维解决"钱、地、人和手续"四大关键问题；三是做好组团经济的文章，充分发挥、挖掘空间的价值。

关键词：空间治理；大运河；杭州段；用地关联演化；杭州经验

　　大运河（杭州段）是杭州的生发之河，是杭州的命脉之河。21世纪以来，从大运河综合整治到大运河申遗，再到大运河国家文化公园建设，大运河（杭州段）经历了最高强度的整治与更新，在空间治理方面取得了较大成就，成为诸多城市滨水空间更新的学习样板。大运河（杭州段）有机更新高度集成了杭州城市治理的智慧，研究其空间治理的模式和经验具有重要价值。

一、大运河（杭州段）沿岸空间治理成效与治理经验

近代以来，随着大运河的交通功能淡化，大运河（杭州段）昔日的辉煌也曾渐趋黯淡，但幸运的是，进入 21 世纪，杭州市政府开始注意到大运河（杭州段）的潜在价值和现实存在的问题，把大运河（杭州段）综合整治作为杭州市打造大都市的十大工程之一，并按照实现京杭大运河申遗，打造世界级旅游产品，为民解难、为民造福等三大目标进行了卓有成效的整治。申遗成功后，又围绕着 G 20 峰会、亚运会、大运河国家文化公园建设等开展了大量建设活动，进行了河道及其水环境整治、工业用地更新、文化遗产保护、文化旅游产业发展等持续的有机更新活动。大运河（杭州段）在城市空间治理方面取得了良好的治理成效，形成了一张蓝图绘到底、一任接着一任干、坚持保护底线不动摇、守住大运河历史文脉、用系统思维全面联动有序推进大运河更新、用经营的思维破解大运河更新成本难题、用组团经济思维优化大运河空间布局等值得研究和借鉴的"杭州经验"。

本文梳理了 2002 年以来大运河（杭州段）的发展历程，从用地空间演化的特征看，2002 年以来大运河（杭州段）的建设大致可以分为三个阶段。虽然三类用地空间的演化特征转折存在 1—2 年的时间差异，但总体上基本接近，因此从一般意义上讲，可以将其分为 2002—2006 年、2007—2014 年、2015—2018 年三个阶段。

二、大运河（杭州段）沿岸工业、居住、公共设施三类用地空间关联演化的时空特征

利用核密度估计法、空间自相关分析法、标准差椭圆法三种量化分析方法以及结合主观归纳总结，分别对居住、工业、公共设施三类用地空间在 2002—2018 年的时空演化特征做了分析。居住用地空间演化特征表现为用地总量持续缓慢增长，开发强度显著增强，由弱中心均质化布局走向强中心等级化布局。工业用地空间演化特征表现为工业用地先增后减腾退趋势鲜明，用地整体向郊区集聚。工业用地空间集聚程度改变带来的空间分布模式变化表现为先由带状分布模式转变为片状分布模式，再进一步转变为团块状分布模式。公共设施用地空间演化特征表现为公共设施用地规模增减与类型切换波动幅度大，空间布局整体呈现"大集聚、小分散"特征。

研究发现三类用地空间的演化特征整体步调基本一致，其中工业用地空间的演化是引发居住、公共设施用地空间演化的关键。从具体演化特征来看，第一阶段为 2002—2006 年，这一阶段工业用地呈现出增长特征，新增的工业用地主要集中在大运河中段和北段，且这一阶段三类用地整体关联程度相对较弱。第二阶段为 2007—2014 年，工业用地规模整体基本保持稳定，以存量更新为主。第三阶段为 2015—2018 年，工业用地出现明显减少，用地分布重心北移（向郊区移动），工业用地空间

格局显著北移，居住和工业用地空间在宏观层面出现相互背离态势，研究区范围内南段工业用地集聚性消失，中段集聚性有所降低。因此，在后续研究中将重点关注"工业与居住""工业与公共设施"之间的关联演化分析。

三、大运河（杭州段）"居住—工业—公共设施"用地空间关联演化分析

用地关联特征分析可以用"关联强度""关联形态特征"两个参数进行描述。"关联强度"用于描绘两种不同用地的空间接近性，可以用不同半径的蜂巢网络法进行分析。"关联形态特征"则用来描述两种用地在空间上不同的组合方式，以蜂巢网格为基础单元，通过大量样本的解析，提取两类用地在空间上组合的一般规律，这是描述用地关联特征的一种重要方式，也是关联强度的外在描述方式之一。

本文拟用"关联强度""关联形态特征"两个参数对"居住—工业""工业—公共设施"之间的空间关联情况进行分析。以工业用地为纽带，进一步分析"居住—工业—公共设施"三类用地空间之间的关联关系，系统梳理21世纪以来大运河（杭州段）沿岸居住、工业和公共设施用地空间的关联演化关系。

研究显示，三类用地空间之间的演化存在着关联关系。研究范围内居住与工业用地存在密切关联关系，融合强度为先强后弱再强，居住—工业用地空间经历了强—弱—较强的演化过程。2002—2006年，居住与工业用地空间之间的关联强度表现出工业主导下的"混配式"融合关系，且关联程度持续增强。2007—2014年，居住和工业用地空间的关联程度逐步降低，工业重心北移，整体表现出均衡博弈过程中的"平行式"弱融合特征。2015—2018年，在微观层面居住和工业用地空间融合程度逐步上升，逐步发展为产居相互调适后的"互促型"有机融合形态。从关联形态上看，两者之间在宏观层面表现为由整体无序走向有序，居住与工业用地空间南北背向分离；在微观层面，则经历了由无序转向规整、有序迈向有机融合的过程。

工业与公共设施用地空间的关系方面，21世纪以来，整体上经历了"由弱到强再持续增强"的过程。2002—2006年两者之间的关联强度较弱，整体呈现出自由随机布局主导下的分离式关联形态。2007—2014年，随着大运河综保工程的推进，公共设施逐步完善，工业用地空间与公共设施用地空间的关联强度有所增强，表现出规划引导下的邻近拼贴式关联形态。2015—2018年，两者的关联强度进一步增强，在用地复合的催动下，结合产业转型，两者之间呈现出有机融合的关联形态。

总体而言，2002年以来，"居住—工业—公共设施"三类用地空间在格局上有了较大调整，但最终从弱关联走向有机融合。其关联演化的综合特征可以概括为：工业用地空间的更新是三类用地关联演化的核心纽带，不同发展阶段三类用地空间关联强度和形态存在差异，空间治理政策较大程度上影响三类用地空间的协同更新，组团成为三类用地空间关联演化的趋同形态。

四、空间治理视角下的大运河（杭州段）用地空间演化机制分析

城市空间治理是一个复杂的、系统的工作，往往通过对治理范围内的土地、区域资本、劳动力、信息等资源要素进行综合配置后，作用于城市的物理空间、社会文化空间等，进而引导物理空间和社会文化空间的发展。在这一过程中，不同治理策略会以不同的路径和机制作用于具体空间，引导、实现对城市物质空间的整改。城市是一个复杂的巨系统，城市空间往往具有开放性、发展的动态性以及空间资源稀缺性等特征，其空间发展方向受诸多因素影响，并且不同情境、不同环境条件下，空间的发展方向往往具有不确定性。但是，在当前《城乡规划法》的约束下，我国城乡规划和建设工作已经具备较为完善的工作体系，并且在城乡规划的指导下对城市空间的发展有了较强的约束和管控能力，在较大程度上能够影响城市空间发展方向，这也为本研究所探讨的城市用地空间演化的影响因素和影响机制分析提供了支持。因此，本文从整体社会经济发展阶段、城市建设理念与价值导向、城市规划与规划调控机制、土地政策、重大事件等影响因素进行分析。

第一，社会经济发展水平支撑大运河（杭州段）工业用地空间的更新。2002年以来，杭州进入加速城市化发展阶段，这一阶段杭州整体社会经济水平有了较大提升，城市基础设施建设逐步完善，城市处于快速扩展阶段，这为大运河综合整治与保护开发工程奠定了良好的基础，支撑了这一阶段大运河沿岸工业用地空间的更新，包括企业搬迁、交通设施完善、环境优化等。2002年以来高新技术产业增长加快，以电子信息、通信空间、现代生物与医药、新材料为代表的高新技术产业快速发展，为大运河两岸工业用地空间的更新提供了较好的产业支撑，使得环境友好型、功能融合型产业业态的融入成为可能。

第二，城市建设理念促成了"组团式"空间发展模式。杭州一贯坚持的"以人为本"的城市建设理念在大运河（杭州段）用地空间演化特征形成的过程中发挥了重要作用，"还河于民""申报世遗""打造世界级旅游产品"的发展目标，以及坚持"保护优先，环境立市"的建设理念，基本奠定了大运河（杭州段）用地空间治理的发展方向，对大运河三类用地空间关联演化形态特征的形成起到了关键作用。一方面，"因地制宜，以民为先"催生了杭州组团式发展的实践。2002年以来，杭州市委、市政府提出"还河于民"的大运河（杭州段）保护和开发的总体思路，在这一理念的指导下，逐步腾退和转型集聚在大运河两岸的非环境友好型工业成为大运河沿线空间治理的主要任务。但21世纪初期，为加速城市化，推进城市发展，杭州市提出"工业立市，工业兴市"的发展战略。在陆路交通尚未发展完善，行政区划尚未调整，城市发展空间仍然有限的情况下，大运河仍然承担着重要的交通运输功能，其沿岸空间依旧是优良的工业用地空间。在这一矛盾冲突下，用地空间置换，采用组团式空间发展模式成为大运河沿岸用地空间更新的治理良策。

另外，"经营城市"理念引导下最优规模效益助推"组团式"发展模式。这种城市建设理念的转变在空间上就表现为城市更新的开始，城市中心区工业用地空间减少，造成了原有的工业用地空间分布

模式由带状分布向片状分布转变，大运河南部靠近中心区的部分工业用地空间大量减少，不再具有集聚性。再往后，城市更新进程加快，更新范围也不断扩大，最终形成了大运河北部的组团式分布。

第三，城市规划整体调控保障了三类用地空间的宏观关联格局。一是行政区划调整拉大城市骨架为工业用地空间外迁提供了支撑。城市骨架的拉大为杭州工业兴市的发展战略落地寻找到了新的用地空间，为工业用地空间从大运河城区段向外转移提供了有效的空间支持。此外，19世纪末杭州艮山公园至三堡段大运河的整治和通航，沟通了大运河和钱塘江，也成为主城区段尤其是大运河南段两岸工业用地空间转移的重要空间。二是综合型城市规划宏观框定了三类用地空间关联的宏观格局。21世纪提出开展大运河综合保护工程以来，杭州市按规划线性的原则，精心编制了系列规划，指导和控制大运河及沿岸整体空间的保护与开发，在宏观层面促进工业用地空间与居住、公共设施用地空间趋离，但在主城区段，随着工业用地空间的更新，新型产业用地空间的融入，三类用地空间逐步出现有机融合的态势。

第四，空间治理政策创新助力三类用地空间的有机融合。在大运河建设理念引领和工业产业转型升级的影响下，一种更加灵活、适用于大运河（杭州段）空间有机更新的工业用地治理政策对最终三类用地空间走向有机融合起到了直接决定性作用。一是工业用地政策的创新有效推进用地功能的复合。20世纪80年代至2006年，工业企业搬迁以及"关、停、并、转"成为工业用地更新的主基调，也就造成了2002—2006年工业用地空间和居住、公共设施用地空间分离的态势。2002年以来，以文化创意产业为导向的工业用地更新模式开始自发成长，并得到了学界和相关部门的关注，为工业用地更新政策的创新提供了一定的参考。从2007年起，2.5产业政策被提出，工业用地更新的政策导向逐步趋向多元化，整体上形成了以退二进三为主，退二进2.5和退二优二政策协同并进的局面。2007—2012年，传统工业用地空间逐步转化为融合了2.5产业、居住、商业等功能的复合空间，加速了三类用地空间的有机融合。二是保护优先的更新政策保留了工业用地空间图斑。在工业用地政策转变，引入2.5产业政策的同时，以保护优先，加强历史文化遗产保护的治理政策在促进工业用地图斑保护、传承，推进三类用地空间的有机融合方面同样发挥了重要作用。2007年开始的杭州市工业遗产普查、2010年《杭州市工业遗产建筑规划管理规定》的发布和控规特别意图区设置，使得更新中的工业遗产建筑保护上升到法定高度，涌现出工业遗产建筑再利用热潮。此外，为使工业用地更新得到规则化和有序化引导，自2014年起以《杭州市工业用地规划管理规定》为核心的一系列存量工业用地管理政策密集出台，有效推动了三类用地空间的有机融合。

五、研究总结

围绕21世纪以来大运河（杭州段）保护和开发建设活动，从空间治理的视角出发，本文研究了2002—2018年大运河（杭州段）及其沿岸2公里范围内工业、居住、公共设施用地空间的时空演化特征及其相互关联的时空演化特征。然后，从空间治理的角度，探讨了这些用地空间演化特征形成的机制。最后，在机制解析的基础上，结合大运河（杭州段）空间治理的实际工作，总结了杭州经验。研究认为大运河（杭州段）空间治理整体上取得了较好的成绩，其在长期实践过程中形成了杭州特色和杭州模式。因此，本文结合已有文献和杭州城市建设实践，总结了大运河（杭州段）空间治理的杭州经验，以期为其他地区和城市的滨水区空间治理提供参考和借鉴。

参考文献：

[1] 张博. 国土空间规划中的建设用地定额探讨——某地区的规划实践[J]. 中国建设信息化，2020（13）：72-75.

[2] 金云峰，杜伊，周艳，等. 公园城市视角下基于空间治理的区域绿地管控与上海郊野公园规划实践[J]. 城乡规划，2019（1）：23-30.

[3] 胡亮，王雪娇. 治理空间的尺度调整和城市空间的地域重构——以湖南湘江（国家级）新区的空间生产为例[J]. 城乡规划，2020（1）：29-37.

大运河文化与钱塘江文明的内在关联性及大运河文化的特征与价值

吕勤智[1]　宋　扬[2]

1 浙江工业大学设计与建筑学院教授
2 浙江工业大学设计与建筑学院高级工程师

摘　要： 中国大运河是人类文明的见证和珍贵的物质与精神财富，是我国最具有历史价值的线性文化遗产。大运河文化同样是钱塘江流域文化核心价值理念和钱塘江文明体系的有机组成部分。本文以钱塘江流域农耕文明的发展是大运河和中国经济与文化发展的根基，大运河是中国历代封建王朝实现政权稳定的经济命脉，大运河（浙江段）通江达海连接海内外实现社会经济文化交流，大运河孕育滋养了江南文化和推动两岸经济与文化的繁荣，大运河（浙江段）塑造了钱塘江流域特有的人文精神与意识形态等观点，论述了大运河文化与钱塘江文明的内在关联性。由此从物质文化和精神文化两方面阐述大运河（浙江段）的文化特征，以及大运河（浙江段）在历史、社会、科学、艺术等方面的文化价值，探寻和提炼了大运河（浙江段）多元文化基因与嬗变的基本规律。

关键词： 钱塘江文明；大运河文化；关联性；文化特征；文化价值

钱塘江文明体系构建是新时代文化建设工程的重要使命，大运河文化与迄今为止发掘出的上山文化、跨湖桥文化、河姆渡文化、马家浜文化、良渚文化、钱山漾文化等史前文化，以及吴越文化、西湖文化、丝绸文化等不同时期文化形态和类型的产生与发展一同构成了钱塘江文明的有机部分。大运河文化的形成经历了 2500 多年自然与人文历史的演变。在此过程中，一方面，不同历史时期的大运河在物质和精神层面不间断地建设与发展；另一方面，大运河的南北交流吸附和融汇了各地域性文化，形成了独特的文化特征和价值。因此，大运河成为一条有着深厚历史文化积淀，贯穿南北的线性和流动的文化带。2014 年中国大运河被列入《世界遗产名录》，浙江段中 11 处遗产点、5 段河道、3 个历史街区被列为世界文化遗产，成为人类文明的组成部分。[①] 国家启动的大运河国家文化公园工程建设，使大运河文化遗产成为一条贯穿南北的文化景观走廊和文化带以及开放的露天博物馆，这一举措对中国大运河遗产的保护、传承与利用具有重要意义。大运河（浙江段）丰富的历史文化遗存是该区域文化发展的依托和载体，是钱塘江文明体系的重要内容。

一、大运河文化与钱塘江文明的内在关联性

钱塘江流域的文化发展与文明的形成，绝非单一文化因子自身的演变与更替，更不是文化传承路径和方式的简单叠加。该流域文化与文明体系的形成，在于地域性特有的文化基因的累积和裂变，基于人类文化传承中的相互协调、配合与相互作用，促成了不同时期文化类型与形态的延续、再生和永续发展。大运河文化不仅囊括了中国若干个朝代的政治、经济、军事、文化等国家因素，还体现在大运河流域的历史演进、地理环境、风土人情、传统习俗、生活方式、文学艺术、行为规范、思维方式、价值观念等方面。因此，可以将中国大运河文化理解为展现中国南北文化融合和区域特色文化发展演进的活化石。

（一）钱塘江流域农耕文明的发展是经济与文化发展的根基

钱塘江流域优越的自然资源为区域文明的形成与发展提供了基础性的条件，历史悠久的农耕文明将这里变成利于人类聚居的栖息之地。上山文化和跨湖桥文化的考古发掘，证明了钱塘江流域的稻米种植已有近万年的历史。先民顺应自然、治水兴农的智慧与勤劳使该地区自古就被誉为富饶的"鱼米之乡"和"丝绸之府"。钱塘江流域文明的产生和发展与当地稻作农业的发展密不可分，由此促进了纺织业和手工业、饲养业、建筑业等的发展。正是由于钱塘江流域有发达的农耕文明和丰富的物产资源，自春秋时期起历朝历代便开凿大运河，沟通南北，发展漕运，进行资源调配，推动国家统一管理。大运河成为中国农业文明时期政治、经济和文化发展的重要载体。

（二）大运河是中国历代封建王朝实现政权稳定的经济命脉

中国大运河由隋唐大运河、京杭大运河和浙东运河三部分组成，全长 3200 公里。在隋代完成以北方洛阳为中心与杭州和宁波（古称明州）水路连通南北的隋唐大运河水系；元代完成以北京为中心与杭州和宁波连通的京杭大运河水系，形成贯通北方政治中心与南方经济中心的南北交通大动脉。大运河成为南方粮食产区与需求地的联系纽带，在漕粮北运、维系政权、国家繁荣发展方面发挥重要功用。历史上中国这个中央集权的多民族国家几千年的存在与大运河休戚相关，大运河为经济发展、国家统一、社会进步和文化繁荣做出了巨大贡献。钱塘江流域的丰富物产通过大运河实现漕运物资的供给，由此，大运河被誉为中国历代封建王朝实现政权稳定的经济命脉。

---

① 姜师立. 中国大运河遗产［M］. 北京：中国建材工业出版社，2019.

（三）大运河（浙江段）通江达海连接海内外实现社会经济文化交流

大运河（浙江段）包括江南运河和浙东运河,这两段运河均开凿于公元前5世纪的春秋战国时期,是大运河最早开凿的河段。江南运河自江苏镇江至杭州,全长340公里;浙东运河自杭州至宁波,全长213.1公里。江南运河和浙东运河都与钱塘江水系汇集,形成大运河通江达海的水运交通网,实现了政治中心与经济中心的联系和文化交流。浙东运河还是"海上丝绸之路"的起点,成为沟通东西方经济文化的重要桥梁。"通江达海"的大运河（浙江段）作为中国大运河的南部端点,在国家经济发展与文化交流,以及推动政权稳固等方面具有重要的作用与地位。①

（四）大运河孕育滋养了江南文化和推动两岸经济与文化的繁荣

中国大运河历史源远流长,从春秋战国时期到当代,大运河文化连续发展,浙江段更是在2500多年中不间断发展。江南运河和浙东运河的水运功能一直延续至今,持续发挥着运输、灌溉、排水、行洪、生态、景观功能,留下不同历史时期政治、文化和工程技术不断进步的历程和印记。纵观钱塘江流域文明的历史,一方面,钱塘江流域的史前文化为大运河提供发展的可能性和物质文化基础;另一方面,大运河文化支撑和丰富钱塘江流域文明体系的形成与构建。历经多年演变,经过长期积淀创造性地形成了具有钱塘江流域特色的物质与精神财富集合的大运河文化,包括漕运文化、水工文化、建筑文化、园林文化、城市文化、商业文化、宗教文化、精神文化、非物质文化、旅游文化等。②

（五）大运河（浙江段）塑造了钱塘江流域特有的人文精神与意识形态

大运河在钱塘江流域的历史发展中,对该区域的地理环境、风土人情、传统习俗、生活方式、文学艺术、思维方式、行为规范、价值观念产生了重要的影响,独特的大运河文化为钱塘江流域文明和区域性人文精神的孕育与形成提供了必要条件,使得大运河文化与钱塘江流域文明有着内在的、必然的、紧密的联系。在2500多年的奋斗发展中孕育出浙江人特有的意志、信念、理想和文化基因等宝贵精神财富。这种精神所蕴藏的磅礴伟力,作为社会和文化发展支撑,始终激励着钱塘江流域人民励精图治、开拓创新,并显示出强大的生命力和创造力,成为延绵不绝的社会活力之源和精神支柱。大运河（浙江段）深厚的文化底蕴为形成具有区域性特征的人文精神与意识形态提供了丰富的历史素材和文化滋养。

二、大运河（浙江段）的文化特征

大运河（浙江段）沉淀千年,历史悠久,作为一种线性文化遗产,具有历史文化信息内容丰富、文化形态特征多样、文化基因流传持久等特点。历代中央政府在建设这条贯通南北的水利工程中投入

---

① 邱志荣,陈鹏儿.浙东运河史[M].北京:中国文史出版社,2014.
② 姜师立.中国大运河文化[M].北京:中国建材工业出版社,2019.

大量的人力、物力和财力，在大运河沿线修筑了大量的闸坝堤堰等水利工程设施以保证大运河的畅通。同时，随着大运河的开凿，水运交通发展，沿线人口聚集，乡村城镇快速发展与繁荣。钱塘江流域的地理环境、经济发展水平、生活习俗等因素造就了具有鲜明区域特色的大运河（浙江段）独特的地域文化，其文化特征体现在物质文化和精神文化两大方面。

（一）大运河（浙江段）的物质文化特征

历经 2500 多年开凿和运行而形成的大运河，在不同区域复杂的水文条件下，产生了中国特有的大运河工程体系。[①] 浙江地区地理环境和自然资源的特点，使得大运河（浙江段）的江南运河和浙东运河在水工设施和城镇建设发展中，留下独具江南特色的大运河物质文化遗产。一方面，是具有工程科技价值的水工设施文化遗产，如堤坝、船闸、桥梁、码头、官仓等，以嘉兴长安闸、长虹桥，杭州西兴过塘行码头、拱宸桥、广济桥，绍兴古纤道、八字桥等为主要代表；另一方面，是伴随大运河发展形成的沿线乡村和城镇，留下独具江南水乡特色的历史街区、古遗址建筑，以及古石刻碑等，以杭州桥西历史文化街区、凤山水门遗址、富义仓，宁波庆安馆、水则碑，绍兴八字桥历史文化街区和湖州南浔历史文化街区等为主要代表。

大运河（浙江段）河道为人工取道，依据自然造型，湖与河以堤相隔，闸或坝与河相通，闸的起闭、坝的壅水和泄水可以调节大运河水量，体现我国古代人文理念与自然环境的和谐交融，是系统展现古代水利、航运技术的实物例证。[②] 大运河（浙江段）与钱塘江、东海相连，联内畅外，成为连接海上丝绸之路的唯一河段，是古代中外经济文化交融的黄金水道，此外，大运河上的水工设施代表了当时世界水利水运工程的先进水平。大运河沿岸拥有数不清的码头、官仓、船闸、桥梁、堤坝、衙署、寺庙、会馆、历史街区和园林，形成带状的线性布局特点。大运河水工设施的文化特征，表现为横贯东西、纵穿南北的水上运输网络，水巷阡陌的内河体系，千年沉淀的大运河故道，沿线蜿蜒不绝的纤道和长堤，各式类型的闸坝堰渠，错落有致的石拱桥梁，沿岸城镇的过塘行和码头，各具风姿的石拱桥梁等，形成大运河（浙江段）水乡的独特风韵。

伴随大运河的开凿与航运发展，大运河水网起到滋养沿线村镇和推动市井街巷经济、文化发展的重要作用，大运河沿岸形成人口聚集、城镇集中、商贸兴盛、经济发达的城镇聚落，沿线村镇城市的发展规模得到空前的扩展。正是大运河推动了南北区域的物资交流，促进了商品集聚地商业城镇的兴起。"水城共生"是大运河（浙江段）的基本特征，形成基于水系环境优势的城镇功能集聚区，表现为村镇城市沿河布局，建筑和道路依水而建，体现出逐水而居，因水成街、因水成市的城市格局和沿河筑街的城镇风貌，展现出枕水而居的城乡聚落景观特点和聚落建筑的文化特征。大运河水乡通过具有诗意和书香风貌的江南古建民居与老街，形成独特的江南园林城镇形态。大运河沿线水道纵横，流

---

① 谭徐明，王英华，李云鹏，等. 中国大运河遗产构成及价值评估[M]. 北京：中国水利水电出版社，2012.

② 谭徐明. 中国大运河文化遗产保护技术基础[M]. 北京：科学出版社，2013.

转不息，驳岸贯通，呈现出水乡泽国的景象；古今河道纵横交错，桥梁密布，彰显城乡历史沧桑，形成水陆相邻、河街平行的城镇街道模式；水网密布的沿岸旱地栽桑、水田种粮、湖荡养鱼，纵横交错的河渠分割成"六田一水三分地"的立体地形结构，创造了江南水乡特有的圩田景观；线性带状和流动性的乡镇空间格局，孕育出具有诗意的大运河沿岸历史街区，承载着大运河城镇市井生活的文化记忆，这些对大运河文化形成与发展起到了重要作用。

（二）大运河（浙江段）的精神文化特征

精神文化体现了物质文化的意识形态，对推进物质文化发展具有内在动力作用。大运河在发展建设中形成了物质与非物质文化遗产，通过思维方式、道德规范、行为准则、经营哲学、审美取向、生活情趣、理想人格、文化品格、精神面貌和心理素质等反映出精神文化的核心内容与特征。大运河丰富的精神文化是钱塘江流域的浙江精神的重要组成部分。历经2500多年的发展与传承，大运河（浙江段）的精神文化特征主要反映在以下方面。

第一，江南地区发达的农耕文明是历代王朝政权建立上层建筑的经济基础，可以说大运河实质是农耕文明的产物。以湖州、嘉兴地区的溇港圩田、桑基鱼塘为代表的江南农耕文化，是中国传统农业时代最经典的生态农业模式和世界重要农业文化遗产。杭嘉湖平原是我国古代农耕文明较为发达的地区，人在与环境、与他人和谐共存中，形成了励精图治、奋发图强，因地制宜、开拓创新、吃苦耐劳、务实耕耘的生活态度。正是农耕文明孕育了浙江人的勤劳、智慧和奉献精神。

第二，大运河漕运制度对钱塘江流域发达的经济与文化形成起到推动作用。大运河的贯通带来了人员迁徙和物资流动，使得南北文化在时间和空间上相互接触、相互融合、相互滋养，由此产生思想、知识和价值等多维度的互惠与互通。交流与融合促成了大运河文化开放与自信的特征，体现了有容乃大的包容性。文化的开放与包容凝练成了浙江人与时俱进，持续推动社会发展的精神文化特征。从文化发展的历史长河来看，南北文化的交流和整合共同创造了中国文化辉煌灿烂的历史，在这种交流中缔造了丰富的内涵，也彰显了其坚韧的生存发展能力。[①]

第三，自隋朝大业六年（610）凿通江南运河，中原至杭州的水路形成，元至正年间（1341—1368）京杭大运河全线开通，大运河（浙江段）以杭州为中心，成为通江达海的水运枢纽和江海门户，推动了商贸文化的繁荣，对中国南北地区的经济文化发展与交流产生了巨大影响。建立在农业经济基础上的商业文明，形成了以杭州、宁波、湖州为代表的商品经济发达的大运河区域，孕育了诚信经商的浙商精神，体现为言而有信、抱诚守真、言信行果、货真价实和义利双行的思想和品格。历代浙江商人形成了讲义守信、诚信立世的处世哲学和人生观。

第四，大运河航运发展带来的文化开放与交流，在西学东渐、中外融合，吸收异域文化精华和积极因素，并对其进行批判地继承的过程中，大运河沿岸城镇发展呈现出兼收并蓄和融会贯通的文化面

---

① 袁钰，温晓霜，王雅梅. 中国文化的生成与整合[M]. 北京：中国时代经济出版社，2010.

貌，形成具有开拓与创造性的江南水乡文化特色。在大运河漫长的航运发展进程中，海内外文化与江南地域文化的开放交流与融合，极大地丰富了浙江文化的内涵，对形成开拓创新的浙江精神提供了外部推动力量。

第五，大运河建设工程与历代漕粮航运带动了沿岸乡村和城镇的发展，大运河两岸的人们用勤劳和智慧创造了万物安宁、生活安乐、环境优美的鱼米之乡，带来江南地区富裕祥和的繁荣景象。人们安定地生活，愉快地劳动，创造了和美、和睦、和平的生活家园，体现出这片土地上和谐的精神文化风貌，这些直接促进了国家经济的繁荣及政权长治久安。

大运河文化蕴含着人们追求美好生活、建设美好家园的愿望，浙江的大运河精神文化特征可以概括为：交流融汇、多元开放、包容统一、忠诚进取、无私奉献、创新发展。推动社会发展进步的浙江精神，是历史文化锤炼和积淀的精华，承载着浙江人民高度的价值认同、文化认同和情感认同。浙江人民在千百年来的奋斗发展中孕育出来的宝贵财富，世代传衍，历久弥新，始终激励着这片土地上的人们励精图治、开拓创业，这种精神文化显示出强大的生命力和创造力。

三、大运河（浙江段）的文化价值

大运河文化是大运河沿岸人民在2000多年的社会实践中创造的物质和精神财富的集合。关于大运河整体的文化价值，在国家文物局向世界遗产委员会提交的中国大运河申遗文本中，做了如下表述：中国大运河是世界上唯一一个为确保粮食运输安全，以达到稳定政权，维持帝国统一的目的，由国家投资开凿和管理的巨大工程体系。它是解决中国南北社会和自然资源不平衡的重要措施，以世所罕见的时间与空间尺度，展现了农业文明时期人工运河发展的悠久历史阶段，代表了工业革命前水利水运工程的杰出成就。大运河实现了在广大国土范围内南北资源和物产的大跨度调配，沟通了国家的政治中心与经济中心，促进了不同地域间的经济、文化交流，在国家统一、政权稳定、经济繁荣、文化交流和科技发展等方面发挥了不可替代的作用。中国大运河由于其广阔的时空跨度、巨大的成就、深远的影响而成为文明的摇篮,对中国乃至世界历史都产生了巨大和深远的影响。[①]大运河作为地域文化形成和发展的载体，是育城益民的生存根本，利农富商的生存根基，也是从古至今中国经济社会和文化富庶的根基与源泉。由于地理位置、资源特色、文化渊源和历史发展的独特性，大运河（浙江段）的文化与价值具有独特的地域性和代表性，主要体现在历史、社会、科学和艺术等方面。[②]

（一）历史价值方面

大运河文化为中华文明和文化传统提供自春秋战国至清朝2500多年来政治、社会、文化形态等

---

① 姜师立. 中国大运河文化[M]. 北京：中国建材工业出版社，2019.
② 谭徐明，刘建刚. 中国大运河文化遗产保护技术基础[M]. 北京：科学出版社，2013.

方面重要和独特的历史性见证，体现出不同历史时期国家意志下，政治中心与经济中心通过大运河在支撑国家经济中的交通命脉作用。大运河文化是长期积淀、传承和创造的产物。钱塘江流域悠久的文明成果，对区域内江南运河与浙东运河的疏浚、修筑、运营和管理等方面给予了物质和精神营养，见证历史发展变迁中大运河（浙江段）文化多元一体的创造精神，体现出钱塘江流域文明的历史延续与传承。

（二）社会价值方面

大运河体现了南北区域人类文化价值的交流，为区域间经济和文化交流提供了通道。钱塘江流域发达的农耕文明具有悠久的历史，南粮北运，因其漕运功能的扩展推动南北文化融合与城镇发展，形成地区经济、政治和生产生活的中心；钱塘江在江南运河与浙东运河之间的联通，形成通江达海的通道，建立起海上丝绸之路，实现与世界的沟通交流；大运河（浙江段）沿线密集的城镇网极大地促进了商品集聚地及商业城市的兴起，形成大运河沿线丰富的社会生活。江南农业、丝织业、工商业发达，商贸活动为沿岸城镇带来经济的繁荣，推动了社会发展。

（三）科学价值方面

中国大运河文化中的科学价值主要体现在水工工程与建筑方面。为满足航运的要求，在大运河沿线建造的无数的闸坝堰渠、盘门水门、桥梁纤道、码头枢纽等水工设施，凝结着先辈们的智慧和劳动，展现出中华民族伟大的创造力，代表了 17 世纪工业革命前水工工程规划和建筑所达到的最高水平。被列入《世界遗产名录》的中国大运河水工遗存中，大运河（浙江段）的长安闸、广济桥、长虹桥和拱宸桥，浙东运河的西兴过塘行码头、八字桥，以及中国古代规模最大、历史最早的水源控制工程——多孔石拦河闸三江闸，是现存遗产中具有重要科学价值的代表，是大运河上代表人类创造精神的杰作。[1]其中水工设施长安闸和三江闸，建筑工程长虹桥、广济桥在中国工程科技历史上具有重要的科技价值。

（四）艺术价值方面

大运河作为人类的创造，其艺术价值在于自身丰富的内涵曾给予整个人类社会巨大的精神启迪。大运河文化中的艺术价值依托于大运河遗产中体现人类创造性的闸坝、古桥、历史建筑、历史街区，以及文学诗歌、音乐戏曲、绘画书法等具有美感形式和内容的大运河物质和非物质文化遗产，这些载体中的美学观念和意识形态具有典型的民族性、地域性和非功利性，能够直接作用于时代和未来的维度，成为触发人类最深切情感的动力之源。大运河（浙江段）中的长虹桥、长安闸、拱宸桥、广济桥、凤山水门、富义仓、绍兴古纤道、八字桥、三江闸等重要大运河遗产的艺术个性、风格和魅力通过感性和理性的集合，给人的心灵带来慰藉，影响着人们的审美认知和价值观，成为构建精神文化的载体。在钱塘江流域文明体系中大运河文化的内涵和特质，对推进中华文化融合与发展起到引领性作用。

---

① 谭徐明，王英华，李云鹏，等. 中国大运河遗产构成及价值评估 [M]. 北京：中国水利水电出版社，2012.

四、结 语

　　江南地区优越的地域性自然与人文资源为钱塘江流域文明的形成与发展奠定了基础，2500多年来大运河的开凿与运行为钱塘江流域的繁荣提供了创造性发展的条件。大运河赋予江南大地珍贵的物质和非物质文化遗产，这些作为文化基因影响和推动着地域文明的发展，形成与时俱进的文化精神，这种精神引领着社会文明的进步。大运河文化形态鲜明的统一性和系统性，成为钱塘江流域文化核心价值的一部分，成为支撑钱塘江流域文明体系构建和浙江地域精神与文化基因传承的重要载体。由于长期以来对大运河文化价值研究不够深刻，大运河遗产遭到持续性破坏，部分河段和工程遗存亟待抢救性保护。要深入研究和认识大运河文化的价值与特征，对大运河文化遗产进行整体性的保护、传承和利用。深入挖掘钱塘江流域文明起源、文化发展脉络和加强对大运河文化载体的揭示与研究，将有益于钱塘江流域文明成为启示未来的精神动力，实现文化启迪认知，引领认知发展。大运河文化为浙江树立新时代发展的思想观念、价值取向、心理状态和社会道德标准，为破解发展瓶颈注入强劲的文化支撑力。传承和弘扬大运河文化，能够进一步激发和促进浙江全社会在"求真务实、诚信和谐、开放图强、与时俱进"的浙江精神引领下快速发展。

大运河饮食文化遗产现状与发展研究

——以江苏省为例

吴昊

南京农业大学人文与社会发展学院讲师

摘　要：江苏饮食文化遗产的保护和开发一直走在全国前列，这得益于江苏悠久且丰富的历史文化资源以及强大的经济优势，呈现出繁荣的景象。然而，出自江苏的国家级饮食文化遗产代表项目数量较少。究其原因，除去分类和评选标准之间的矛盾外，战略思想、发展目标、支撑体系、人才培养、平台建设等方面也存在一系列问题。本文旨在找出现状问题，并提出对策建议，从而使江苏的大运河饮食文化遗产发展找到属于自己的"江苏模式"或"江苏经验"的崭新模式，并能充分挖掘其文化价值与内涵，为江苏的大运河饮食文化遗产传承注入新的活力。

关键词：大运河饮食文化；现状；发展；江苏

饮食文化遗产是一种活态遗产，存续在大众日常生活之中，具有传承与发展意义。2010 年 11 月，联合国教科文组织在肯尼亚召开的委员会会议上将法国传统美食与墨西哥传统美食列入《人类非物质遗产名录代表作》，使得我们有理由相信中国饮食文化遗产也能进入《世界遗产名录》。

大运河饮食文化主要是大运河开凿与通航后逐渐形成的，是大运河文化的重要组成部分。江苏作为大运河主要流经的区域，其大运河饮食文化主要包括饮食习俗、烹调技艺、经营管理、调味调料、特色菜品等。江苏是淮扬菜的发源地，同时又是大运河（江苏段）饮食文化的重要组成部分，经过几百年的积累、融合、创新与发展，使得大运河（江苏段）两岸的民间吃食、市肆饮食、婚丧大宴、饮食风俗等成为大运河文化带饮食物质与精神财富的总和。在江苏省公布的迄今为止四批省级非物质文化遗产代表名录中，饮食文化遗产项目平均占总数量的 13.5%。其中第一批（6 项）占比 4.9%，第二批（24 项）占比 21.4%，第三批（9 项）占比 14.3%，第四批（33 项）占比 13.5%，主要集中在饮食制作技艺类，而技艺类中又以传承江苏美食菜肴的制作技艺为主（见表 1）。

·82·

表 1 江苏省四批省级非遗项目中的饮食文化遗产项目统计

批次	饮食类项目名称	饮食类所占比重 /%
2007 年第一批江苏省非物质文化遗产代表性项目	扬州富春茶点制作技艺 镇江恒顺香醋酿制技艺 丹阳市与金坛市封缸酒酿造技艺 灌南县汤沟酒酿造技艺 南京市江宁区南京板鸭、盐水鸭制作技艺 无锡市三凤桥酱排骨烹制技艺	4.9
2009 年第二批江苏省非物质文化遗产代表性项目	配制酒酿造技艺（东台陈皮酒酿造技艺） 绿茶制作技艺（苏州洞庭碧螺春制作技艺、连云港云雾茶制作技艺、南京雨 　　花茶制作技艺） 苏州市糕团制作技艺（黄天源苏式糕团制作技艺） 苏州市、南通市糕点制作技艺（稻香村苏式月饼制作技艺、叶受和苏式糕点 　　制作技艺、西亭脆饼制作技艺） 泰兴市黄桥烧饼制作技艺 常州梨膏糖制作技艺 苏州市采芝斋苏式糖果制作技艺 宝应捶藕和鹅毛雪片制作技艺 如皋市、高邮市董糖制作技艺（如皋董糖制作技艺、秦邮董糖制作技艺） 南京市素食烹制技艺（绿柳居素食烹制技艺） 南京市鼓楼区清真菜烹制技艺（马祥兴清真菜烹制技艺） 苏州市陆稿荐苏式卤菜制作技艺 苏州市、高邮市、常州市武进区豆腐制品制作技艺（苏式卤汁豆腐干制作技艺、 　　界首茶干制作技艺、横山桥百叶制作技艺） 酱菜制作技艺（扬州三和四美酱菜制作技艺、常州萝卜干腌制技艺） 淮安茶馓制作技艺 靖江肉脯制作技艺 常熟叫花鸡制作技艺 沛县鼋汁狗肉烹制技艺 镇江肴肉制作技艺 南京市刘长兴面点制作技艺 汤面制作技艺（昆山奥灶面制作技艺、镇江锅盖面制作技艺） 汤包制作技艺（楚州文楼汤包制作技艺、靖江蟹黄汤包制作技艺） 扬州炒饭制作技艺 淮安市楚州区平桥豆腐制作技艺	21.4
2011 年第三批江苏省非物质文化遗产代表性项目	太仓糟油制作技艺 太仓肉松制作技艺 钦工肉圆制作技艺 石港腐乳酿制技艺 合成昌醉螺制作技艺 木渎石家鲃肺汤制作技艺 徐州饣它（sha）汤工艺 秦淮（夫子庙）传统风味小吃制作技艺 苏州织造官府菜制作技艺	14.3

续表

批次	饮食类项目名称	饮食类所占比重/%
2015年第四批江苏省非物质文化遗产代表性项目	锡帮菜烹制技艺 苏帮菜烹制技艺 淮帮菜烹制技艺 京苏大菜烹制技艺 淮安全鳝席烹制技艺 鸡鸣寺素食制作技艺 安乐园清真小吃制作技艺 王兴记小吃 共和春小吃制作技艺 永和园面点制作技艺 太湖船菜 太湖船点 清水油面筋 何首乌粉制作技艺 高邮咸鸭蛋制作技艺 甪直萝卜制作技艺 羊肉烹制技艺（藏书羊肉制作技艺） 羊肉烹制技艺（码头汤羊肉烹饪技艺） 南京板鸭、盐水鸭制作技艺 汤面制作技艺（东台鱼汤面制作技艺） 糕点制作技艺（阜宁大糕制作技艺） 糕点制作技艺（惠山油酥制作技艺） 配制酒制作技艺（窑湾绿豆烧） 酿造酒酿造技艺（樱桃酒酿造技艺） 酿造酒酿造技艺（糯米陈酒酿制技艺） 酿造酒酿造技艺（黑杜酒酿造技艺） 蒸馏酒酿造技艺（泰州白酒酿造技艺） 蒸馏酒酿造技艺（丰县泥池酒酿制技艺） 蒸馏酒酿造技艺（沛县酿酒技艺） 酱油酿造技艺（浦楼白汤酱油酿造技艺） 酱油酿造技艺（华士冰油酿造技艺） 酿醋技艺（恒升香醋酿造技艺） 绿茶制作技艺（雨花茶制作技艺）	13.5

　　江苏饮食文化遗产代表大部分入选了省级名录，国家级名录则较少，并且大部分分布在大运河沿岸城市，形成了具有江苏特色的大运河饮食文化。与此同时，名录中相关遗产的特点是以传统菜肴制作技艺为主，传承绿茶制作、酿酒技艺为辅，并依然保持"师徒相授"的传统传承方式，这是优势。同时又存在着诸如传承机制僵化、分类标准模糊、活化存留困难等问题，严重妨碍其发展。所以，本文旨在对分析现有优势与条件基础上，找出问题，提出对策建议，从而探索出"江苏模式"或"江苏经验"的崭新发展模式。

一、大运河饮食文化遗产发展的优势与价值

（一）饮食文化遗产项目传承人与基地建设

1. 饮食文化遗产项目传承人

迄今为止，江苏省已经公布了四批省级非物质文化遗产项目代表性传承人名单，饮食类的非遗传承人整体比例较低（见表2）。

表2　江苏省非物质文化遗产项目部分代表性传承人

姓名	性别	非遗工艺	地点
徐永珍	女	富春茶点制作技艺	扬州市
王浩平	男	封缸酒酿制技艺	金坛市
许朝中	男		丹阳市
张加林	男	汤沟酒酿造技艺	灌南县
汤井立	男		
马士其	男	南京板鸭、盐水鸭传统制作工艺	南京市
马继森	男		
曹根林	男	三凤桥酱排骨烹制技艺	无锡市
乔贵清	男	镇江恒顺香醋酿造技艺	镇江市
汪宗遂	男	汪恕有滴醋酿制技艺	连云港市
彭贵华	男	雨花茶制作技艺	南京市
施跃文	男	苏州洞庭碧螺春制作技艺	苏州市
周新虎	男	洋河酒酿造技艺	宿迁市
谢玉球	男	双沟大曲酿造技艺	宿迁市
吴建峰	男	高沟酒酿造技艺	淮安市
朱凤祥	男	东台陈皮酒酿造技艺	东台市
姚永海	男	玉祁双套酒酿造技	无锡市
贾有文	男	南京盐水鸭板鸭制作技艺	南京市
马凯	男		

续表

姓名	性别	非遗工艺	地点
张志军	男	绿柳居素菜烹制技艺	南京市
吴春林	男	马祥兴清真菜烹制技艺	南京市
朱同淼	男	刘长兴面点加工制作技艺	南京市
崔海龙	男	富春茶点制作技艺	扬州市
刘锡安	男	昆山奥灶面制作技艺	昆山市
吴荣生	男	镇江肴制作技艺	镇江市
陶晋良	男	靖江蟹黄汤包制作技艺	靖江市
魏年喜	男	楚州文楼汤包制作技艺	淮安市
席行弟	男	连云港云雾茶制作技艺	连云港市

表 2 为部分入选江苏省非物质文化遗产传承人名录的传承人，总共 28 人，占整个江苏省非遗传承人总数的 5%，而且部分传承人的技艺还未进入省级非物质文化遗产名录。这些传承人大部分为 50—65 岁，处于技艺非常成熟，身体尚健康的阶段。大部分传承人都在非遗相对应的企业担任要职，甚至是领导者。这些传承人都具有较为不错的年收入，因为大部分人的收入是与企业效益挂钩的，基本上实现了对遗产的生产性保护和利用。而部分传承人注重手艺的传习制作，虽然保证了遗产的原真性，但缺乏现代经营理念，经营出现了一些问题，相对收入偏低，需要政府相关部门积极引导，开拓思路。

2. 传承基地与传承教学基地建设

2014 年，江苏省文化和旅游厅组织开展了第一批省级非物质文化遗产传承示范基地和第二批省级非物质文化遗产生产性保护示范基地的申报评选工作。在全省各地推荐申报的 44 个传承示范基地和 32 个生产性保护示范基地中，经专家评审，拟定第一批省级非物质文化遗产传承示范基地 21 个、第二批省级非物质文化遗产生产性保护示范基地 14 个。饮食类非遗集中在第二批，共有 9 项，并且都是以厂或公司的形式来建立非遗传承基地的。

另外，在公布的首批江苏省非物质文化遗产研究基地名单中有南京大学、东南大学、南京航空航天大学、南京农业大学、南京师范大学、苏州大学、江南大学、扬州大学等 14 所高等院校，其中扬州大学直接被指定为研究传统饮食文化和传统烹饪技艺的高校。可见，江苏省内饮食文化遗产传承教学基地实际上也不多，而且主要集中在烹饪技艺的传承教学上。内容丰富的饮食文化遗产项目与稀少的传承教育平台之间的矛盾，是目前江苏省饮食文化遗产传承面临的重要问题。究其原因，江苏省诸多饮食文化遗产项目受到国家非遗十大类评审标准的约束和限制，偏向菜肴、菜点烹饪技艺的传承和保护。由此，江苏丰富的饮食文化遗产内容与我国各层级非遗项目分类和评选标准之间的矛盾是目前江苏饮食文化遗产传承和保护工作面临的主要矛盾。

（二）历史文化资源与经济优势

1. 历史文化资源

根据国际经验，饮食文化发展较好的城市，大都属于历史文化积淀深厚、经济发达、科技先进的地区。江苏历史悠久、文化灿烂，淮扬菜源远流长，并且大运河历史上商业发达，两岸形成了十分丰富的饮食文化资源。《尚书·禹贡》中有"淮夷宾珠暨鱼"①，说明江苏地区产鱼。两汉时期，淮安王刘安创制了豆腐。魏晋时，《齐民要术》记载吴地腌鸭蛋、酱黄瓜已遍及民间。南朝齐、梁至隋，海味、紫菜、糖蟹、蜜饯均为宫廷贡品。尤其到明清时期，江苏菜通过大运河、长江以及广阔海岸线向四方传播，扩大了影响力。康熙、乾隆下江南，多次用江苏菜设御宴款待臣僚缙绅，客观上促进了南北菜系的交流。19世纪40年代后，江苏餐饮出现中西合璧的局面，西餐的烹饪技法和调味手段被其所借鉴，江苏菜向更臻完美的阶段发展，使得当今江苏菜具有选料严谨、因材施艺、制作精细、风格雅丽、追求本味、清鲜平和、四季有别、适应面广的特点。②丰富深厚的历史文化资源是大运河（江苏段）饮食文化遗产全面发展的基础条件，并提供了不竭的文化资源和创意源泉。

2. 经济优势

江苏省的经济实力位居全国前列，具有深厚的经济硬实力与文化软实力，大运河迄今在江苏依然发挥着重要的作用。因此，整个大运河（江苏段）饮食文化遗产全面发展不仅具有区位条件优越、民营资本活跃、文化消费需求旺盛等优势，而且作为自然与人文交相辉映的文化强省，江苏有着十分优美的自然环境、优越的创新创业环境以及宜居宜文的生活与人文环境。

（三）全面发展的价值意义

1. 有助于提升文化影响力和竞争力

一个城市的文化遗产元素，也是这个城市的经济因素。③当今，一个城市能否培育更多的文化潜能，饮食行业是否能有效发展已成为城市能否提高其影响力和综合竞争力的要素之一。加快大运河（江苏段）饮食文化遗产全面发展，不仅能使饮食文化资源、饮食文化产品、饮食文化消费、饮食文化市场等在全球化发展中提升整体实力和影响力，而且能提高全社会对于大运河文化的认知并产生精神层面的认同感。

2. 有助于提升文化强省地位

饮食具有普遍意义，其文化作用易被人们所接受，它不是简单的某种食物、某个菜点，也不是某

---

① 阮元. 十三经注疏[M]. 北京：中华书局，1980.
② 江苏省烹饪协会. 源远流长的江苏饮食文化[N]. 新华日报，2003-04-03.
③ 姚伟钧. 武汉饮食老字号品牌与武汉城市形象——兼论武汉文化软实力建设[J]. 武汉商业服务学院学报，2009（4）：11.

种烹饪技法，更多是饮食背后的内容，即饮食承载的文化与传统。[①]优秀的饮食文化和饮食文化遗产将成为推动社会主义精神文明建设的重要手段。加强大运河（江苏段）饮食文化遗产的全面发展，不仅有助于大运河文化的升级，成为江苏经济与文化发展的新亮点和增长极，而且能有效推动大运河（江苏段）文化遗产在国家整体战略布局和全国文化经济版图中占据更重要的地位，并积极响应现阶段美食走向世界的战略。

3. 有助于推动"文化走出去"战略

饮食文化遗产的传播力、渗透力和影响力有助于推进大运河（江苏段）沿岸饮食行业的提质增效，创造更多更好的饮食产品和服务，提升大运河（江苏段）文化遗产事业的整体实力和竞争力；推动"文化走出去"战略，利用国际国内两个发展空间、两种不同资源，积极主动参与国际文化合作和文化竞争，加强对外文化交流，拓展大运河文化发展空间，从而进一步推动江苏文化强省建设，促进江苏社会经济发展，增强江苏文化软实力和国际竞争力，具有多重价值和战略意义。

二、饮食文化遗产发展的现状和问题

（一）缺乏战略思想和具体的发展目标

大运河（江苏段）饮食文化存在着地域性差异，江北与江南截然不同，故而要将两者有效统一起来。但是，现阶段江北与江南的饮食文化遗产还是独立发展，代表各自区域，工作机制与量化标准尚不够明晰，存在着各自为政的现象，尚缺乏全省统一发展的战略思想和具体发展目标。另外，江苏虽然已开始委托专业机构编制地方饮食文化遗产的管理与评价标准，然而这些标准仅停留在讨论层面，迄今为止还没有形成较为成熟的文件或标准。这亦是缺乏行业战略思想，尚未形成科学管理标准和认知体系的表现。

（二）人才培育机制尚有欠缺

大运河（江苏段）饮食文化遗产的高端人才引进机制尚未形成。适应国际化发展的高层次管理人才和复合型人才奇缺，没有相对应的人才培养模式，且人才流失现象严重。此外饮食技艺传承人的后备人才缺乏。饮食文化遗产传承人共28人，年龄大部分在50—65岁，虽然他们技艺成熟、身体健康，但还没有1970年后出生的传承人。虽然这与传承人收入偏低、"师徒相授"等传统保守的传承方式有关，但是缺少完善的培育机制才是主因。

（三）支撑体系不够完善

大运河（江苏段）饮食文化遗产在国内具有先发性政策优势。然而，这样的先发优势正在衰退，主要表现在：一是在制定宏观目标方面缺少对区域布局的支撑，尤其是对普通区、县（市）发展的支

---

① 于干千，程小敏. 中国饮食文化申报世界非物质文化遗产的标准研究[J]. 思想战线，2015（2）：125.

撑不够。二是缺乏对各单位发展方面的引导。三是评价标准单一，未能建立起符合饮食文化特色与价值追求的文化遗产价值体系。比如南京老字号刘长兴是饮食文化遗产传承单位，一直走亲民路线，但在如何利用好南京面点制作技艺遗产这张金字招牌上却后继乏力，没有推出引起社会关注的保护活动和宣传计划，而是更多把精力投入连锁餐厅或旅游单品店的开设，没有深挖饮食文化内涵。这与大运河（江苏段）饮食文化遗产支撑体系不够完善有关。

（四）服务平台建设滞后

目前，大运河（江苏段）沿岸已具有一批集饮食文化遗产、文化基地、传承人、经营企业于一体的单位，但其集聚主要是物理意义上的空间集聚，各单位之间的互动缺乏常规性与有效性，缺少提供相应联系的公共服务平台。另外，服务平台建设滞后还在于相关部门的保护与传承始终停留在商业层面上，对饮食文化遗产的生存状况认识不够深刻。

（五）传承和保护标准模糊

近年来，江苏省政府文件中强调要重视对大运河沿岸饮食传统手工技艺的传承与保护，但力度和强度依然不够，这不能简单归因于职能管理部门的不作为。这是目前我国饮食文化遗产传承和保护"有层级无体系""有管理无治理"的现象造成的。

第一，有层级无体系问题。根据《中华人民共和国非物质文化遗产法》，目前我国的非物质文化遗产分为民间文学、传统音乐、传统舞蹈、传统戏剧、曲艺、杂技与竞技、传统美术、传统技艺、传统医药、民俗十个大类，本文所探讨的饮食类并不是官方分类之一，而是被划分在传统技艺和民俗两个官方大类中，主要包括传统食品制作技艺、食器的制作技艺以及与饮食相关的各种民俗活动。这样的模糊定位使得饮食文化遗产并不能单独构建自己的生态体系，只能从传统技艺和民俗视角来申报以获取相应的支持与保护，从而使得饮食文化遗产在面对现代美食消费市场的竞争与冲击中，其传承与保护难度加大。

第二，有管理无治理问题。现有分类缺乏统一标准和灵活多元的协调机制已经成为国内非遗项目传承与保护体系构建中的典型问题。虽然在饮食文化遗产代表项目、传承单位、传承基地乃至传承人的评选过程中形成了制度与标准，但是依然缺少理论研究，对于评选之后的跟踪、调查、考核未形成定制，对违反文化遗产原真性的个别代表性项目尚未建立程序正义淘汰机制。与此同时，上述管理中存在的问题导致虚假饮食文化遗产项目在各层级遗产代表作名录上榜上有名，而一些濒危且贴近老百姓日常生活的饮食文化遗产却被遗忘和忽视，缺少制度性的惩罚和保护条例。

三、饮食文化遗产全面发展的对策建议

（一）优化顶层设计，制定全面战略目标

1.打造"大运河饮食文化遗产中心"及构建全面发展战略框架，深化基础研究

一是强化打造"大运河饮食文化遗产中心"的战略目标，明确全面发展战略框架，包括发展规划、实施方案、行动计划和具体路径等一系列完整的制度组合和政策支撑体系。二是深化全面发展的基础研究，系统分析大运河（江苏段）的区域特色、历史文化资源、市民需求等内容，从而优化顶层设计，制定对策措施，整体推进其全面发展。

2.明确细化"大运河饮食文化遗产中心"发展目标

主要目标为：参照国际通行的标准，明确在"十四五"期间打造"大运河饮食文化遗产中心"的目标，并形成"饮食文化融入经济、经济体现饮食文化、经济文化一体化"的互动发展格局。具体目标为：针对2025年国家级饮食文化遗产、省级饮食文化遗产、县市饮食文化遗产的数量制定目标。同时，强化饮食文化遗产传承人的保护工作，提升管理水平。

3.尽快出台相关饮食文化遗产发展条例

现阶段饮食文化遗产发展政策偏于规划、决定和意见，缺乏立法层面的有力保障。因此，一是以打造"大运河饮食文化遗产中心"及其国际化发展为目标，立足长远，系统论证，高起点、高标准完善饮食文化遗产发展条例，从立法层面为其全面发展提供法律保障。二是吸收借鉴国内国外的先进理念和实践经验，制定全面提升饮食文化遗产能力的计划。

4.利用"一带一路"，制定饮食文化遗产国际化发展的行动计划

一是学习借鉴世界先进国家有关饮食文化遗产发展的理论、战略、成果、经验、方法和措施，结合自身发展重点，制定饮食文化遗产国际化发展的整体战略和行动计划。二是利用"一带一路"建设，推动饮食文化遗产"走出去"，提升大运河（江苏段）饮食文化遗产的国际化水平和全球影响力，向世界展示大运河悠久灿烂的饮食文化。

（二）完善扶持政策，增强政策支撑能力

1.创建政策引导新体系

一是修订和完善饮食文化遗产政策。从完善准入机制、加大资金扶持、鼓励创新、强化智力支撑、完善统筹机制等方面修订具体的措施、细则，促进饮食文化遗产产业政策由单一、零散的倾斜性初级扶持过渡到维护饮食非遗发展秩序的深度扶持。二是加强对相关政策的宣传工作，建立有效的执行机制，加强督促落实，提升政策投放的精准度和科学性。

2.创新财政资金扶持体系

一是优化饮食文化遗产扶持方式，充分发挥财政资金的引导和杠杆作用，提高专项资金的使用效率。二是以突出重点、形成亮点、兼顾一般、推动全局为原则，完善资助项目申报标准、申报流程和

评审规则，合理确定财政资金投向，重点培育一批具有重要示范作用的单位。三是加大对饮食文化遗产品原创开发、原创作品产业化等环节的资助力度，制定规范的预算编制，完善支出标准体系，并建设相关财政专项资金管理平台，健全财政投入绩效考评制度，加大对专项资金使用情况的监督、管理、评估与验收。

（三）突出发展重点，提升资源集聚能力

1.确定大运河（江苏段）沿岸各区、县（市）饮食文化遗产全面发展重点和先进单位

一是完善各区、县（市）全面发展的总体布局、功能定位分工，以及近期、中期、远期目标和建设规划。二是明确各区、县（市）全面发展路径及重点单位、重大支撑项目，避免出现同质化竞争。

2.确定重点发展大运河（江苏段）沿岸饮食遗产的区、县（市）名单

因地制宜，突出各地特色，实现差异化发展。同时要加强统筹，促进各饮食文化遗产单位或企业之间的融合。注重文化名城强市建设、美丽乡村建设与古村落保护利用等的有机结合，通过项目带动、资源整合，推动共同发展。

3.培育全国知名、有国际影响力的大运河（江苏段）饮食文化遗产单位

一是做大做强大运河（江苏段）饮食文化遗产先进单位。二是开发本土化饮食文化遗产产品，谋求高端饮食文化遗产产品链。三是培育与巩固具有全国知名度和国际影响力的饮食文化遗产单位。

（四）搭建基础平台，增强公共服务能力

1.创新构建饮食文化遗产的公共服务平台

一是搭建大运河（江苏段）饮食文化遗产的各类服务平台。二是创建大运河（江苏段）饮食文化遗产数字网络系统。以饮食文化遗产先进单位为突破，创建面向全国开放、以服务全球为目标的具有国内外影响力的饮食文化遗产项目库。

2.重点搭建饮食文化遗产的公共技术平台

大运河（江苏段）的饮食文化遗产单位要加强基础理论研究，尤其要制定饮食文化遗产产品的开发战略和行动计划，制定技术路线图，开展产品价值综合研究，重点推进以应用基础研究为先导的技术创新。与此同时，制定产品保护标准，建设大运河饮食文化遗产保护产业基地。

具体措施包括：一是政府可以通过专门机构或者直接出资购买国际化技术设备，以租赁方式提供给相关单位。二是借鉴国际先进经验，加快搭建技术设备与技术服务平台，为大运河饮食文化遗产事业全面发展提供软硬件技术设备。

3.积极搭建饮食文化遗产单位的互联资讯平台

大运河（江苏段）饮食文化遗产单位需要加强相关饮食术语与饮食技艺基础标准的制定和修订，加强饮食文化遗产的数字资源采集、加工、存储、传输、交换、服务等通用标准的制定和修订，加强价值评估、风险管理、保护技术等技术标准和管理标准的制定和修订，完善标准复审制度，完成饮食行业技术标准的制定和修订工作。全面推进饮食非遗的保护、利用、管理、研究的信息化整合共享工

作，建设大运河饮食以及非遗技艺的大数据库，实现信息互联互通与数据资源共享共建。

具体措施包括：一是在资讯建设方面，应建立国际互联网站与单位微博、微信平台，及时了解最新最全信息并及时做出反馈。二是整合全省资源，定期组织面向饮食文化遗产单位的群体性、公益性活动，增加各单位技术人员的技术和文化交流。

4.切实强化饮食文化遗产的知识产权保护平台

加强饮食文化遗产保护是饮食文化遗产全面发展的重要抓手和法制基础。一是完善有关饮食文化遗产知识产权保护立法，鼓励版权登记、保护数字版权、规范数字认证；鼓励饮食文化遗产单位借助新技术手段对自身知识产权和交易流程进行保护；加强执法保护力度，建立侵权违法行为公示档案。二是建立大运河（江苏段）全流域的相关统一知识产权公共服务平台，并由江苏省知识产权行政执法部门牵头，引入专业的知识产权中介机构，建立饮食文化遗产知识产权公共服务平台。

5.创建"走出去"的国际化交流平台

饮食文化遗产国际交流平台是大运河（江苏段）饮食文化遗产事业国际化发展的重要前提和基础。一是创建国际交流平台。坚持饮食文化遗产单位"开放带动"战略，加强区域合作，推进国际交流，充分利用全国各地举办的同行比赛、饮食交流、旅游推介等活动，有针对性地帮助饮食文化遗产单位"走出去"。二是整合饮食文化遗产资源平台。加强区、县（市）政府与高校的多方面合作，开展具有国际影响力的活动，提供国际交流平台，合力开拓国际交流机会，加强互动共进，提升国际化程度。三是强化与文化遗产国际组织的合作，提高文化遗产国际公约履约水平。增进与"一带一路"沿线国家及文化遗产国际组织的交流合作，建设"一带一路"饮食文化遗产长廊。

6.打造"饮食遗产社区"

一是加强对饮食文化遗产社区的基础研究，培育居民对饮食文化遗产的兴趣。开展社区饮食文化遗产知识竞赛，以及各区、县（市）发展论坛。二是建议由江苏省委宣传部等部门牵头制定相关的饮食文化遗产社区建设和评比方案，明确基本理念、基本标准、实施阶段、实施保障等。开展社区建设试点工作，举办全省"饮食文化遗产社区建设现场会"，树立社区典型，加大宣传和报道力度。与此同时，充分利用文化遗址、历史街区等，将其改造成特色文化空间。三是充分利用特色文化空间，鼓励饮食遗产和民间工艺发展，打造具有大运河区域特色的饮食文化遗产产品和服务。

（五）打造人才基地，积蓄发展原创能力

1.强化人才全面发展战略，打造一流的人才基地

大运河（江苏段）饮食文化遗产人才全面发展必须依靠人力资本的投入和相关人才的富集。一是抢占人才战略制高点，编制人才开发目录。根据饮食文化遗产发展要求，对全省人才需求的数量、层次、结构等进行逐项研究，构建人才数据库，建立包括人才认证、人才推荐、人才培训在内的人才专业服务体系。二是完善国内外人才引进、使用的系列化政策，激励人才落户江苏、立足江苏、扎根江苏；加快实施"复合型人才培育工程"，为其"引进来，留得住，有所为"创造可持续发展的条件。

三是健全人才评估体系和激励机制。建立以能力和业绩为导向、科学的社会化人才评价制度；推行人才、技术、成果等要素参与收益分配，建立多种形式的激励机制；设立人才奖励基金，对有突出贡献的人才，予以物质与荣誉双奖。

2.创建人才梯队，构建多层次的人才培养体系

一是要制定专才培养计划。充分发挥科研院校、高校的智力优势，建立培养饮食文化遗产人才的教育网络体系，重点引进急需的相关人才，比如扬州大学的饮食遗产基地建设。二是加强人才的实训基地建设。大力培养急需的实用人才，重点开拓以省内职业技术学院为基础的相关人才培养基地，推动职业院校与饮食遗产企事业单位的产学研协同创新平台建设。三是构建多层次、系统规范的社会培训体系。打破学历和身份限制，通过专业竞赛、专业评比、资格认证、公开招聘等方式发现人才。

3.构建多元化科研组织

促进饮食开发的推广应用，建立产品转移和成果扩散机制，依托江苏省文化和旅游厅重点科研基地及工作站，实施产品保护示范工程。鼓励社会资源参与饮食文化遗产产品创新，加强资源共享、风险共担、优势互补的战略合作，建立实体研发组织与虚拟研发组织相结合的新型饮食遗产产品创新组织。

（六）强化组织保障，提升政府引导能力

1.组建"大运河饮食文化遗产中心领导小组"

组建由各区、县（市）主要领导牵头、相关部门分管领导组成的"大运河饮食文化遗产中心领导小组"，调整已有决策机构职能，除负责大运河（江苏段）饮食文化遗产发展战略及重大事项的决策之外，同时负责统筹全省大运河饮食文化遗产中心工作，完善高层协调与职能部门有效配合的工作推进机制。

2.组建"高校饮食非遗研究与推广联盟"和"饮食文化遗产研究中心"

一是组建"高校饮食非遗研究与推广联盟"，整合省内高校饮食文化遗产专业和相关学科，形成课题共研、资源共享、信息共通、设施共用、活动共举、氛围共营等开放式、合作式共享平台。二是组建省内多学科专家组成的"饮食文化遗产研究中心"，可由江苏省文化和旅游厅、教育厅等单位共同组建和管理，邀请国内外专家作为顾问，并联合各大媒体等大力宣传江苏省的大运河饮食文化遗产事业。

良渚古城遗址公园规划与建设的启示与思考

陈 强

杭州良渚遗址管理区管理委员会规划建设局高级工程师

摘 要： 2019 年 7 月，良渚古城遗址被正式列入《世界遗产名录》，成为我国第 55 处世界遗产。良渚古城遗址公园是基于考古遗址本体及其环境的保护与展示，融合了教育、科研、游览、休闲等多项功能的遗址公园。从规划设计到施工建设，秉承遗址保护、最小干预、本体展示等原则，在充分研究国内外遗址保护及建设的经验基础上，提出符合遗址特色的总体规划及设计。项目建设采用 EPC 的建设模式，各专业协同合作，针对良渚古城遗址的特殊性，对传统施工技术及材料进行创新提升。良渚古城遗址公园建成后，其效果得到了业界的广泛认可，并在景观设计界和文物界产生了较好的影响。

关键词： 良渚古城遗址；古城保护；公园规划设计；EPC 建设模式

2019 年，在阿塞拜疆共和国首都巴库举行的第 43 届联合国教科文组织世界遗产委员会会议上，良渚古城遗址正式列入《世界遗产名录》，成为我国第 55 处世界遗产。良渚古城遗址是人类早期城市文明的范例，是实证中华 5000 多年文明史的圣地。申遗成功，标志着中华 5000 多年文明史得到国际社会认可，有利于丰富世界早期文明的理论研究。

一、良渚古城遗址公园的规划设计

（一）公园概况

良渚遗址，主要集中在浙江省杭州市余杭区瓶窑镇、良渚街道境内，地处中国长江下游环太湖流域，年代为公元前 3300 年—前 2300 年，属于新石器时代晚期文化遗址群。

良渚遗址发现于 1936 年，遗址群中有分布密集的村落、墓地、祭坛等各种遗存，出土物中有大量精美的玉礼器。遗址由四个片区组成，包括城址区、瑶山遗址区、谷口高坝区和平原低坝—山前长堤区。其中城址区是良渚遗址的核心部分，良渚古城遗址公园主要就是对城址区进行有序保护和开放，总面积约 3.66 平方公里。

（二）规划设计面临的主要挑战和问题

在规划设计阶段，良渚古城遗址由于重要性和遗址保护的严苛性，面临着不同于普通综合公园的多重挑战，可以归纳为以下几个方面。

1. 如何兼顾遗址保护与公园开发建设

良渚古城遗址公园所在的区域均位于重点保护区范围内，实行最严格的保护管理规定，不得进行任何与保护无关的其他建设工程或者爆破、钻探、挖掘等作业。若涉及爆破、钻探、挖掘等作业的保护设施与展示设施工程，必须在充分保障遗址安全性的前提下，报经国家文物局同意。这些上位规划的要求在遗址公园服务设施的数量、面积、选址及风貌等方面提出了更高要求。除去遗址公园游览需求的必要基础服务设施外，其他一切设施及景点的设计必须以展示保护及遗址展示为目的。对于植物的种植，植被根系深度不得超过 30 厘米。城址区遗址遗存共有 69 处，包括内城遗存 41 处、外城遗存 19 处、城址古河道遗存 9 处，基本覆盖全园。因此在设计阶段，就要充分考虑对扰土深度的控制，遗址公园内所有园路、场地及基础设施均采用浅基础做法，并选择浅根系植物品种。

2. 如何向市民大众展示古城遗址核心价值

良渚古城遗址公园的建设应展示古城遗址的地形地貌及城址区的核心价值。城址区的功能分区完整清晰，包括含内城的城墙、城门、宫殿区、墓葬区、粮仓，含作坊在内的居址区，以及外城的各遗址点。古城遗址内的"工"字形水系及外围的水利系统，展现了良渚"水城"的规划格局与营造技术，反映了人们在湿地环境中创造的城市和建筑特色景观。良渚古城遗址作为中国典型的土遗址，历经千年风雨侵蚀、人为破坏，地面以上的原始遗址风貌已所剩无几，经过多次保护性修复才逐步恢复昔日格局。对于面向广大市民开放的遗址公园，如何向公众展示遗址的核心价值，以及采取何种方式展示，既能科学客观地对遗址进行展示，又能让毫无相关考古知识背景的普通游客认识理解，成为规划设计上的又一个挑战。

3. 如何向公众普及考古知识、传播遗址文化

良渚古城遗址公园不仅要满足遗址保护、市民游赏的需求，还要向大众普及考古遗址方面的知识，承担考古文化传播的责任。要在"深入"研究的基础上，"浅出"地向公众传达信息，要能激发公众的兴趣与情感。将遗址公园作为考古学家和公众相互碰撞的一个平台，考古学家借助这个平台展示自我，对话公众，并提高公众的文化素质、文化品位。

（三）国际上遗址公园建设与保护的通行做法

1. 明确遗址公园定位

针对遗址公园，这里的"公园"，既是保护、管理、研究、展示国家考古遗址的机构，又是保护和展示国家考古遗址的外在形态，而不是一般性质的公园。遗址公园的形式得服从、服务和表现国家考

古遗址的要求，突出其自身的历史、科学、艺术和文化的特性。遗址公园的建设要以考古遗址的保护为前提，要落实到考古遗址的保护上来。不仅如此，遗址公园的展示及其他一切活动均要受保护的检验，也要为持续的、与时俱进的考古工作提供支撑。

2. 突出遗址的现场展示

遗址展示是遗址公园传达遗址价值与信息的重要手段。如意大利庞贝古城，强调对考古工作现场进行展示，完整地保留了古城的格局，游客可以走进每个建筑、每条古道，遥想当年繁华的庞贝市场、华丽的浴场和圆形的大剧场。同时也可以运用数字技术，包括应用增强现实技术、人工智能技术等对遗址进行虚拟展示，向公众传达信息，不会对遗址产生物理影响。

3. 倡导公众参与

遗址公园对文化遗产的保护不是封闭式的，而是注重对社会开放，致力于供公众使用。与其他公园相同，遗址公园允许个人、私营企业或其他实体以特许经营的方式参与游客服务方面的相关生产经营活动。公众可以通过获得特许经营权、捐赠、成为志愿者以及建立伙伴关系等方式，参与遗址公园的运营与管理。如秘鲁马丘比丘遗址是兼具自然与文化的双重世界遗产，有完备的配套服务设施和旅游专线，提供住宿、餐饮、购物及全景观光火车等服务。

（四）良渚古城遗址公园规划设计的理念、思路

良渚古城遗址公园总体的设计定位是在对良渚遗址现状充分调研的基础上，首先，合理划分主次区域、科学安排建设时序、谨慎对待遗产保护；其次，打造特色鲜明、使用合理并兼顾远近的基础设施体系，以满足世界级文化遗产旅游目的地的服务需要。

设计遵循两大原则：一是近期与远期相结合原则。为打造5A级遗址公园，面临规划范围广、工程周期短等挑战，现阶段应有的放矢地进行规划设计，以基础服务设施的完善提升为重点，注重方案的可操作性和落地性。同时全面考虑遗址公园的后续发展，制定分期目标，进行分期建设。二是保护与游赏相协调原则。作为世界级文化遗产，良渚古城遗址公园应全面、充分考虑考古保护的重要性。同时为达到遗址公园开园运营标准，需协调考古保护与公园游赏的关系，并有别于普通公园规划建设，突出其考古价值和文化特色。

1. 考古先行，最小人为干预

良渚古城遗址公园的规划设计必须以考古遗址的保护、研究为前提。遗址是不可再生的珍贵资源，范围广、价值高、情况复杂，规划设计工作应与考古工作相辅相成、互相推动。在遗址保护及遗址公园规划设计时必须注重其完整性和真实性。依据上位规划，对遗址公园采取最小干预的原则，通过实物展示、多媒体展示及植物标识等方式，以展示遗迹本体为设计重点（见图1）。

图1　反山墓葬现场展示

2. 尊重现状, 划分重点区块

由于良渚古城遗址公园区范围较大, 遗址点较为分散, 不可采用传统全线式游览方式。同时考虑开放时间的要求, 因此结合遗址点展示、服务区现状等, 将全园划分为八个主要游览区块进行重点打造, 其他区域以古城遗址要素标识、古城格局恢复为主。

3. 美在质朴, 还原遗址原貌

良渚遗址的价值在于其考古价值、历史文化价值, 古城遗址的美在于遗址原始风貌的展现。5000多年以前的人类文明已经具有了一定的审美, 其所蕴含的神秘感、质朴感、仪式感, 正是当下最令人神往的地方。因此在进行旅游基础设施提升时, 必须保留并延续这份特色。在全园的八个重点区块内, 所有的设计内容紧紧围绕遗址的展示和游客的游览体验, 不做过多的无关设计。在景观设计手法上, 采用自然流畅的线形, 但不拘于完美弧线的构图, 使道路、场地与现状地形地貌结合。在选材上, 主要选用高湖石、夯土、茅草、原木等, 与总体氛围相协调。并且统一基础配套设施的色调, 使其隐藏于草、木、台、城之中, 削弱人工构筑的痕迹, 凸显原貌。

4. 现场展示, 普及考古知识

遗址展示的重要组成部分是遗址公园内的现场展示。著名良渚考古学家张忠培曾提出"遗址定性公园、公园表现遗址、切忌公园化遗址"的原则。因此, 在规划设计阶段, 要充分研究各遗址要素的内涵及意义, 可通过采用生态环境展示、遗址本体、遗迹现场模拟展示、数字动画展示等方式, 对古城的三重格局、湿地营城、城墙堆筑、手工作坊 (见图2)、分等级墓葬及考古发掘现场等进行全面的展示, 以科学正确又形象易懂的方式, 使游客真正认识良渚古城遗址的内涵及价值。同时可与相关机构、国内外考古学家合作, 定期举办知识讲座、学术考察等活动, 为普通市民游客提供学习的平台。

图2 手工作坊区模型复原展示

（五）良渚古城遗址公园的功能分区以及各区域的内容

结合遗址点展示、服务区现状等, 将全园划分为八个主要游览区块进行重点打造, 全面增加了景区的观赏性、停留性及进入性, 营造了具有质朴、开阔的古城遗址特色的景观风貌。

1. 三大入口区块

南入口区块: 建筑采用茅草顶夯土墙的形式, 通过设置片墙, 增加了入口广场的围合感。建筑内部设置展览、游客服务、检票、售卖、后勤管理等必要的服务设施, 作为遗址公园最主要的功能性入口, 满足大量游客的入园需求。同时广场内部及周边栽植高大乔木, 其高大的树冠、挺拔的树形, 更加提升了主入口的景观形象。停车场设置大巴下客点, 设入园专用通道。

西入口区块: 西入口作为遗址公园的次要功能性入口, 主要服务瓶窑镇周边游客。设置小型游客服务中心, 主要提供游客咨询、售票、公厕等服务, 同时设置小型停车场。游客服务中心前广场依据现状肌理，设计地层展示景墙，结合微地形，营造序列小尺度空间。对现状水系进行清理和适当的开挖，恢复西城墙外侧河道水系，水边增设栈道供游客步行（见图3）。

图3 西入口区块效果

东入口区块：结合自良渚博物院经良渚文化艺术长廊至公园的参访线路，东入口接待主要的游客量，承担遗址公园形象展示的职能。将东入口保留的厂房建筑改造成服务建筑，将长连线以西的区域总体打造为入口景区。设置电瓶车站，接待良渚博物院游客。新建主题文化标识，突出入口形象。

2. 长命菜场区块

定位为遗址公园外围最主要的餐饮服务区，主要建设内容为将农贸市场改造为餐饮美食广场，游客可由东入口自由出入遗址公园至此进行餐饮休憩。

3. 何村区块

结合外迁农户的宅基地，设置必要的服务建筑和考古体验棚，开展亲子考古等体验活动。南部恢复水城门，设置南城墙展示点、木栈道，打造了一条由陆城门经南城墙与水城门至何村服务建筑的完整步行游线。

4. 雉山区块

结合外迁农户的宅基地设置服务建筑，同时加大对雉山及宕口水面的利用，在水边建设木栈道、平台及水边茶室（见图4）。设置登山步道，山顶设有观景平台，游客可俯瞰莫角山宫殿区全貌，并且形成局部游览环线。

图4 雉山宕口水岸效果

5. 反山区块

以良渚晚期古河道形态为依据，对水系进行总体整治，保护性恢复西城墙东西两侧的古水系，实现了园区西部水系的贯通。设置木栈道，引导游客近距离游览，总体营造湿地的自然风貌（见图5）。设置一条由反山王陵通向莫角山的砂石路，弥补局部路网的不足。

图5　反山区块古水系整治效果

6. 大观山区块

对大观山果园场部遗留的管理用房进行改造利用。其中西侧建筑改造为游客服务中心，为游客提供餐饮、休憩等服务，梳理林下空间，增设林下休憩场地。南部设有大片草坪和鹿苑，游客可以零距离观赏小鹿，并进行喂养互动，也可以感受另一侧树林下的阴凉。东侧建筑改造为会议场所，利用植物对建筑立面进行掩映，利用现状水塘设置观景木平台，提升绿化品质，总体打造精致化庭院景观。

二、良渚古城遗址公园建设

（一）良渚古城遗址公园建设 EPC 模式

设计采购施工工程总承包（EPC）是指工程总承包企业按照合同约定，承担建设项目的设计、采购、施工等工作，并对承包工程的质量、安全、费用、进度、职业健康和环境保护等全面负责。

EPC 自 20 世纪 80 年代初在国际工程承包市场上兴起后，由于它在目标管理、风险控制等诸多方面的优点被广泛采用，尤其在大型、复杂、技术难度高、工期要求紧的项目中，已经成为一种国际通行的工程总承包模式。风景园林 EPC 工程总承包模式近些年也在逐步发展中，其实施的必要性与优势也非常明显，主要有以下几个优点。

第一，在经历数十年的高速发展后，生态文明建设的重要性日益显现。"践行生态理念、坚持绿色发展"成为重要国策，风景园林行业迎来新的发展机遇，其内涵与外延不断拓展。从传统意义上的公园绿地、附属绿地的设计施工，拓展到美丽乡村、乡村振兴、生态治理、遗产保护、海绵城市、湿地公园建设等领域，与生态环境保护、水利、城乡规划建设等深度融合，行业的综合性不断提高，新形势对行业内设计施工企业的资源集成、知识更新、专业整合提出了更高要求。采取 EPC 工程总承包的模式进行风景园林工程建设，以设计为龙头，总承包统筹负责，利于资源整合、专业整合，充分发挥

EPC以设计为龙头、单一责任主体的优势，从而创作出符合新时代要求的作品。

第二，较之化工、石油、电力、地铁等工程总承包业务开展较早的行业，风景园林工程具有投资相对较小、牵涉专业广、影响质量目标因素等特征。风景园林工程是科学、艺术、工程的融合创造，"三分设计、七分施工"，一方面说明施工在风景园林工程中的重要性，另一方面也说明设计与施工的脱节会影响质量目标的控制。风景园林工程与现场、场地关系密切，在实施过程中，变更的可能性大。采用设计采购施工一体化的EPC模式，将有利于设计目标、质量目标的实现，也有利于项目造价的控制。

第三，以总承包能力为基础培育企业价值链的增值点，利于行业的发展，从而为"美丽中国"建设培育更多的生力军。风景园林EPC工程总承包模式，可带动行业龙头企业的转型、升级，形成技术和管理密集型的总承包企业。优化风景园林行业企业结构，形成综合承包类、专业承包类及劳务承包类等多层级结构，推动差异化发展，从而带动行业的总体发展。

良渚古城遗址公园的建设，由于涉及考古保护要求、园区保护与开发要求、建设时序等各个方面因素，有其特殊的复杂性。采用EPC模式进行设计和施工，可发挥EPC模式管理、设计、采购、施工一体化的优势，在施工过程中针对不同的情况采用不同的策略和有针对性的措施。

（二）项目建设中的难点与对策

1.难点

良渚古城遗址公园建设复杂性高、难度大，主要体现在以下几个方面。

（1）设计施工需满足考古保护的要求。整体设计布局和施工过程需要结合历史遗产进行整体考虑。良渚古城遗址公园内一直持续进行着遗址的考古发掘工作，因此整个设计和施工过程与考古发掘工作存在着交叉。施工建设如何与考古发掘工作相协调，是此工程的主要难点之一。良渚古城遗址公园游客量大，为增加游览的舒适性和可游览性，需要建设必要的旅游基础配套设施。而根据一般公园的设计规范进行选址和建设，与遗址公园的历史遗存存在矛盾。如何既能满足考古方面的要求，保护历史遗存，又能满足游客游览的必要需求，也是此工程的主要难点之一。根据保护规划的要求，在城址区内进行建设，需要对扰土深度进行严格的控制。上位规划的限制对建筑、栈道等基础施工，以及大乔木的栽植带来了很大的难度。

（2）场地的复杂性和不确定性。由于良渚古城遗址公园场地内存在河道、水塘、农田、山地、拆迁场地、遗存建筑等多种环境面貌，且地表下遗存较多，因此给设计和施工方进行现场勘查和准确设计、施工带来很大难度。

（3）遗址公园内同时进行的施工建设带来施工交叉。遗址公园内存在不同专业团队同时进行施工建设的情况，多处重点施工面存在交叉，因此也为设计施工带来一定难度。

（4）园区运营团队的介入带来的变化因素。园区运营团队从管理和运营角度对整体建设工程提出了新的要求。施工建设如何与园区运营相互协调配合，从而达到最佳开园效果，也是此工程的主要难点之一。

（5）满足场地整体风貌与开园必要设施建设之间的矛盾。良渚古城遗址公园内整体风貌特征明显，以开阔大气的景色为主。因此在建筑选址、植物栽植等方面既要尊重遗址气质，又要满足游览配套和游客舒适度方面的需求。

2. 主要对策

（1）各专业团队之间的沟通是提高效率的重要方式。设计施工期间，加强考古专家、遗址公园各设计团队、园区运营团队之间的沟通，可以最大程度避免反复的设计调整和重复施工建设，提高效率，节约成本，并且能够既满足遗址公园的保护要求，又可以满足游客的游览需求。

（2）注重现场勘查和复测工作，提高准确度。改变工作方式，从常规的室内工作方式，变为注重工地现场工作。加强现场勘查和复测工作，提高工作效率和准确程度。

（3）采用灵活的设计和建设方式。由于项目具有复杂性，如果完全依据设计规范，则可操作性较差，因此在旅游服务设施的布局选址、乔木栽植等方面，需要结合现场情况和保护要求等，灵活设计。

（三）项目实施中的创新

1. 新的砂土路面

砂土路面是良渚古城遗址公园中的重要组成部分，与遗址公园的整体风貌协调，且绿色环保。遗址公园内游步道及部分铺装场地采用砂土路面，利用当地现有的黄土或黏土，路面整体呈现自然黄土色，与遗址公园的特质相融合。传统的砂土路面的观感、使用寿命与配料组成和配比关联度很大，沙土、石灰等配料的配合比也可能不同。传统路面的黄土、砂石和石灰的配比通常为6∶3∶1，但因其抗压性不足，会造成路面不抗水、不抗冻，使用寿命较短，观感较差等问题。

为解决上述问题，我们找到了一种新的砂土路面，通过不同的配比及添加路液，路面会产生优越的抗水性、抗压性和抗冻性。

技术方案为:路面从下往上依次铺设夯实的素土层、150厚碾压的天然级配碎石、180厚路液土和70厚路液土。其中180厚路液土内至少掺有土体重量2%的石灰和2%的PC325水泥，同时每立方米土体至少加入0.2升路液;70厚路液土内至少掺有土体重量30%的粗砂、至少土体重量2%的石灰和2%的PC325水泥，同时每立方米土体至少加入0.2升路液。

良渚古城遗址公园开园后迎来大量游客，采用此方案进行砂土路面铺设，进一步增强了土壤黏结性，从而提高了路面的抗压抗冻性能和牢固度，提高耐用程度（见图6）。

图6 砂土路面建成后效果

2. 新型钢木结构施工工艺

为了与原始环境协调，遗址公园内运用了较多的木结构建筑及构筑物，以及各种钢木结构。经过总结，我们找到了一种新型钢木结构施工工艺，以更好地指导项目设计施工。

木结构稳定性一般，无论是新建还是改造，木结构在施工和使用上都受到较多的限制。主要是木柱脚开裂会导致木柱与地面连接不够紧密，若存在一些其他因素（如短时狂风、梁柱连接开裂等），可能使木结构建筑瞬间毁坏，形成灾难性后果。因此，解决木结构柱底与基础面间的连接问题，是传统仿古建筑木结构设计中的重中之重。

针对上述问题，总结出一套更为便捷高效的木柱脚施工工艺，且总体上满足了设计的要求，实际效果得到各方认可。

技术方案为：以组合式古建筑支撑景观柱，包括木支撑柱、底座及连接结构。底座为非木材质的底座（一般为钢筋混凝土），连接结构一端与底座配合，另一端与木支撑柱配合。

在木支撑柱的下方设置一个底座，使底座跟地面接触，可避免木支撑柱直接接触地面。上述设计相当于使木支撑柱在支撑时相对于地面抬升了一定高度，可避免当地面上方有雨水时木支撑柱接触雨水，也可避免雨水浸泡及蚂蚁蚕食。

3.修复传统建筑仿水泥瓦屋面构造

良渚古城遗址公园的建设涉及原有老旧建筑改造。然而，原有建筑往往年久失修，破败不堪，特别是屋面部分，传统屋面为清水瓦，无防水卷材，故而屋面渗漏、构件腐朽是常态。按现行屋面常用构造做法，需要在防水卷材之上增加一道配钢丝网水泥砂浆保护层，并采用灰砂作浆的方式固定水泥瓦。此方案会大大增加原有屋架的承重，很有可能造成屋面倾覆或构件变形，不能起到保护利用的目的且费工费时。因此，我们找到一种保护修复传统建筑仿水泥瓦屋面构造的做法，既方便施工、满足仿旧效果，又能保证屋面防水性及原有屋架安全性。

技术方案为：更换腐朽木构件，新做木望板，铺防水卷材一道；在卷材上钉顺水条，附加防水卷材一道，保护顺水条钉眼，卷材搭接宽度不少于100毫米；采用挂瓦条固定沥青金属瓦、仿水泥瓦。

该方案取消了防水保护层及灰砂坐浆，减轻屋面重量，最大限度减少对原屋架的影响；改为顺水条挂瓦条构造，施工简便，绿色节能；增加防水卷材及顺水条，附加卷材保护，可增强屋面排水性、防水性及抗渗性；沥青金属瓦仿真效果佳，自重轻，耐久度好，便于更换，后期维护成本低。

（四）良渚古城遗址公园成功的启示

良渚古城遗址公园于2019年7月完成建设并面向游客开园，受到了各方的认可。遗址公园的成功，有以下几点启示。

第一，良渚古城遗址公园的建设，建立在对良渚遗址现状充分调研的基础上，并合理划分主次区域，科学安排建设时序，谨慎对待遗产保护，打造了特色鲜明、使用合理并兼顾远近的基础设施体系。

第二，在良渚古城遗址公园的建设中，建设者站在游客的角度，感受场地，力求让游客在舒适游赏的同时，感受到良渚遗址的厚重感，提升民族自豪感。

第三，EPC模式在良渚古城遗址公园的建设中体现了其优势，在这种模式下，建设者、EPC管理者（设计方、施工方）充分沟通，对保障工程进度和完成效果起到了极大的作用。

三、良渚古城遗址公园建设的深远影响

良渚古城遗址公园的建成开园在国内景观设计界受到了广泛的关注。从开园至今，已经接待了许多景观设计单位、相关研究学者的实地考察，并得到了业界的一致认可和高度好评。采用 EPC 工程总承包的方式，可以使设计理念、方案贯彻始终，对施工后的质量、效果都有较好的保证。针对遗址保护的特殊性，进行三大创新，包括新砂石路面、新型钢木结构施工工艺、修复传统建筑仿水泥瓦屋面构造，从遗址保护、园区规划设计到施工运营，所采用的设计理念、创新技术及建设模式等都对未来同类型遗址公园的建设提供了借鉴意义。

面对大型土遗址保护难、展示难的世界性难题，怎样通过全面、系统、整体的展示，帮助公众直观解读遗址的丰富内涵，增进公众对于大型遗址考古和有效保护的认识和理解，良渚古城遗址公园在规划与建设过程中均进行了摸索与探讨。全面统筹好专业化和大众化两个维度，始终坚持以遗址保护为根本、以遗产价值为核心、以考古成果为依据、以技术创新为手段，尽力保持遗址的原真性，使公众在园区参访过程中有所体验、有所感悟，达到了解遗产知识、传播遗产价值、参与遗产保护的目的。

参考文献：

[1] 海欣. 良渚古城五千年 [J]. 齐鲁周刊，2019（29）：48-49.

[2] 方非. 走近良渚古城 [J]. 时事报告，2019（9）：57.

[3] 施剑. 良渚古城的"后申遗时代" [J]. 商周刊，2019（16）：68-69.

[4] 陈同滨. 世界文化遗产"良渚古城遗址"突出普遍价值研究 [J]. 中国文化遗产，2019（4）：55-72.

大遗址保护利用及其公园体制建设研究

——以良渚古城遗址为例

周 苏

良渚博物院副研究馆员

摘 要：良渚古城遗址是实证中华5000年文明史的圣地，2010年被列为我国首批国家考古遗址公园，2019年成功申报世界文化遗产，具有极其重要的遗产价值和文化价值。良渚国家考古遗址公园是在考古研究和遗址保护的基础上，融合了社教、科研、游览、休憩等多种功能的遗址公园。本文以良渚古城遗址为例，对我国大遗址公园的建设管理工作进行梳理，并对发展路径进行探索，以期为我国大遗址保护利用及其公园体制建设提供方案。

关键词：良渚文化；遗址公园；保护；管理

大型古遗址是我国不可移动文物的典型代表，是呈现悠久历史文化的重要载体。党中央、国务院历来高度重视大型古遗址的保护利用工作。2005年，国家文物局和财政部联合发布了《"十一五"期间大遗址保护总体规划》，正式启动大遗址保护利用工作。2009年，国家文物局印发《国家考古遗址公园管理办法》，开启了我国大遗址保护公园模式的探索。2018年，中共中央办公厅、国务院办公厅印发了《关于加强文物保护利用改革的若干意见》，对新时代的文物工作提出改革要求。同年，国家考古遗址公园联盟第八届联席会在武汉召开，大会形成的《武汉共识》明确，国家考古遗址公园是国际文化遗产保护理念与中国国情民情相结合的产物，是中国文化遗产保护领域的重要创新。

良渚古城遗址是实证中华5000年文明史的圣地，2010年被列被我国首批国家考古遗址公园（见图1），2019年成功列入《世界遗产名录》。随着良渚文化的影响力与日俱增

图1 良渚国家考古遗址公园

与国际地位的日渐提升，在"后申遗"时代，高标准、高水平地建设好良渚国家考古遗址公园，特别是妥善处理好遗产保护和社会发展的辩证关系，对凸显中华文明的历史价值、体现中华民族的精神追求具有重要意义。

一、相关概念

国家考古遗址公园，是指以重要考古遗址及其背景环境为主体，具有历史文化意义及科研、教育、游憩等功能，在考古遗址保护和展示方面具有全国性示范意义的特性公共空间。截至 2018 年 8 月，国家文物局已评定公布 20 个省（区、市）36 处国家考古遗址公园，总面积达 6100 平方千米；另有 24 个省（区、市）67 处考古遗址公园被列入国家考古遗址公园立项名单，基本涵盖了中华文明发展进程中各个阶段的核心考古文化资源。国家考古遗址公园的建设坚持"保护为主、抢救第一、合理利用、加强管理"的方针，遵循整体保护与传承创新的工作思路，致力于保护民族历史文化遗产，引导人民群众树立正确的历史观、文化观、民族观、国家观，增强文化自信，提升国家凝聚力，形成良好社会风尚，促进中华优秀传统文化的创造性转化与创新性发展，协调文物保护与地方经济社会发展、民生改善的关系。

二、基本现状

一直以来，大遗址作为文化资源的优势尚未被充分重视和发掘，未成为全社会关注的焦点。虽然国家考古遗址公园开创了大型古遗址保护利用的新模式，但目前仍处于起步探索阶段，理论方法、制度设计、技术支撑尚不完备，发展中、前进中的问题较为突出。

一是与区域的协同发展问题突出。集中体现在遗址公园保护规划与地方城市发展规划缺乏整合、缺少互动。一些地方政府仍未将遗址公园建设纳入城市发展整体战略规划中，"多规合一"的进程缓慢，遗址公园所在区域的道路规划、人口调控、用地调整、基础设施建设等缺乏统一部署。

二是遗产有效展示不够完善。土遗址的展示是世界性的难题，中国的大遗址多为土遗址，在展示方面存在天然短板。从各大遗址公园的展示效果上来看，理念雷同、手段单一、设计乏味、解读不足、可视性差、展示效果欠佳等问题较为集中，遗址公园的基础设施和配套服务也相对滞后。

三是基础工作较为薄弱。很多遗址未完成系统考古调查、勘探和测绘工作，基础信息"一张图"绘制进展缓慢，考古研究滞后于遗址公园建设发展需求，考古工作和遗址保护、遗址公园建设"两张皮"现象仍然存在；遗址综合研究深度有待提高，土遗址保护技术研发不足，考古和研究成果对遗址展示利用的支撑作用不明显；大部分国家考古遗址公园的建设规划仍需调整完善。

良渚国家考古遗址公园自挂牌以来，按照"统筹规划、分期建设、逐步提升"的理念，有序开

图2 美丽洲公园

图3 良渚古城博物院

展了建设及开放运营工作,先期建成的美丽洲公园(见图2)和良渚博物院(见图3)区块成功申报4A级景区,成为杭州市民观光旅游的休闲胜地。特别是2018年6月良渚博物院完成陈列改造、重新对外开放以来(见图4),游客流量迎来井喷式增长,每天的游客量基本维持在5000人次左右,最高曾达到18000人次。截至2019年,累计参观人数达200万人次,受得社会各界的充分认可和广泛赞誉。2019年7月7日,成功申遗后的第一天,良渚古城遗址公园作为良渚古城遗址厚重历史文化最为典型、最为直接的物质载体,对外开园,运营至今始终认真履行《世界遗产公约》,实施预约限流参观的方式组织游客参观,在有效保护遗产资源真实性和完整性的前提下,通过环境修复、绿植标识(见图5)、雕塑小品(见图6)、数字展示(见图7)等手段,既保存了良渚古城遗址

水草丰美的自然环境,又破解了土遗址内涵展示的世界性难题,拉近了古老文化与现代文明的距离。

图4 新开放的良渚博物院展厅

图5 陆城门绿植标识

图6 雕塑小品

图7 数字展示

尽管良渚古城遗址公园开园至今已经取得一定的成绩，但前期的游客反馈和调查问卷中，也暴露出了一些不容忽视的问题。

（一）遗产展示存在难题

良渚古城遗址是价值突出、内涵丰富的大遗址，但也是最难展示的土遗址。当前，良渚古城遗址遗产展示的难点集中体现在两个方面：一是对重大价值的阐释不够。通过分类分片开展遗产现场展示，建成良渚遗址遗产监测管理中心、良渚遗址考古与保护中心、反山展示馆，优化提升良渚博物院陈列，良渚古城遗址已初步形成了"现场＋场馆"的展示体系，但从整体展示效果来看，对遗产的突出重大价值的解读还不够深入。如何充分展示、清晰呈现中华 5000 年文明圣地的宏大格局，是接下来良渚古城遗址遗产展示的重要课题。二是对一般游客的吸引力不够。由于土遗址的先天劣势，遗址现场展示的观赏性、震撼性不强，一般游客看不懂、难理解的情况普遍存在。同时，遗址公园目前的游览模式以讲解员引导解说、展示牌静态解读为主，互动式、体验式的旅游载体略显不足。尽管许多游客参观后满意度较高，但其重游意愿较低。为此，遗址公园在今后提升中，要着力增强其参与性、可游性和趣味性。

（二）配套服务不够完善

由于大遗址保护的天然限制，良渚古城遗址公园在旅游开发上存在展示难度大、建设指标少、旅游设施落地难等难题。对标 5A 景区评定标准，良渚古城遗址公园的配套服务尚存在短板。一是游览体验短板。游客中心规模偏小，全景图与导览图布局、中外文对照的标识牌、休憩设施与景观设施的数量和布局等有待完善。二是人性化设施短板。无障碍通道与无障碍卫生间、盲道与盲文解说系统等无障碍设施未实现全覆盖。三是环境卫生短板。主要在厕位数量、厕位比例等方面有欠缺。四是旅游购物短板。虽然开发了不少具有良渚特色的旅游商品，但难以形成消费业态，商品营销场所和营销模式有待提升完善。

（三）景区色彩较为单一

色彩是人类认知感觉中最为敏感的信息元素之一。在景区合理标识色彩，将有效帮助游客建立空间方向感和提高认识度，也将极大地提升和丰富游客的参观体验。前期，为配合遗址保护和申遗需要，遗址公园开展了系统的环境整治、遗产展示工程，形成了大面积的生态绿地，与以往相比，环境面貌焕然一新。但由于缺乏植被景观的统一设计，公园大面积的绿植在色彩方面略显单调。在接下来的遗址公园提升中，需要重视遗产美学，努力实现大遗址风景化，真正把良渚古城遗址打造成人文环境与生态环境高度和谐、完美融合的文化旅游胜地。

三、相关案例

遗址公园建设在国外内均有不少案例。1918 年，美国最大的史前建筑遗址卡萨格兰德遗址成为第一个被纳入美国国家公园管理体系的考古遗址，[①]成为世界上第一个遗址公园。[②]相对于国外，我国的遗址公园建设起步相对较晚，但也取得了长足的进步。数量众多的大遗址为我国的文物保护工作带来了巨大的压力，也为遗址公园的建设提供了丰富的资源。

（一）日本吉野里历史公园

日本吉野里遗址形成于公元前3世纪至公元3世纪的弥生时代，是日本栽培水稻和定居生活的起点，是弥生时代遗址中最大的环壕聚落。吉野里历史公园规划总用地面积为117万平方米，其中，国立公园约为27万平方米，县立公园约为31万平方米。该公园共分为四个区域：人口区、环壕部落区、古代原野区和古代森林区，采用部分遗址原址展示和历史建筑仿制相结合的方式，主要通过建筑复原、陈列、多媒体、生活场景复原和游客参与等方式，对遗址进行充分展示。[③]这种采用"再现性"方式构建遗址景观，会产生较高的遗址保护和维护成本，但展示效果更佳、对观众吸引力更强。

（二）秘鲁马丘比丘遗址

马丘比丘被称为"失落的印加古城"，是拉美地区保存最完整的前哥伦布时期遗迹之一。1981年，秘鲁政府将该地区约326平方千米列为"国家级历史生态保护区"，也是全球少数的世界文化与自然双重遗产之一。2017年，秘鲁政府提出"紧急行动计划"，采取整治、教育和监督相结合的方式，为印加遗址的保护和治理提出初步方案。根据该计划，当地政府必须对居民区和公共区域垃圾定点定时的处理和收集进行规划，同时对周边垃圾处理厂加大处理量开展可行性研究，提出治理固体残渣的策略。当地居民和旅游业从业人员也要接受相关培训和教育，参与环境保护。秘鲁文化部颁布《马丘比丘可持续旅游业发展准则》《印加路网可持续旅游业发展准则》两个重要文件，通过法律对遗址保护进行规定，进一步规范古迹旅游。[④]

（三）元上都遗址公园

元上都遗址位于内蒙古自治区锡林郭勒盟正蓝旗草原，曾是元朝的首都，是元朝及蒙元文化的发祥地。元上都南临上都河，北依龙岗山，周围是广阔的金莲川草原，形成了以宫殿遗址为中心，分层、放射状分布，既有土木为主的宫殿、庙宇建筑群，又有游牧民族传统的蒙古包式建筑的总体规划，体现出高度繁荣的草原都城的宏大气派，是农耕文明与游牧文明融合的产物，是草原文化与中原农耕文化融合的杰出典范。1988年，被列为第三批全国重点文物保护单位。2012年，被列入《世界遗产名录》。目前来看，元上都遗址的整体旅游开发并不理想。据有关媒体报道，其全年游客量不足故宫一天。元上都遗址旅游开发的短板，使其世界文化遗产的价值未能够得到充分展示传播，与普通公众的文化需求存在一定距离。

---

① 单霁翔. 让大遗址如公园般美丽［M］//国家文物局. 大遗址保护良渚论坛论文集. 杭州：浙江古籍出版社，2009.
② 曹峰. 城子崖遗址的保护与开发研究［D］. 济南：山东大学，2012.
③ 许凡，张谨，刘硕，等. 史前遗址的展示——以日本吉野里国家历史公园为例［J］小城镇建设，2008（6）：69.
④ 颜欢. 秘鲁：马丘比丘古城保护有成效［N］. 人民日报，2017-03-15.

（四）汉长安城未央宫国家考古遗址公园

汉长安城未央宫遗址位于陕西省西安市未央区汉长安城遗址西南部的西安门里,建于汉高祖七年,毁于唐末战乱,存世 1041 年,是中国历史上使用朝代最多、存在时间最长的皇宫。2013 年 11 月,汉长安城未央宫遗址公园初步建成并对外开放。2014 年 6 月,汉长安城未央宫遗址作为"丝绸之路:长安—天山廊道的路网"的组成部分,成功列入《世界遗产名录》。目前汉长安城未央宫国家考古遗址公园实行封闭管理,其潜在的旅游价值未能得到充分发掘,并不能与其世界级文化遗产的知名度和影响力相匹配。

四、建设原则

大遗址因其具有自身的特殊性、文化的厚重感和内涵的多样化,所以,遗址公园的开发建设也需遵循一定的原则。

（一）突出国家属性

国家考古遗址公园所依托的大型古遗址、遗址群和历史文化景观,集中反映了中国古代历史的各个发展阶段,具有规模宏大、价值重大、意义深远等典型特征。周口店遗址、良渚古城遗址、殷墟遗址、长城、大运河等是中华文明源远流长的历史见证,是中华地理的精神标识和国家的文化名片。国家考古遗址公园作为当代社会的文化坐标,旗帜鲜明地回答了"何以中国、何为中国"的问题,凝聚了社会共识、增进了民族团结、维护了国家统一、助力实现中华民族伟大复兴的中国梦。

（二）坚持保护第一

文物遗存的有效保护是考古学研究的前提,考古学研究是文化遗产合理利用的学术基础。坚持保护第一是开展国家考古遗址公园建设的首要出发点和着力点。要根据遗址自身的核心价值、分布范围、整体布局、历史变迁等情况,科学确定保护对象、环境要素和重点区域,制定差异化的保护展示策略和管理措施,实现精准保护。要坚持文物本体安全和文物价值优先原则,保证遗址公园的展示策略、运行管理模式、各项文化活动等符合历史遗址的文化定位和价值特点,生动呈现中华优秀传统文化的灿烂辉煌。

（三）弘扬优秀文化

国家考古遗址公园具有科研、教育、游憩等基本功能。科研要立足于剖析遗址的历史意义,以古鉴今、以史为镜;教育要立足于弘扬社会主义核心价值观,内化于神、外显于行;游憩要立足于培养人民群众亲近遗址、阅读遗址、感受遗址的文化习惯,寓教于乐、寓教于游。通过发挥国家考古遗址公园的主体功能,让遗址更好地"活"起来,让中华民族最基本的文化基因与当代文化相适应,与现代社会相协调。

（四）促进融合发展

在保证文物安全、考古先行的前提下，统筹考虑遗址公园范围内的土地利用、人口分布、产业布局、基础设施配置，实现历史遗址保护与城乡发展的融合。像良渚古城遗址这样位于城郊的国家考古遗址公园，适宜走与乡村振兴相结合的融合型发展道路，建设并形成区域考古研究与教育中心，并结合美丽乡村建设，大力发展生态农业、休闲农业和民宿旅游等，实现大遗址保护利用与周边业态发展的协调。

五、路径探索

良渚国家考古遗址公园的旅游开发必须坚持"保护第一、积极保护、规划引领、遗产美学"的理念，走区域统筹、全域推进的道路。要在全面完善遗产展示和配套服务的基础上，连点成线、汇点成面，用"点、线、面"勾画出大遗址旅游的新画卷，最终把良渚古城遗址打造成世界级文化旅游目的地。

（一）精心提升"点"的品质，推动遗产活态展示

良渚古城遗址是典型的土遗址，观赏性、震撼性较弱，要打好遗址公园的旅游牌，就必须做精遗产的解读性展示。要围绕"现场、场馆、科技"三大展示，采用差异化展示方式，利用 AR、VR、MR 等虚拟技术，增强展示的可看性、可读性，实现"专业化展示、大众化解读"。要加快"空白点"建设，精心布局重要区域和遗址点的展示，打造走入式、体验式的景观节点。

（二）注重加强"线"的串联，打造精品旅游走廊

在遗址公园核心区，加紧实施遗址公园旅游基础设施提升工程，梳理完善园区内部交通体系，推进现有设施的功能提升，全面优化服务设施、水系景观和植物景观、市政管网，打造一批具有良渚特色的雕塑小品、城市家具。在遗址公园外围分布有良渚博物院、美丽洲公园、良渚文化艺术走廊、瓶窑老街、瑶山遗址、水利系统遗址等独立片区，必须注重旅游精品线路的设计和打造，把分散在区域各处的展示点、展示馆串连成线，实现旅游资源最优配置、最大化利用。

（三）积极助力"面"的发展，纵深推进全域美丽

高标准、高质量规划建设遗址公园旅游集散中心，努力将点线有效连接、集中成片。在点、线的基础上，注重发挥遗址公园协同区域发展的带动作用，充分整合区域内的旅游文化资源，将大遗址保护利用有机融入居民教育、小城镇建设、新区发展、美丽乡村建设、旅游发展和文化产业发展中，引导属地镇街围绕遗址公园，打造多个配套齐全、产业链完整、规模效益突出的旅游产业集群，积极推动大良渚区域的经济转型、跨越发展。同时，在文旅融合的大背景下，要格外重视对遗址公园未来建设路径的探索研究，加强与有关单位的互动，努力实现各大文化景点的强强联合、优势互补，为全国遗址公园建设打造样板、树立标杆。

关于"名校再造"工程的思考

王国平

中共浙江省委原常委、杭州原市委书记

杭州城市学研究理事会理事长

浙江省首批新型重点专业智库

浙江省城市治理研究中心主任、首席专家

浙江省大运河文化保护传承利用暨

国家文化公园建设工作专家咨询委员会主任

2017年10月18日,习近平总书记在十九大报告中强调,建设教育强国是中华民族伟大复兴的基础工程,必须把教育事业放在优先位置,加快教育现代化,办好人民满意的教育。教育是新时期人民日益增长的美好生活需要的重要组成部分。过去大家最关注的是教育公平问题,就是所谓"好上学"的问题;现在大家越来越关注的是教育优质问题,是"上好学"的问题。教育是一个开放的巨系统,必须坚持系统论,通过系统科学的方法,科学系统地加以研究。同时,教育又是一个复杂的矛盾体,必须坚持重点论,强化优先级意识,抓住主要矛盾和主要环节形成突破,进而取得全局的胜利。当前,"轻负担、高质量、低成本、真均衡"是中国教育发展面临的四个基础性问题。破解这四个基础性问题,必须坚持系统论与重点论相结合,摆脱路径依赖,审时度势、顺势而为、趋利避害、扬长避短,以"名校再造"工程为抓手,在"认识、理念、目标、模式、基础、特色、载体、动力"八个方面取得新突破,进而加快推进教育现代化,建设教育强国,真正实现办好人民满意教育的目标。

一、对"名校再造"工程的认识

从基本均衡到优质均衡的转变,是中国基础教育发展模式的战略转变,是教育进入新发展阶段的重要标志,破解优质教育发展不平衡不充分的问题将成为教育改革和发展的战略重点。天元公学从诞生之日起，就肩负着积极推进基础教育改革的使命。要加快改革步伐，必须把"名校集团化"作为发展壮大的第一步，把"名校再造"作为终极奋斗目标，在新时期中国教育改革实践中，实现跨越式发展，创造标杆性示范。

（一）"名校再造"是实现教育优先发展的必然要求

2018年9月10日，习近平总书记在全国教育大会上强调，坚持把优先发展教育事业作为推动党和国家各项事业发展的重要先手棋，不断使教育同党和国家事业发展要求相适应、同人民群众期待相契合、同我国综合国力和国际地位相匹配。当前，无论在学校建设的资金保障、土地供给、标准规范、审批手续等方面，还是在教育运行的师资待遇、招生制度等方面，落实"教育优先"战略存在不小的挑战。《浙江省人民政府办公厅关于高质量加快推进未来社区试点建设工作的意见》提出的"允许试点项目的公共立体绿化合理计入绿地率……支持试点项目合理确定防灾安全通道、架空空间和公共开敞空间不计容积率"等创新举措，在具体实施过程中存在很大困难，甚至在学校规划建设过程中面临诸多制约。因此，有效落实"教育优先"战略，必须实施"名校再造"工程，综合运用教育经济学、教育技术学、教育组织学理念，一揽子解决"钱从哪里来到哪里去、地从哪里来到哪里去、人从哪里来到哪里去、手续怎么办"四大难题，真正实现"最美的建筑是学校，最好的职业是教师"。

（二）"名校再造"是落实人民满意教育的必然要求

在某种意义上，教育的本质是要解决人的生存和发展问题。具体来说，就是要让每一位受教育者过上与自己经过教育以后产生的能力相适应的、相匹配的、有尊严的现代化幸福生活。它指向的对象首先是学生，最终指向的是所有受教育者。人民满意教育最重要的落脚点必须指向学生和家长。教育资源特别是优质教育资源是有限的，是一种稀缺资源，将始终处于一种竞争状态。随着教育全球化时代的到来，教育资源不仅要在全国甚至要在世界范围内进行配置。在中国老百姓心目中，可以说，优质教育是第一民生。教育要让人民满意，特别是让学生和家长满意，必须紧紧抓住"公平优质"四个字，大力实施"名校再造"工程，有效做大优质教育资源"蛋糕"，让优质教育成果惠及每一位学生和家长，真正做到"人人好上学、人人上好学"，不断增强人民群众的获得感、幸福感、安全感和认同感。

（三）"名校再造"是推进共同富裕的必然要求

共同富裕是社会主义的本质要求，是人民群众的共同期盼。公平优质的教育是实现共同富裕的重要前提。教育公平是社会公平的基础，经济上的贫富差距是由教育上的贫富差距造成的，只有缩小教育上的贫富差距，才能缩小经济上的贫富差距。在社会科学研究领域里，"马太效应"反映的社会现象是两极分化，富的更富，穷的更穷。如果用学术的语言来表达，就是贫困是有代际转移规律的。人类在近代花了至少一两百年的时间，包括很多的社会革命家想研究一种办法去破解贫困的代际转移问题，最终发现只有教育才是唯一的解决之道。因此，实现共同富裕，必须实施"名校再造"工程，通过优质教育资源的公平供给，最终破解贫困的代际转移问题，为实现人的全面发展和社会全面进步提供根本支撑。

（四）"名校再造"是贯彻"双减"工作的必然要求

贯彻落实减轻义务教育阶段学生作业负担和校外培训负担（以下简称"双减"）工作，必须以老百姓关心的利益诉求为导向，遵循教育发展规律，将减轻教育负担与提高教育质量、降低教育成本、实现教育均衡结合起来，综合施策，才能真正实现"双减"改革落地和教育高质量发展、可持续发展。破解上述系列问题，远远超越了传统教育和学校所具备的条件和能力，必须实施"名校再造"工程，用足、用活、用好《关于进一步减轻义务教育阶段学生作业负担和校外培训负担的意见》中"充分利用社会资源，发挥好少年宫、青少年活动中心等校外活动场所在课后服务中的作用"和"积极推进集团化办学""开发丰富优质的线上教育教学资源"等利好政策，进一步放大"学业减负"整体要求中的"素质教育"，对教育教学进行系统性重塑，建设高质量教育体系，构建教育良好生态，化挑战为机遇，保障教育健康快速发展。

二、"名校再造"工程的理念

改革是教育事业发展的根本动力，坚持深化教育改革创新，必须更加注重教育改革的系统性、整体性、协同性，及时研究解决教育改革发展的重大问题和群众关心的热点问题，以改革激活力、增动力。实施"名校再造"工程，为中国基础教育改革探路，是一项复杂的系统工程，不可能一蹴而就，要坚持脚踏实地、久久为功，最终完成教育改革的重任，必须从理念层面形成四点共识。

（一）中国教育的出路，在于教育改革

中国的改革没有盲区，没有死角；中国的教育更不能成为中国改革的盲区和死角。创办天元公学的初衷，就是希望其能够担当起杭州基础教育改革"先行者""领头雁""排头兵"的重任，进而为基础教育改革做出自己应有的贡献。

（二）教育改革的出路，在于坚持"实践是检验真理的唯一标准"

"实践标准"不仅是检验中国改革成败得失的唯一标准，同样也是检验中国教育改革成败得失的唯一标准。例如，把在不少人眼中互相排斥、互相矛盾的"轻负担的教育""高质量的教育""低成本的教育""真均衡的教育"统一起来，找到平衡点、公约数，从而实现"轻负担、高质量、低成本、真均衡"目标，就是检验中国教育改革成败得失的基础性实践标准。要把这四个定位有机结合起来，而不是互相对立，找到四个定位的公约数和平衡点。

（三）教育改革实践标准落实的出路，在于坚持"格局决定眼界，眼界决定理念，理念决定思路，思路决定出路"

在天元公学的改革实践中，首先要解决格局问题。天元公学作为中国基础教育改革的试验田，是一个开放复杂的巨系统，任何一项看起来不起眼的决策都有可能牵一发动全身，从而影响整个系统的稳定甚至安全。要严防"大意失荆州""阴沟里翻船"。在天元公学的建设和发展之路上，须牢记"不谋全局者不足以谋一域，不谋百世者不足以谋一时"的古训。

（四）落实"四句话、五个关键词"的出路，在于抓住两条主线

一是既要"分好优质教育的蛋糕"，更要"做大优质教育的蛋糕"。当前，中国基础教育的主要矛盾，是学生、家长对优质教育资源日益增长的需求与优质教育资源严重不足之间的矛盾。对优质教育资源进行公平有效的分配是教育主管部门的职责，天元公学的己任是最大程度增加优质教育供给、"做大优质教育的蛋糕"。因此天元公学教育改革的主线，是以实施"教育倍增计划"为载体，以"做大优质教育资源蛋糕"为目标，解决教育"生产力"和教育"经济基础"的问题。在此基础上，助推教育主管部门，解决教育"生产关系"和教育"上层建筑"的问题。做大"蛋糕"是分好"蛋糕"的前提，"先做后分"是教育良性发展之路，"重分轻做"是教育发展的"死胡同"。天元公学正是基于这样的共识，才提出实施"教育倍增计划"。

二是既要勇于改革，更要善于改革。中国基础教育改革涉及面之广（数十个部门）、涉及人数之多（2亿多学生以及中国半数以上的家庭）、涉及问题之大（社会的板结问题、贫困的代际转移问题、社会的公平公正问题）、涉及时间之长（从幼儿园到高中，甚至拓展至终身教育）是其他任何战线的改革都无法比拟的。因此，一方面，我们要有"虽千万人吾往矣"的大无畏精神，敢于改革;另一方面，我们更要有"凡事预则立，不预则废"的科学精神，善于改革，做到在善于改革的基础上勇于改革，保证基础教育改革的"投入产出比""性能价格比""费用效益比"实现最大化，防止"翻烧饼""朝令夕改""上热下冷""虎头蛇尾""叫好不叫座"等现象，实现基础教育改革成果的制度化、标准化、程序化，使教育改革创新的"天元模式"转化为促进基础教育健康发展的长久红利。

三、"名校再造"工程的目标

党的十九大明确要求"努力让每个孩子都能享有公平而有质量的教育"。"公平"是教育的底线要求，"质量"是教育的发展要求。实施"名校再造"工程，要以破解中国基础教育的四个基础性问题，即"轻负担、高质量、低成本、真均衡"为目标，把这四个基础性问题有机结合起来，而不是互相对立，找到四个目标定位的公约数和平衡点。

（一）轻负担、高质量、低成本、真均衡

1. 坚持轻负担

所谓"轻负担"，就是按照《关于进一步减轻义务教育阶段学生作业负担和校外培训负担的意见》的要求，减轻学生作业负担、校外培训负担等违反学生成长规律的不合理、不必要的负担，坚决摒弃扼杀孩子天性和学习兴趣的做法，使学生的天赋、个性、特长得以充分发挥。但"减负"不等于撒手不管、降格以求，也不能简单地把"减负"等同于素质教育，这是对素质教育的一大误解。只有在坚持教育高质量前提下的"减负",才是正确的"减负",才是可持续的"减负",才是真正意义上的"减负"。

2. 坚持高质量

所谓"高质量",就是推动教育从粗放式外延式增长向高质量内涵式发展转变,真正办出让人民满意的优质教育。过去把高质量简单等同于高分数的不正确、不科学的教育价值观、教育质量观,导致教育生态被破坏。高质量是经济发展所要追求的目标,同样也是教育所要努力达到的境界,真正办出适合学生全面而有个性发展的教育,办出"因材施教"的教育,办出人人成才、人人出彩的教育,办出数量、规模、结构、效益相得益彰的教育。

3. 坚持低成本

所谓"低成本",就是按照教育经济学,既要重视教育的"生产性",通过 EOD 模式、教育综合体理念,实现教育倍增、资金平衡、以校养校、以教育养教育,有效解决"上学难"特别是"上好学难"问题;又要重视教育的"效益性",优化生均占地面积、提高生均建筑面积,优化建设经费标准、严控生均建设资金,有效提高教育的"投入产出比""性能价格比""费用效益比"三大指标,实现教育效率和效益的最大化、最优化。

4. 坚持真均衡

所谓"真均衡",就是按照教育技术学理念,通过 OTO(OMO)教育模式,用好人工智能、大数据、云计算、物联网、虚拟仿真等技术手段,探索智慧教育、游戏化教育、翻转课堂等新路径,促进教育模式改革、提高学生学习效率、推动优质教育资源充分共享,实现教育资源的全面均衡,真正实现优质教育的均等化。

天元公学"探求教育本源,树立学校标杆,践行因材施教,破解大师之问"的办学宗旨,与"轻负担、高质量、低成本、真均衡"四大目标一脉相承。"探求教育本源"强调教育要正本溯源,重申教育的本质作用;"树立学校标杆"强调天元公学追求内外兼修的品质建设,旨在为新时代中国教育改革发展、城市优质教育品牌打造、拔尖创新人才特色培养提供系统化实践方案,努力成为一流的、引领性的学校;"践行因材施教"强调把"标准化教育"与"因材施教"有机结合起来,使教学的深度、广度、进度适合学生的知识水平和接受能力,同时考虑学生的个性特点和个性差异,实现通才与专才并育;"破解大师之问"彰显天元公学的使命担当,从基础教育阶段入手,从幼儿园开始到高中,致力于在高等教育之前,更早发现、选拔和培养各领域的拔尖创新人才,在回答"钱学森之问"上进行自己的探索。

(二)切实做到"三个防止"

1. 防止教育内卷化

内卷(involution)英文本意为退化,包括教育退化、体制退化、机制退化、政策退化、人员退化等,其对立面是进化(evolution)。关于内卷化的表述,一是"努力效益比"下降,即学生和家长所付出的努力无法取得相应的效益；二是剧场效应，即观影时当前排的观众站起来，后排观众也不得不跟着站起来，所有人付出更多的努力却获得同样甚至更差的体验。教育内卷化包括教育主管部门、校长、教师、家长、学生的内卷化，不应将教育内卷化简单归结为学生的内卷化。要正确把握教育内卷化概念，防止教育主管部门、学校、校长和教师的内卷化。

2. 防止教育的路径依赖

路径依赖是指人类社会中的技术演进或制度变迁均有类似于物理学中的惯性，即一旦进入某一路径（无论是好还是坏）就可能对这种路径产生依赖。当一个企业、行业、学校、单位不需要调整发展方向时，惯性越大，发展速度越快，运营成本越低；当其需要调整发展方向时，惯性则转变成为增加成本的最大阻力，需要承担巨大风险，支付巨大成本。内卷化就是路径依赖的另外一种表述，要进一步深化认识，通过引入教育经济学概念将路径依赖理论融入教育，防止产生教育领域的路径依赖。

3. 防止教育的边际效益递减

边际效益递减是经济学的一个基本概念，是指在一个以资源作为投入的企业，单位资源投入对产品产出的效益是不断递减的。持续在同一种教育模式、方法上的投入会产生边际效益递减，造成过度竞争，增加运营成本。传统教育模式投入愈多，效益越少；智慧教育模式投入愈多，效益越高。OTO（OMO）教育新模式下的投入产出比一定高于传统教育模式下的投入产出比，即通过改进教学方法和课程，开展培训提高教师素质等线下教育投入的边际效益将会递减；编写线上教育教材、采购线上教学器材、培养线上教学师资等线上教育投入的边际效益更高。

四、"名校再造"工程的模式

数字化改革是当今社会发展的突破口，对教育工作的制度重构、流程再造、系统重塑影响深远。教育的数字化即为"智慧教育"，《工业和信息化部办公厅　教育部办公厅关于组织开展"5G＋互联网、物联网等智慧教育"应用试点项目申报工作的通知》提出，围绕"教、考、评、校、管"等教育领域重点环节，开展各类"5G＋互联网、物联网等智慧教育"应用创新，与天元公学改革建设领导小组提出的OTO（OMO）教育模式设想完全一致。实施"名校再造"工程，要坚持"标本兼治、长短结合、注重实效、跨越发展"的方针，坚持"以集成创新、引进消化吸收再创新为主，以原始创新为辅"的原则，坚持学习、借鉴、整合先行先试学校的成功经验，加快探索"教、考、评、校、管"五位一体的OTO（OMO）教育模式的改革创新，最终实现弯道超车、跨越式发展。

（一）高度重视互动教学

建设智慧课堂，支持5G沉浸式教学、5G直播互动教学等教学模式创新，鼓励跨校区课程共享协同，探索学校与博物馆、科技馆等教学教育场景互联。助力实验教学，支持5G技术教培实验、5G虚拟仿真实验教学、5G虚拟实习培训等应用，助力解决高成本、高危险、难操作等实验和培训项目实施痛点。探索集中学科实验教学中心建设，支持学生利用虚拟终端进行在线实验操作，解决偏远乡村学校实验教学困难问题。开展在线教学，利用各类5G智能终端接入线上教育教学资源，帮助学生便捷获得线上学习服务，改善网络延时卡顿等问题，提升师生、家校在线交流互动体验，推动教育资源均衡发展，促进教育公平。

（二）高度重视智能考试

探索智能在线考试，面向如体育美育等户外和在线场景需求，无感知智能化采集考试过程数据，自动精准测量考试结果。开展智能巡考监考，实现考前身份验证、考中自动监考、考后记录备查等功能，助力考试公平。进行智能辅助批改，利用5G网络连接智能分析平台，自动分析学生知识点掌握情况，辅助教师进行学情分析和答疑辅导。

（三）高度重视综合评价

学生评价方面，利用多样化数据采集终端、5G网络、大数据云平台等构建学生智能分析评价系统，以智能化手段记录学生学习情况、体质健康、艺术素养等德智体美劳全要素过程性评价数据，支持无感式、伴随式数据采集，建立学生综合素质档案，绘制成长画像，进行大数据分析，智能感知学生学习状态变化等情况，加强个人信息保护，为个性化精准教学和心理健康干预辅导等提供依据。教师评价方面，利用5G等技术采集教师课前、课中、课后等各环节行为数据并开展关联分析，对教师的教学实绩和师德师风进行动态评价，促进教师素养全面提升。

（四）高度重视智慧校园

利用5G网络升级校园信息基础设施，构建5G、光纤宽带、无线局域网融合的校园网络，实现校园设施、资源、师生的智能高速全连接，为学生的衣食住行学提供便利服务。深化平安校园建设，通过感应数据分析、音视频智能监测、自动校园巡逻等手段实现校园内主要区域24小时监测全覆盖，通过人群动态感知等技术对校园霸凌、意外危险等事件进行预警处置，提升校园安防综合水平。支持绿色校园建设，根据实时环境变化对水电、照明、空调等能源系统实现智能化调度。对实验室、图书馆、体育场等校内设施及师生活动空间实行精细管理，为学生提供在线预约等便捷服务，提高校园资源利用率。开展共享校园应用，在校园内的科研环境、实训环境间基于5G等技术实现资源共享，打造无边界科研实验环境，促进教学科研人员在授权模式下快速获取交叉研究资源，合理利用实验成果。

（五）高度重视区域教育管理

研究"5G＋人工智能"协同设计对区域教育管理的科学支持作用，升级区域教育大脑和管理平台，依托5G网络实现区域内所辖学校运行状态数据的及时传送，动态监测分析各学校学位资源、学情数据、应急事件等信息，利用技术能力支撑教育主管部门进行管理决策和响应。

五、"名校再造"工程的基础

以践行低碳生活方式为代表的生态文明素质培养，和以数字化为代表的数字文明素质培养，将成为未来中国教育发展的一个必然趋势。实施"名校再造"工程，必须以"两大素质"培养为基础，将生态文明和数字文明与教育相结合，学用相长、知行合一，进而形成从"生活体验"到"科学探究"，再到"道德成长"的教育模式。天元公学要以绿色低碳校园建设和智慧校园建设为依托，以生态文明和数字文明博物馆、生态文明和数字文明图书馆为载体，打造生态文明和数字文明教育的典范。

（一）"名校再造"工程与生态文明素质

2021年4月22日，习近平主席在领导人气候峰会上指出："中国将生态文明理念和生态文明建设纳入中国特色社会主义总体布局，坚持走生态优先、绿色低碳的发展道路。"习近平主席的讲话深刻阐明了新形势下建设生态文明、推动绿色低碳循环发展的重大现实意义和深远历史意义。"名校再造"工程要积极贯彻落实习近平总书记指示要求，促进学生生态文明素质培养。

1. 何谓"生态文明"

生态文明，或称绿色文明、环境文明，是依赖人类自身智力和信息资源，在生态自然平衡基础上，经济社会和生态环境全球化协调发展的文明。联合国制定的"环保方案"指出："我们不是继承父辈的地球，而是借用了儿孙的地球。"这是针对工业文明历史发展和世界性拓张，使全球生态环境遭到根本性破坏而提出的警世格言。人类不能仅对自己一代人获得经济、文化需求而满足，更重要的是要对子孙后代和地球上所有生命的未来负责，即构建以生态可持续性原则为基础的新型社会生存模式——生态文明的社会生存模式。

2. 深入实施生态文明教育

2009年，杭州在全国率先提出要打造低碳经济、低碳建筑、低碳交通、低碳生活、低碳环境和低碳社会"六位一体"的低碳城市。天元公学实施的"绿色天元，低碳校园"建设与杭州"六位一体"低碳城市目标一脉相承，旨在贯彻生态文明新发展理念，将自然教育、生态教育、科学教育融入学校教育全过程。

一是打造绿色低碳生态型校园。天元公学校园建设服务于实现"碳达峰""碳中和"的国家绿色发展战略，以遵循教育教学发展规律和人才成长规律为原则，以校园立体绿化为抓手，充分利用花箱绿植等手段，实现科学合理的植物构成，增加校园总"绿量"；推行低碳理念，倡导低碳的学习、生活、工作方式，着力建设绿色低碳生态型校园。与浙江自然博物馆合作，建设生态文明教育体验馆，国内生态文明实践体验教育阵地标杆。二是打造开放共享的公园社区。"天元公园社区"是立足教育综合体理念和"公园社区"目标，以天元公学为中心，以15分钟教育生活圈为覆盖范围，彰显公园城市的生态价值、美学价值、人文价值、经济价值、生活价值、社会价值的教育导向型公园社区。"天元公园社区"既具有"望山见水"的公园景观系统，又具有"公共开放、尺度适宜、窄路密网"的共享、活力、人文、生活场景，可成为未来科技城、余杭、杭州建设"公园社区""公园城区""公园城市"的样板和示范。

3. 推进生态文明素质养成

天元公学借鉴杭州引领低碳城市建设的成功经验，让"低碳""节能减排""垃圾分类"等生态文明行动意识成为全体师生的基本素养，积极向学生普及保护生态环境的必要性和重要性，引导学生践行构建人类命运共同体理念。

一是普及生态理念。把绿色低碳的生态文明理念渗透进每一位师生的思想认识和日常行为中，将"全面实施素质教育，促进人的全面发展"从口号落实到行动。充分利用教室内外一切资源和学习机会，根据不同年龄段的学生特点，结合教学大纲及校本教材，制定系统性持续性的课程学习与实践活动，强化生态文明教育，营造低碳氛围，增强环保意识，践行绿色减碳活动，促进学生身心全面和谐发展。

二是提高环保意识。将生态环境保护融入课堂教学以及日常行为规范的全过程，提倡"一讲"（讲卫生）、"二爱"（爱绿护绿、爱护公物）和"三节"（节水、节电、节约粮食），倡导学生养成"从我做起，从小事做起，从身边事做起"的自觉行动意识。

三是推进实践活动。在学校日常管理和教育工作中纳入有益于低碳环保的管理措施，通过对多元立体的生态校园中植物花草、鸟类昆虫的观察，引导学生去探索自然规律中的科学奥秘，领悟生物多样性的重要意义，感知人与环境的重要关系，将校园打造成生态环境保护教育的"第二课堂"。

（二）"名校再造"工程与数字文明素质

习近平主席在致 2021 年世界互联网大会乌镇峰会的贺信中指出："数字技术正以新理念、新业态、新模式全面融入人类经济、政治、文化、社会、生态文明建设各领域和全过程，给人类生产生活带来广泛而深刻的影响。当前，世界百年变局和世纪疫情交织叠加，国际社会迫切需要携起手来，顺应信息化、数字化、网络化、智能化发展趋势，抓住机遇，应对挑战。"实施"名校再造"工程，要积极贯彻落实习近平总书记的指示要求，促进学生数字文明素质培养。

1. 何谓"数字文明"

数字文明，是继原始文明、农业文明、工业文明后的第四次文明，是基于大数据、云计算、物联网、区块链等新一代技术，以网络化、信息化与智能化深度融合为核心，以高科技为主要特征的文明形式。数字文明不仅带来新技术、新理念、新观念、新模式，更对社会生产、人类生活、经济形态、国家治理等方面影响深远，深度融入经济、政治、文化、社会、生态文明建设全过程。它在提高生产力水平、丰富物质供给的同时，也塑造了一个全新的人类文明形态。

2. 深入实施数字文明教育

数字文明素质是中国未来几十年真正的希望之所在，也是中国未来真正的核心竞争力之所在。数字化改革要从娃娃抓起，从深入实施数字文明教育进幼儿园、进中小学抓起，让中国的孩子在数字文明素质养成方面走在世界前列。一是建设一流的智慧校园。依据《智慧校园总体框架》国家标准，结合新技术、新需求，天元公学构建了以"传输＋感知层""平台层""应用层"三层结构为核心的智慧校园总体架构，创造面向未来的智慧校园系统框架，将天元公学打造成硬件设施一流、体制机制一流、教育教学一流的全国一流智慧校园，实现"六艺教学无人化、学生学习数据化、教师教学精准化、校园生活家居化、校园设施可视化"的智慧教学和生活场景。

二是打造"OTO（OMO）教育模式"试点学校。天元公学以教育技术学为突破口，以智慧校园建设为载体，以"翻转课堂"为代表的线上线下教学模式为依托，实现标准化教育和因材施教的有机结合，推动学生广泛使用移动智慧终端，推进电子书包应用，打造教、考、评、校、管"五位一体"的OTO（OMO）教育模式，进而成为"国内领先、世界一流"的"OTO（OMO）学校"样板和典范。

3. 推进数字文明素质养成

天元公学凭借敢为人先的勇气，实施学校管理的数字化智能化改革，推出编程（数学建模）特色教育和竞赛活动，促进学生数字文明素质培养。

一是普及数字文明理念。综合采用课堂教学、校外研学、图书馆阅读、博物馆展览、公益课程、社团活动等多种方式，普及数字文明理念，为天元学子播下数字化的种子。与之江实验室等单位合作开展数字技术体验、讲座等活动，共建科技高中。建设数字化智能实验室，发挥实验室教学、科创、人才培养功能，推出"天元编程邀请赛""天元菲尔兹数学建模竞赛""黑客马拉松"等品牌竞赛活动。

二是探索教育数字化改革。研究移动终端（电子书包）在校园内的智慧应用与管理，促进学习方式的转变。校园实行智能设备一体化，通过资源配置中心、大数据中心对接互联网智慧校园，有效优化天元公学本部15.9万平方米和西站校区25万平方米校园空间使用时间的交叉和便捷化匹配，实现教育资源高效共享。探索"5G＋物联网智慧教育"创新应用，打造新一代信息通信技术与教育教学创新融合的典型应用和学校标杆。

三是实施数字化教学。积极探索基于人工智能的探究式、个性化学习，基于增强现实和虚拟现实等技术的沉浸式、体验式教学，基于5G的远端多点协作式教学，深化线上线下教育融合和创新，打破时空限制，推动各类学科资源要素快捷流动。重点培养一批信息素养高的技术派教师作为未来教育的引领者，探索"翻转课堂""游戏化教育""课外辅导1对1"（基于智能技术的个性化辅导）等应用。

六、"名校再造"工程的特色

2019年5月16日，习近平主席在致"国际人工智能与教育大会"的贺信中指出，要"加快发展伴随每个人一生的教育、平等面向每个人的教育、适合每个人的教育、更加开放灵活的教育"。天元公学落实"探求教育本源、树立学校标杆、践行因材施教、破解大师之问"办学宗旨，实施"名校再造"工程，必须在"通才与专才并育、学术和艺术相长"的育人理念上有所突破、有所作为，建立棋、琴、书、画、语言、数学＋足球、游泳的"6＋2"特色课程体系，保障各类人才从"兴趣班"到"预备班"再到"重点班"的天元式梯队培养，努力实现"选拔培养超常儿童、回答大师之问"的办学目标，为国家和民族培养"德智体美劳"五育并举的拔尖创新人才。

（一）彰显棋艺（智力运动）人才培养特色

天元公学率先从幼儿园起开设棋类兴趣班，并通过举办市级棋类比赛"天元杯"，选拔组建了天元公学三棋校队，开设了天元棋社·杭州市智力运动青训基地集训队，是除杭州智力运动学校以外，在杭开展智力运动最深入最普及的普通全日制学校。天元公学棋艺部遵循"开源节流、小步快走"的发展原则，在基地建设方面"立足校内、兼顾校外"，学生培养方面"以外带内、以赛促学"，创收方面"以赛养赛、逐步铺开"。三棋校队规模分别达到四支常规队伍数量；基地集训队三棋规模分别达到四个班级正常运行，初具小棋院规模；将"天元公学杯"打造成为杭州市知名品牌赛事；集训队学员实现杭州市赛进前六、省级赛事进前八、全国赛事进前十六的目标。未来要密切与智力中专的战略合作，最终从顶层设计到教学实践，形成一套完整的智力运动人才发现和培养机制。

（二）彰显音乐人才培养特色

天元公学音乐教育创新实施"以演代学、以演代练、以演代赛"的人才培养新模式，充分运用"天元乐团"平台，为音乐拔尖人才培养做出积极贡献。天元乐团明确提出三大历史使命：为杭州爱乐乐团输送人才；在音乐教育领域回答"钱学森之问"，培养出杭州的马友友、杭州的郎朗；探索中国交响音乐的大众化、本土化、精品化的"三化之路"。乐团还确定了"三年打入杭州市交响乐团前五强，五年打入浙江省交响乐团前五强"的发展目标。探索OTO（OMO）音乐教育模式，一方面，乐团的训练与表演和社会、家长联系起来，线下排练、音乐会演出与家长和社会音乐爱好者的线上实时观看相融合，扩大天元乐团的受众面和影响力；另一方面，邀请国内一流专家线上网络指导、评价专业教学和乐队的指挥、演奏，把音乐特长班的教学和天元乐团的排练、演出融为一体，充分吸收和利用OTO（OMO）模式的溢出效应。

（三）彰显书画人才培养特色

天元公学美术教育以书画特色，按照新时期美育工作要求，秉承"让天元的每个孩子都能享受艺术熏陶"的教育理念，以天元公学青少年书画院为平台，积极探索美术特长学生的培养之路，努力建设国内领先的青少年美术教育研究高地。大力建设专业素描教室、水粉教室、书法教室、大师客创空间、临摹教室、专业展示厅、绘画影视厅、大师教学区等一流教学空间和设施设备。加大美术类课程群建设力度，以"西泠·天元杯"首届全国青少年书画大赛为抓手，通过"赛、展、育"三个模块的运作，打通教育资源、升学通道、大师培养、经济收益等环节，点亮天元美术教育特色品牌。同时，与社会知名企业合作，通过艺术活动，展现天元美术特色，为社会输送优秀艺术人才。

（四）彰显外文（戏剧）人才培养特色

以美育人、以文化人，对提高学生审美和人文素养十分有益。教育部公布的中高考改革细节中，首次将戏剧列入学生艺术素质评价内容。随着素质教育的深入推行,戏剧教育也展现出蓬勃发展态势。天元公学外文教育以戏剧为平台,探索教育戏剧与语言、文学等学科学习相结合的培养路径,满足学生的发展需求。同时,通过构建OTO(OMO)天元戏剧平台,建立"教育戏剧学校联盟",建立天元教育戏剧教师培训机制和天元教育戏剧课程教材体系,挖掘有外文天赋的儿童,为超常儿童的培养探究新的路径。

(五)彰显数学(编程)人才培养特色

随着移动通信、大数据、云计算、人工智能等高科技领域对于编程人员的迫切需求,近年来有关编程教育的政策陆续出台,编程教育的重要性更加凸显。天元公学积极探索编程与数学等学科学习相结合的培养路径,满足学生的个性发展需求。同时,通过编程平台,建设数字化智能实验室,举办"天元编程邀请赛""电魂网络·天元菲尔兹数学建模竞赛""黑客马拉松"等编程竞赛和数学建模竞赛品牌活动,推动编程和数学建模的专业教育以及面向大众的科普教育,努力打造浙江甚至全国数学和编程教育标杆。

(六)彰显足球人才培养特色

天元公学在杭州市教育局、杭州市体育局、余杭区教育局以及余杭区文化和广电旅游体育局的支持下,顺利组建了天元公学足球部,并成为"市队联办"杭州市级体育后备人才基地学校。作为杭州市足球特色学校以及唯一的校园足球青训基地,学校拥有杭州市唯一获得国际足联Quality PRO等级认证的专业足球场地,并已率先在杭州市中小学(幼儿园)中分别成立了幼儿园至高中学段的校园足球队,除开展日常足球特色社团课程与培训活动外,还借助职业俱乐部师资开展专业化训练,通过"校内培训+特长生引进"并举的方式提升校队水平,被评为"2021年杭州市优秀校园足球特色学校"。学校构建了"培养学生足球兴趣+足球特色学校+高水平足球运动队+'满天星'足球训练营"足球教育体系,并拓展校园足球文化,形成"人人有足球、班班有球队、人人爱足球"的校园氛围,让"阳光体育、快乐足球"成为最受师生喜爱的活动。积极筹建杭州市足球青少年队,为振兴中国足球培养后备力量。

(七)彰显游泳人才培养特色

被誉为"游泳冠军摇篮"的杭州陈经纶体校,先后输出过13位世界游泳冠军,创造了中国游泳竞技体育的"浙江模式",成为走训制体育运动专业学校的成功典范。天元公学借助市队联办、青训基地等平台和教育综合体优势,实现从"选材"到"青训"的无缝衔接,省去家长频繁在体校至学校往返的接送时间,训练和日常学习均可在校内一站式完成。学校在全国率先提出"师生人人会游泳"的发展目标,以此加快推进天元公学游泳训练队和游泳课程体系专业化建设,同时做好名师引进和资源整合等工作,形成一种兼顾文化教育与专业培训的"青少年游泳人才培养天元模式"。学校还积极筹建杭州市游泳青少年队,为助力杭州市竞技体育后备人才选拔培养、促进杭州市竞技体育健康发展贡献积极力量。

七、"名校再造"工程的载体

实施"名校再造"工程，做大优质教育资源"蛋糕"，实证"教育倍增计划"，必须坚持"教育经济学"理念，以"名校集团化""EOD模式""教育综合体"为三大载体，实现教育投入产出比、性能价格比、费用效益比的最大化、最优化。

（一）名校集团化

1. 何谓"名校集团化"

"名校集团化"是指由名校（园）领衔，采用连锁、联盟、托管、共同体等运作机制，推进"名校＋新校""名校＋民校""名校＋名企""名校＋弱校""名校＋农校"以及中外合作办学等多种办学模式进行集团化办学。"名校集团化"办学是整合区域优质教育资源，加快推进教育现代化的"杭州特色"。以1999年杭州求是小学在全国率先探索义务教育名校集团化办学为起点，2004年杭州市委、市政府以"幼儿园名园集团化"与"中小学名校集团化"为一体两翼，以"组建城区教育集团"和"缔结城乡互助共同体"为两轮驱动，全面实施名校集团化战略。"名校集团化"在全国引起很大反响，被新华社列为中国推进基础教育均衡发展的五大模式之一。实践证明，实施名校集团化是杭州教育发展中的重大举措，是杭州破解"上学难"特别是"上好学难"问题成本最低、风险最小、成效最大的创新之路，也是杭州推进优质教育均衡化、平民化、普及化的成功之路。名校集团化被写入《中华人民共和国民办教育促进法实施条例》《关于进一步减轻义务教育阶段学生作业负担和校外培训负担的意见》等一系列党中央、国务院文件，成果取得来之不易。

2. 名校集团化的天元实践

名校集团化是"师资、文化、管理、品牌"四要素的最大化。天元公学坚持名校集团化，不是要办贵族学校，不是为了实施高收费，而是为了让优质教育普及化、平民化。天元公学依靠名校集团化模式起步，汇聚杭州二中、杭州市文澜中学、杭州二中白马湖学校、杭州市政府机关幼儿园等单位优质教育资源，以及杭州智力运动学校、杭州青少年活动中心、杭州爱乐乐团等优质资源，集中杭州各类一流教育人才，通过名校集团化模式缩短成熟期。在杭州国际城市学研究中心、中国棋院杭州分院等发起单位的共同努力下，学校整合了北京大学、清华大学、中央美院、中国美院、中央音乐学院、北京师范大学等知名院校资源，组建以菲尔兹奖获得者、中科院外籍院士、清华大学丘成桐数学中心主任丘成桐，中国美术学院原院长肖峰，中央美术学院原院长、中国美术学院原院长潘公凯，教育部艺术教育委员会副主任、中央音乐学院原院长王次炤，中国围棋协会原主席、中国棋院原院长王汝南，中国教育学会原会长、北京师范大学原校长钟秉林，中国民办教育研究院副院长、上海师范大学原校长杨德广，上海交通大学钱学森图书馆馆长钱永刚，北京大学外国语学院原院长程朝翔等顶尖专家学者为代表的天元公学专家委员会，为顺利实施办学目标提供权威指导。

学校开办以来，在全体教职员工和天元学子的不懈努力下，天元公学的办学影响力、社会认可度和美誉度稳步提升，取得了名校集团化发展战略的高分，充分证明了名校集团化模式的正确性。在2021—2022学年第一学期期末统测中，天元公学以绝对优势在新余杭区遥遥领先，高中部48名同学进入全区前50名，并包揽前20名；初中部学生平均成绩超出全区平均分100分。2021年秋季招生中，天元公学成为新余杭区唯一需要摇号入学的优质学校。通过实施"竞赛立校"战略，天元师生在各类高水平赛事中屡获佳绩、捷报频传，在五大国家级奥林匹克竞赛、国际机器人创客大赛（ICMC）、"21世纪杯"英语演讲比赛、"信雅达杯"首届"智圣"智力运动会等竞赛中均获得优异成绩，并斩获第35届中国化学奥林匹克竞赛决赛金牌，创造新余杭区首枚奥赛金牌。此外，天元公学充分发挥教育综合体优势，利用青少年活动中心和老年大学，以丰富的艺体类课程活动积极响应国家"双减"政策，为本校学生和周边社区提供各类高品质培训服务，极大满足了老百姓对高质量公共教培服务的迫切需求。

3. 名校集团化的深化探索

新时期，"名校集团化"要继续放大已有成功模式，扩大优质教育资源供给和共享。同时，积极探索"名校＋名校""高校（教科研单位）＋新校""名园＋街园"以及"教育联盟"式运作机制、"名校托管"式运作机制、优质资源再生发展机制等新模式，发挥名校（园）引领、传导、衍生、扩大效应，使名校（园）资源利用效益最大化，扩大优质基础教育资源覆盖面，推进校（园）际、区域、城乡教育均衡，整体提升办学品质。当前，杭州"名校托管"办学模式逐渐成熟完善，已有多个成功范例——公益中学托管弘益中学、采荷实验教育集团托管钱江新城实验学校、建兰中学托管钱学森学校等合作托管，临安区人民政府与浙江锦绣育才教育科技集团（民办）签署合作办学协议，均产生了巨大的社会效益和示范效应。因此，"名校托管"是当前成本最低、见效最快、收益最大、覆盖面最广的优质教育资源扩张路径，要借鉴杭州在名校托管办学模式的成功经验，深入实施"托管办学"，迅速扩大天元公学办学规模，推进教育资源均衡化发展、实现教育公平，打造"公平＋优质"教育矩阵。

（二）EOD 模式

1. 何谓 EOD 模式

EOD 模式是以学校等教育设施为导向的城市组团发展模式，是 XOD 模式的一种。XOD 模式是借鉴 TOD 模式的理念，以城市基础设施为导向的城市空间开发模式。广义的城市基础设施由三部分构成：一是经济类基础设施，二是社会类基础设施，三是生态类基础设施。按照基础设施类型的不同，XOD 模式可具体划分为 EOD 模式（educational facilities oriented development，以学校等教育设施为导向）、COD 模式（cultural facilities oriented development，以博物馆、图书馆、文化馆、歌舞剧院等文化设施为导向）、HOD 模式（hospital oriented development，以医院等综合医疗设施为导向）、SOD 模式（stadium and gymnasium oriented development，以体育场馆等体育运动设施为导向）、POD 模式（park oriented development，以城市公园等生态设施为导向）等。"XOD ＋ PPP ＋ EPC"的理论基础是"地租理论"，特别是"级差地租理论"。在当今中国，千万不能将土地问题污名化，更不能将"地租理论"

污名化。马克思在《资本论》中全面论述了"地租理论"特别是"级差地租理论"。"地租理论"特别是"级差地租理论"是马克思政治经济学的重要组成部分。"地租",简而言之即指土地所有者依靠土地所有权从土地使用者那里获取的报酬。"级差地租",简而言之即指由于土地优劣等级不同(在当今的中国,造成土地优劣等级不同的因素,包括土地的性质、土地的用途、土地的功能、土地的投入等诸多因素)而形成的具有差别性的地租。当然,马克思是在土地私有制的背景下,研究地租特别是级差地租问题的。而今天,我们是在土地公有制[农村土地以集体所有制为主;城市土地以全民(国家)所有制为主]的背景下,研究地租特别是级差地租问题的。换言之,今天的中国亟须研究并创新具有中国特色、时代特征的马克思主义"地租理论"特别是"级差地租理论",进而在基础理论层面阐明:在今天的中国,各级政府作为城市全民(国有)所有制土地所有者的代表,依法向土地使用者收取"土地出让金"是完全合理的、必需的。因为从本质上而言,"土地出让金"就是各级政府作为城市全民(国有)所有制土地所有者的代表,向全民(国有)所有制土地使用者收取"地租"和"级差地租"。各级政府只要严格依法做到所收取的地租特别是级差地租"取之于民、用之于民",其彰显的必然是全体人民所期盼的马克思主义的公平正义。反之,各级政府自觉不自觉地听任全民(国有)土地的地租特别是级差地租流失到极少数人手中,才是真正的失职渎职。

EOD模式是21世纪以来杭州在教育与城市良性互动发展方面的重要理论探索和实践成果。EOD模式的杭州实践包括打造"浙江大学紫金港校区""杭州大学城(杭州师范大学)""杭州下沙高教园""杭州滨江高教园""杭州小和山高教园""杭州第二中学""天元公学"等一系列优质教育资源,用事实证明了教育投入是回报率最大的生产性投入。21世纪初,杭州市的年财政收入仅100亿元左右,土地出让金仅10亿元左右,却高标准建设了下沙、滨江、小和山三大高教园区,使杭州的高校在校学生十年翻了两番。

2. EOD模式的天元实践

未来科技城03-03-06地块(以下简称6号地块),毗邻天元公学本部(未来科技城校区),是教育基础设施社区化影响和辐射的典型区块,必须优地优用,实现经济效益、社会效益、生态效益的最大化、最优化。为此,天元公学改革建设领导小组经过系统研究后提出,从严防政府债务的"届际转移"、严防国有土地资产流失的高度,按照《浙江省人民政府办公厅关于高质量加快推进未来社区试点建设工作的意见》(以下简称60号文件)第4条有关"集约高效利用空间"的政策规定,以及《上海市扩大有效投资稳定经济发展的若干政策措施》,坚持EOD模式和级差地租理论,对6号地块提容开发进行谋划,真正做到"少借钱、会花钱、能赚钱"。

原控规中,6号地块的规划用地性质为二类居住用地/商业金融业用地,用地面积为31995平方米,容积率≤2.0,绿地率≥30%,建筑密度≤28%,建筑高度≤50米。经过优化,如果容积率提高至2.4,则可获得级差地租3.4亿元;如果容积率提高至2.6,则可获得级差地租5.1亿元;如果容积率提高至3.1,则可获得级差地租9.5亿元(见表1)。

表1　天元公学EOD研究对象6号地块调整测算方案

地块编号	用地面积	用地性质		容积率调整方案	建筑面积/平方米	楼面价/（万/平方米）	总价/万元	差价/万元
		原规划	调整后					
03-03-06	31995	住宅用地	不变	2.0	63990	2.7	172773	0
				2.4	76788	2.7	207327.6	34554.6
				2.6	83187	2.7	224604.9	51831.9
				3.1	99184.5	2.7	267798.15	95025.15

注：出让单价根据近期周边出让地块平均楼面价27000元/平方米进行测算。

因此，领导小组建议6号地块按照住宅用地，提升容积率至3.1、建筑高度≤80米进行控规调整，则土地增值部分的溢价资金完全有可能实现天元公学建设的资金平衡。

在领导小组的直接推动下，经过各方共同努力，现已完成对6号地块的规划调整。根据最新方案，6号地块可新增建筑面积3万余平方米，且作为具有天元公学优质教育资源、享有成熟商业服务配套的商住用地，参照近期未来科技城土地竞拍限价，可增加近10亿元土地出让金。根据马克思主义政治经济学"级差地租"理论，利用土地溢价反哺教育投入是破解困扰教育发展中"钱从哪里来、地从哪里来"矛盾的重要手段，合情、合理、合规。

3. EOD模式的深化探索

EOD模式的核心，是要深入研究马克思主义政治经济学"级差地租"理论，遵循"以人为本""三效统一""多规合一""绿色发展""未来社区""公园社区"等城市规划建设管理理念，带动整个周边区块土地增值。再根据"级差地租"理论和"一调两宽两严"措施，将土地的增值反哺学校的建设，这对提升区域品质及城市发展都将发挥重要作用。

新时期、新阶段，要继续深化创新EOD模式的探索，推动教育基础设施社区化，强化集约节约、优地优用，实施教育用地与周边地块的高水平整体谋划、高起点优化规划、高品质综合运行，EOD与教育综合体顶层设计一体化、EPC＋O（运营）一体化，通过EOD溢出效应、EPC综合效益支撑可持续运营资金，实现"以校养校""以教育养教育"。天元公学西站校区将成为EOD模式深化探索的典型案例。

天元公学西站校区项目单元225亩土地，其中，教育用地165亩：I-07地块（76亩）、I-09地块（14亩）、G-12地块（75亩）；商服用地60亩：I-12地块。根据EOD模式，I-12商服用地调整为教育用地，与I-07、I-09地块形成150亩教育用地；G-12地块调整为住宅用地，实施高强度开发。

通过用地性质的优化调整，不但可以扭转原控规南北校区分割的弊端，还可以通过对用地的合理调配实现国有资产的增值保值。G-12地块75亩，容积率3.1，楼面价2万元，可获取土地出让金31

亿元。前后相比，可增加 25.7 亿元收益，满足一所高质量学校建设资金需求，并为高水平运行提供一定的资金支持，用于家具设施设备采购添置、部分空间精装修和学校发展运行，特别是 OTO（OMO）数字化建设以及"两馆一院"规划建设，即生态文明和数字文明博物馆、生态文明和数字文明图书馆、OTO（OMO）教育研究院。

（三）教育综合体

1. 何谓"教育综合体"

"教育综合体"是指在学校的规划红线区域内，以教学、培训功能为主，兼具文创、商务、旅游、会展、人居等多种功能于一体的教育服务综合体。教育综合体在现行的政策环境下，在当下资本赋能的助推和教育政策加持下，强者愈强，被学界视为素质教育在未来十年的正确"打开方式"，能够顺利迎接即将来临的中国素质教育红利期。天元公学按照教育综合体模式，首创性地实施"教育投入产出倍增计划"，在同样土地、少量增加资金等投入量后，实现原有的公办教育学生规模不减少、享受到的公办教育资源不打折扣，同时增加一倍左右的优质教育资源，让老百姓能够在家门口享受到十五年制特色优质教育，并且力争学校将来的中考升学率、高考升学率能够在余杭、杭州名列前茅。

2. 教育综合体的天元实践

天元公学本部（未来科技城校区）是杭城首个真正意义上的教育综合体。学校占地 150 亩，总建筑面积 15.9 万平方米，其中地上建筑面积 11.5 万平方米，地下面积 4.4 万平方米，可容纳在校学生 4500 人，同时承担老年大学 500 人，青少年活动中心 500 人，国际部 500 人，合计 6000 人左右规模。天元公学打造以基础教学、社会培训功能为主，兼具文创、商务、旅游、会展、人居等多种功能，还有效整合利用了棋、琴、书、画、语言、数学＋足球、游泳教学培训资源，拥有青少年活动中心、老年大学、国际学校等教育业态，兼容天元世界教育博物馆、天元教育图书馆、天元超常儿童教育研究院等社会功能，能够实现"从 3 岁到 83 岁"终身教育需求，满足周边市民运动、教育、培训、交流需要。

天元公学根据《浙江省人民政府办公厅关于高质量加快推进未来社区试点建设工作的意见》，坚持教育用地的集约节约、优地优用，通过对架空空间、非计费容积率、立体绿化等"60 号文件"精神的合理利用，在原本规划 2000 余学生的教育用地面积上，实现了 5000 人全日制在校生以及 1000 人规模的青少年培训和老年培训功能，最终实现"教育倍增计划"。

3. 教育综合体的深化探索

天元公学西站校区教育综合体在天元公学本部（未来科技城校区）基础上进一步优化迭代，更加突出高强度复合开发，占地 150 亩，建筑面积 25 万平方米，综合容积率接近 1.3，设计十五年制总学位数 7000 个，青少年活动中心、老年大学 2000 人，并建设数字文明和生态文明博物馆、图书馆，以及 OTO（OMO）教育研究院。将于 2024 年 9 月正式建成启用，届时将成为杭州西站枢纽杭腾未来社区乃至未来科技城的重要优质教育配套。

从天元公学西站校区教育综合体实践延伸开去，未来教育综合体的深化探索，要立足于破解两大关键问题。

一是优化生均用地面积、扩大生均建筑面积。节约集约、优地优用是土地开发利用的基本原则，也是教育用地开发建设必须遵循的基本要求。根据有关标准，中小学生均占地面积为24.26平方米，生均建筑面积为14.09平方米。而根据《浙江省人民政府办公厅关于高质量加快推进未来社区试点建设工作的意见》，充分利用防灾安全通道、架空空间和公共开敞空间等非计费容积率，经过优化设计，天元公学西站校区生均占地面积为13.26平方米，生均建筑面积则达到了26.59平方米。在节约土地的同时，大大提高了学生活动面积。在一般只能解决2000多个学位的150亩土地上解决了7000名十五年制全日制学生就学和2000人规模的青少年活动中心和老年大学问题。

二是优化建设经费标准、严控生均建设资金。办好人民满意的教育，"钱从哪里来到哪里去"的问题是重中之重、难中之难。衡量一所学校的建设是否达到了最大的投入产出比、性价比、费效比，关键是看生均建设资金。以余杭区新建学校为例，一般中小学建设费用标准为最高6500元/平方米，生均建设费用为35万元/人。天元公学西站校区为7971元/平方米，生均建设费用为28.20万元/人，大大节约了总体投入。同时，天元公学西站校区坚持"一调两宽两严"（"一调"指调整优化既有规划；"两宽"指放宽容积率、放宽建筑高度；"两严"指严控建筑密度、严保绿化率），实施立体复合开发，设置了近百米的天元楼、双层的立体操场。充分开发地下空间，设置下沉庭院及庭院内部特色教室、地下接送系统、公共服务空间、公共运动活动空间，设置青少年活动中心和老年大学，建设生态文明和数字文明博物馆、图书馆及OTO（OMO）教育研究院，努力打造功能复合的教育综合体。

八、"名校再造"工程的动力

在当前教育经济学、教育技术学不断发展的大环境下，仅将名校名园优质师资、品牌、管理、文化引入天元公学的做法已无法满足天元公学发展需要，必须提高格局站位，跳出传统的学校管理局限，加强前瞻性思考和全局性谋划，大力实施"名校再造"工程，以OTO（OMO）"政产学研资用"六位一体平台型教育发展为动力，深刻认识OTO（OMO）教育模式是平台型发展的基础，"政产学研资用"六位一体是平台型发展新模式的内涵和本质特征，平台型是教育事业发展的历史必然，从战略和全局的高度通盘思考天元公学、余杭教育、杭州教育和中国教育全局问题。

（一）积极赋能OTO（OMO）教育发展

1. 开展OTO（OMO）教育三个试点工作

一是游戏化教育试点。游戏化教育为幼儿园教学带来革命性的变化，天元公学要学习借鉴以游戏活动为幼儿主要课程的"安吉游戏"模式教育理念，尝试在幼儿园逐步推广编程建模教育，搭建游戏平台，将天元公学幼儿园建设成为游戏化教学试点单位。二是翻转课堂试点。在天元公学初中部和小学部各选取一个班作为翻转课堂试点班级，比较三年后 OTO（OMO）教育模式和传统教育模式下的不同教学效果，积极争取有关部门支持，将天元公学打造成为"国家级教育信息化试点学校"。三是"5G ＋互联网、物联网等智慧教育"试点。天元公学要以"5G ＋智慧区域教育管理"为突破口，实现学校全生命周期管理，构建学校信息数字化模型。

2. 抓好"5G ＋教育献一计"活动成果的转化

天元公学在认真研究"5G ＋互联网、物联网等智慧教育"试点方向的基础上，围绕"教、考、评、校、管"等教育领域重点环节深入组织开展了"献一计"活动，积极思考如何通过"5G ＋互动教学"承担教学任务、通过"5G ＋智能考试"提高学生作业批改效率、通过"5G ＋综合评价"构建学生智能分析评价系统、通过"5G ＋智慧校园"及"5G ＋区域教育管理"实现校园内主要区域 24 小时监测全覆盖。在"献一计"活动中，形成了大量集思广益的"金点子"。对这些从实践和思考中得来的"金点子"，要积极转化并落到实处。

3. 做大天元 OTO（OMO）教育发展联盟

OTO（OMO）教育是一项开放、复杂的系统工程，需要集聚资源、形成合力、集成创新。为此，杭州城研中心与天元公学整合专家学者、教育主管部门、学校、社会组织、相关企业等，共同发起成立了"天元 OTO（OMO）教育发展联盟"。在前期有效完善组织架构、工作机制的基础上，要迅速行动起来，共同破解诸如 OTO（OMO）教育模式内涵外延不明确、供需双方信息不对称、技术应用分散化、建设资金平衡难、复制推广有障碍等一系列紧迫问题，共同开展 OTO（OMO）教育模式研究，从而推动杭州乃至全国的 OTO（OMO）教育发展。

（二）协同推动"政产学研资用"教育六位一体发展

政。天元公学改革发展得到了浙江省教育厅，杭州市委、市政府，杭州市教育局，余杭区委区政府，城西科创集聚区管委会，未来科技城（海创园）管委会，余杭区教育局，杭州国际城市学研究中心，中国棋院杭州分院，杭州师范大学，杭州第二中学，杭州市交通投资集团等单位的大力支持。在"名校再造"工程新阶段，要继续整合党政资源力量，联动支撑天元公学实现高质量发展。

产。天元公学坚持开门办学，加强与社会力量及知名企业合作，推出多项高端办学载体，与杭州银行合作发展校园足球，与电魂网络合作开展编程（数学建模）竞赛，与杭州市运河集团共建杭州爱乐乐团青少年分团·天元乐团，与地铁万科·未来天空之城和杭州华光焊接新材料共建天元公学青少年书画院，与浙江绿色共享基金会共建天元公学教育戏剧中心，提供天元公学专业教育发展和回答"钱学森之问"所需资金，共同办好人民满意的教育。坚持教育经济学理念，重视教育成本问题，通过教育综合体、校内银行、物业联合经营等创新，解决"钱从哪里来"和收支平衡问题。

学。天元公学立足自身优势，以学生和家长满意为根本导向，实现学校"规定动作"与"自选动作"的有机结合。"规定动作"拿高分，打造高质量十五年制教育；"自选动作"拿满分，构建棋、琴、书、画、外文（戏剧）、数学（编程）＋足球、游泳的"6 ＋ 2"特色课程体系，回答"钱学森之问"。

同时，依托青少年活动中心和老年大学，构建高水平终身教育体系，满足3—83岁终身教育需求。

研。充分利用杭州国际城市学研究中心教育平台多年来集聚的教育研究资源，发挥天元公学专家委员会的作用，加强与985、211、"双一流"等重点院校合作，联合中国教育学会、浙江大学、北京师范大学、之江实验室等机构和社会组织，办好"天元教育论坛""天元超常儿童教育论坛"等高端学术活动，不断拓展在教育经济学、教育技术学、教育组织学等方面的研究，打造教育领域的"天元学派"。

资。在用足用好财政资金的基础上，深化EOD模式的探索，推进"以校养校""以教育养教育"创新实践。探索EPC＋O（运营）模式，以及"名校托管"，放大经济效益、社会效益，提升自我造血能力，有效解决教育发展"钱从哪里来"的问题。

用。一是服务中国基础教育改革探索。破解四个基础性问题，即"轻负担、高质量、低成本、真均衡"。二是实证"教育倍增计划"。深化教育综合体实践，通过"教育倍增"，持续做大优质教育"蛋糕"。三是积极推广"天元模式"。通过优化生均占地面积、提高生均建筑面积，做到教育用地集约节约、优地优用；通过优化建设经费标准、严控生均建设资金，提高教育的投入产出比、性能价格比、费用效益比。通过推广操场自然草坪改人工草坪等创新实践，降低成本，提高学校设施利用率。

（三）合力深化平台型教育发展

教育的平台发展模式由OTO（OMO）技术创新模式和"政产学研资用"创新模式叠加产生，互联网平台经济发展模式是平台发展模式的最先突破。阿里巴巴等属于经济型平台发展模式，天元公学、杭州城研中心、中国棋院杭州分院分别属于教育型平台发展模式、研究型平台发展模式、体育型平台发展模式。

天元公学实施"名校再造"工程，要高度重视平台型发展。一是构建发展平台。深化与之江实验室、中国电建集团华东勘测设计院、西泠印社等单位的战略合作。依托之江实验室智能教育研究中心的科学家团队，在智能感知、情感计算、数据赋能等智慧教育领域开展深度合作；借助华东院在绿色低碳、BIM技术领域的技术优势，在实现天元公学"双碳目标"和智慧校园管理上深度合作；与西泠印社联合举办"西泠·天元杯"首届全国青少年书画大赛。二是构建交流平台。通过举办天元教育论坛、交响音乐会、足球联赛、天元菲尔兹数学建模竞赛、戏剧节等自办活动，以及参加五大国家级奥林匹克竞赛、国际机器人创客大赛（ICMC）、"21世纪杯"英语演讲比赛、智力运动会等竞赛活动，加强教育研究、教学创新、人才培养方面的交流与合作。三是构建服务平台。加强与之江实验室等单位合作，服务浙江和杭州人才高地建设，探索"教育留人"新机制。

当前，天元公学正站在中国基础教育改革的风口上，处于跨越发展的窗口期，挑战与机遇并存。要善于研判与把握"势"，乘势而上、顺势而为、势在必得，用好窗口期、抢抓机遇期，加快实施"名校再造"工程。上下同欲者胜，同频共振者兴。要坚持"知其不可为而为之"的精神，坚持"虽千万人吾往矣"的担当，坚持"凡事预则立、不预则废"的远见，坚持"甘于吃苦、敢于负责、善于解难、乐于奉献、勇于创新"的精神，以最高的标准、最大的决心、最硬的举措、最快的速度、最优的政策、最佳的效果，抢占构筑教育新模式的制高点，为创造"轻负担、高质量、低成本、真均衡"的教育，为实现人民满意的教育，为回答"钱学森之问"，为中国基础教育改革，做出更大的贡献。

基础教育治理体系构建

郅庭瑾

华东师范大学教育学部教授、博士生导师

摘　要：本文聚焦基础教育阶段的治理体系构建，从理论和实践两个层面，对基础教育治理的理论逻辑和现实进展进行了系统构建和完整呈现。理论方面，将基础教育治理问题分解为治理能力、治理体系、治理评估三个子问题，分别对其内涵、要素和构建方式进行剖析和阐释；实践方面，将基础教育治理分为区域治理典型问题和重大改革现实问题两种类型，分别从区域治理案例和教育改革重大现实问题案例入手，选取上海教育综合改革、浦东新区管办评分离改革、金山区城乡一体化改革作为典型区域案例，选取学区化办学、教师轮岗、流动儿童融入等基础教育综合治理的实践探索作为主题案例，用微观视角和实证探索相结合的方法，在我国特殊而具体的教育场景中，使国家治理、公共治理理论的思维和方法，与基础教育的实践场景充分融合并相互生成。

关键词：基础教育；治理体系；理论逻辑；实践案例

一、基础教育治理能力

教育治理能力是以政府为主导的多元教育治理主体依据制度规范，彼此合作、相互协商、共同管理教育公共事务，以促进人的发展与社会的发展的能力。在基础教育领域，政府、学校、社会自成一体，彼此合作、取长补短。

（一）政府教育治理能力

政府的教育治理能力包括价值塑造与培育能力、目标识别与整合能力、资源集聚能力、沟通协作能力、规划与统筹能力、危机预见与管控能力、法治能力等七个方面。一是价值塑造与培育能力，是指政府在教育治理的过程中倡导与弘扬治理理念，营造多元互动、协调与合作治理的良好氛围，在多元主体间形成治理共识，同时积极培育和形成其他教育治理主体主动、积极参与教育治理的能力。二是目标识别与整合能力，是指政府对多元教育治理主体的教育目标与诉求进行识别与整合，从而确定教育发展的方向、目标的能力。三是资源集聚能力，是指政府整合行政组织内部资源，培育并吸纳学校、社区、第三部门和社会捐赠等资源，实现教育系统内外部资源的有效配置与共享发展的能力。四是沟通协作能力，是指政府动员和整合学校、社会组织、公众等多元教育治理主体力量，形成基于多元合作共治网络结构的能力。五是规划与统筹能力，是指政府通过制度、规则和策略对教育公共事务进行总体制度安排、规划、统筹的能力。六是危机预见与管控能力，是指政府在教育公共危机管理过程中，预防、控制和消除教育公共危机的能力。七是法治能力，是指政府依法治理教育公共事务的能力。

（二）学校教育治理能力

学校教育治理能力可分为内外两部分，一是学校的内部教育治理能力，包括价值塑造与培育能力、目标识别与整合能力以及依法治校能力。（1）价值塑造与培育能力，是指学校联合其他教育治理主体在学校内部倡导与弘扬治理理念，营造多元互动、协调与合作治理的良好氛围，在多元主体间形成治理共识，同时积极培养和形成广大教师、学生、家长等利益相关者参与学校治理的品质的能力。（2）目标识别与整合能力，是指学校对多元教育治理主体的教育目标与诉求进行识别与整合，从而确定学校发展的方向、目标的能力。（3）依法治校能力，是指学校按照法律法规和学校层面的制度规范开展教育管理活动的能力。二是外部教育治理能力，包括资源集聚能力以及沟通合作能力。（1）资源集聚能力，是指学校培育、动员、吸纳与整合资源的能力。现代学校所利用的资源是由物质资本、人力资本、社会资本和环境资本构成的资源体系。（2）沟通协作能力，是指学校动员和整合政府、其他学校（或组织）、社会公众等多元教育治理主体力量，形成基于多元合作共治网络结构的能力。

（三）社会教育治理能力

社会教育治理能力主要体现在社会行使监督权、通过多种形式参与办学等两个方面。（1）社会行使监督权参与办学，即第三方专业评估机构参与教育治理。社会行使监督权，重点在于社会化第三方专业评价机构的专业水平。一方面，它的职责在于评估，不管是评估学校还是评估教育水平，其核心竞争力是其特色所在；另一方面，教育评估对专业能力有较高的要求，对教育评估的理论和方法加以掌控，也会要求社会评估人员有较高的知识水平和较多的实战经验。（2）社会力量通过多种形式参与办学，或是成为对现有教学系统的补充。社区教育便是社会参与办学多种形式中的重要一种，也是社会参与教育治理的重要形式。积极向上的社会性力量不但可以将本身利益表现出来，还可以对公共教育决策产生很大的影响，更是致力于公共教育的政府合作者。在我国经济社会发展越来越成熟的今天，为有效实现教育治理现代化，社会、家长以及其他公民要做的还有很多，而不只是听从政策的摆布，消费公共教育服务。

二、基础教育治理体系

基础教育治理体系的构建涉及主体、结构、路径及功能四个方面。其中，教育治理主体之间通过集权与分权的合理运作形成相应的教育治理结构，教育治理结构的维持和运转需借助相应的教育治理路径，这样才可实现其教育治理功能。因此，要从治理主体、治理结构、治理路径三个方面对教育治理体系的内容进行整体解读，并在此基础上阐述教育治理体系的构建方式。

（一）教育治理的主体

教育治理的主体可概况为政治宏观主导、学校自主办学、社会广泛参与。第一，政府的引导性作用，具体表现在政府有义务为公共教育提供有效服务，具体可从如下几个方面表现出来：一是对多个主体利益上的纷争加以调整，对公共利益予以维护，确保教育领域可以实现尽可能大的公共利益。二是将教育发展的宗旨、标准和大体思路确立下来，衍生出公共制度，让多元化主体的管理有相同的宗旨和原则。三是进行整体上的规划、调节，对教育改革不够集中的问题加以解决，对治理活动不够集约化、没能持续等问题加以处理。四是评估教育治理的效果，以实体和程序性规则为依据，评估不同的治理主体，也评估其本身。

第二，学校自主办学，表现为脱离行政过多的控制与干预和市场的趋利化，保持相对独立性。学校自治对于创建新型政校关系以及促进政校分离是有帮助的，对于学校自主权的落到实处是有好处的，让学校可以名副其实地独立办学，完成其本身的管理。

第三，社会广泛参与，表现在家长、社区、非营利组织、其他公民个人等各种社会力量都参与教育决策和管理。社会参与有助于提高教育行政的回应性，有助于保障公共教育服务公平性，有助于保障公共教育服务质量。

（二）教育治理的结构

教育治理的结构是指政府、学校和社会等教育治理主体协调运转所形成的逻辑结构。一是政府、学校、社会共治。对于政府而言，需减少不必要的行政干预，简政放权，改变直接管理学校的单一方式，推进政校分开、管办分离。对于学校来说，教育治理的核心在于加大学校自治的力度，让学校更具有生机，确保学校办学自主权，走出管理过死、松放不当的怪圈。对于社会而言，家庭、社会机构、社会专业组织等社会力量参与教育治理释放了社会的活力、限制了政府的不当干预，有利于构建更为科学、有效的社会评估机制，有助于监督及调节政府和学校的治理过程及治理成效。二是各级各类教育的协调发展。促进学前教育向公益性、教育性发展；促进义务教育向标准化、均衡化发展；促进高中教育向多样化、优质化发展；促进职业教育向现代化发展；促进高等教育向内涵式、创新型发展；促进特殊教育向公益性、全纳性发展；促进民办教育向规范化发展；促进终身教育向开放化发展。三是教育活动、教育体制、教育机制和教育观念相互协调。教育治理的作用在于将教育成效提上去，推动教育公平化的实现，推动教育走向更无拘束的境地，让教育更富有生机；提高教育效率，保障教育质量。

（三）教育治理的路径

实现教育治理体系的路径包括下面几个方面：一是加大教育治理法治化建设的力度，在合适的时机，提升教育治理政策和制度的层次，使之变成相关法律或法规，以教育治理的制度变革需求为基础，将教育法律制度的推陈出新工作落实好；构建和完善各个治理主体的行为法制规范体系。二是完善制度设计机制，促进教育治理体系的制度创新。制度设计要从整体上综合考虑规制性、规范性和文化—认知性三种制度要素；不断创新和完善教育治理实践的制度探索，各治理主体要对教育治理形式下的行为制度体系加以拟定和改进，致力将微观制度的宗旨展现出来。三是发挥政府的引导作用，构筑互动有序的教育治理结构。政府不再只起到行政作用，而是变成掌控者，将其在教育治理中的全局掌控和调节作用发挥出来；构建合理、有效的公共教育权力分配与制衡机制，使政府、学校等不同治理主体之间权限分明，相互约束，从而让教育治理的整体行动有权力作为根本，制定多方面的社会组织发展方案，从而让社会组织有资本可以依靠，以便加大和扩大社会组织参与教育决策、教育管理、教育评估等方面的力度和范围；适当引入市场竞争机制，以提升教育公共服务供给的效益。四是推动教育治理主体走向现代化发展的方向，让教育治理主体的主观性更强，坚持科学的教育治理主体发展观念，引领教育治理主体学习并了解合作治理、总体性治理方面的理论知识，对现代人的能力结构特点和发展思路加以了解，专注于提高教育治理主体的学习水平和创新水平，专注于将制度对人的价值引领展现出来。五是促进教育走向信息化发展的道路，促进教育治理体系现代化。信息化将为治理提供技术基础，通过信息化可以实现流程再造，教育治理更加科学、合理；通过信息化可以实现智慧决策，信息技术将进一步推动治理共同体的形成。

三、基础教育治理评估

（一）教育治理评估的主体

教育治理评估的主体方面，需要形成以政府监督为前提，专家、社会、学校多方参与的多元评估模式。在教育治理和管办评分离的背景下，可尝试创建和我国国情相符的，以政府引领的多元评估为根本，以社会组织评估为中流砥柱，注重学校自我评估的评估系统。

一是元评估。元评估机构的重要功能是有效评估各类评估机构和活动，并面向社会公开结果，以对评估机构的工作加以监管。应该科学分类评估对象，对于种类不一样、级别不一样的学校，在拟订指标时要有所差别。元评估还应当关注评估之后的教育治理评估主体间对话协商机制的建立。二是社会组织评估。教育治理社会评估机构的专业性应该包含两方面内容：一方面，它的根本在于评估，不管是评判教育治理的参与方，还是评判教育治理发展情况，核心竞争力是其特色所在。另一方面，在进行教育评估时，对专业技术水平的要求较高，要掌握教育评估的方式和方法。对于社会评估机构人员的知识理论水平和实战经验，都要求较高。三是学校自我评估。学校自我评估的动力来自评估对于学校存续的价值，要建立一种政府和社会肯定以及推动学校可持续发展的实时变化机制，使得学校在评估自我和外界评价时，将其当作一种机会。学校要对照人才培养要求，对一定阶段内的教育治理情况进行评估，定期对课程建设、教学与科研、人才培养质量、师资建设、管理制度、校园文化等进行监测评估，来反映教育治理的推进情况。同时，开展对学生、家长、用人单位等的满意度调查，努力形成自主发展、特色发展、可持续发展的良性评估机制。

（二）教育治理评估的对象

教育治理评估是为了保障和实现教育治理的目标。对于教育治理而言，其核心目标在于提高教育效能、促进教育公平，重要目标是促进教育自由、提升教育活力，基本目标是提升教育效率、保障教育秩序。一是教育治理评估的核心关注点是教育效能与教育公平。教育治理的目标是实现教育公平，推动人和社会的整体发展，推动教育平等化、差异化和补偿性公正。二是教育治理评估的重要关注点是教育自由与教育活力。教育自由是指在教育活动中，教育主体所享有的权利，例如自由表达的权利、自主办学的权利等，缺少了这些教育自由，教育中的各方要想发挥主动性、创造性是很难的。教育治理要主动保障教育自由，以让教育活力得到保证。三是教育治理评估的基本关注点是教育效率与教育秩序。相对于已有的教育管理体制而言，教育治理会有一定的，甚至较多的效率与秩序损耗。教育治理评估应该通过何种监测、评价等手段提升教育效率、维护教育秩序等问题值得我们关注。

（三）教育治理评估的模式

教育治理评估的模式分为输入评估、过程评估和产出评估，输入评估是建立在背景评估的基础上，评估实现目标所需的资源和备选方案，其根本上在于评判方案是否可用，能不能真的产生效果。过程评估是在实施方案的过程中，进行连续的监管。一是为了给制定方案的人员、具体执行人员提供信息，对方案的进展加以掌控。二是关注方案践行过程中的隐性问题，进而指导方案的修正。三是给参与评估的人员提供切实有用的信息。四是具体记录可真正派上用场的方案。产出评估是评估目标所达到的水平，例如检测、判断的水平等。

（四）教育治理评估的指标体系

教育治理评估的指标体系应包括教育投入、教育过程和教育产出三大内容。教育投入指标反映了教育治理的发展潜力，是影响教育治理成效的重要因素，包括公开性、法治性、公平性。教育过程指标属于软性指标，具体包括共治性、创新性、公平性。教育产出指标反映了教育治理产出的实际成效以及公平程度，具体包括质量性、效率性、满意性、公平性。

四、基础教育治理的实践探索及主要经验

面对城镇化背景下基础教育面临的问题，上海探索出了具有自身特色的教育治理模式，主要有以下四个方面。

（一）以"管办评分离"为核心的教育治理"浦东模式"

一是政府当好"管理员"，承担监督责任，统筹管理教育公共事务。浦东新区在推进"管办评"分离与联动的过程中，政府的职能定位于教育事业规划与政策设计，制定教育资源配置标准，促进城郊教育均衡发展，建立公共教育决策机制、重大教育决策审议制度和听证制度、教育绩效问责制度、义务教育经费预算执行情况的公报与监督制度。

二是学校当好"运动员"，保障教育质量，积极提高自主管理绩效。在学校的职能定位上，要改变以往学校高度受控于政府的倾向，改变"等、靠、要"的思维模式。理想的状态应该是从依附到自主，学校要从政府高度控制的办学模式中解放出来，致力于自主办学和内部治理结构的完善。浦东新区在促进学校自主办学的过程中，主要通过"完善法人治理结构"和"学校发展性教育督导评估"两条途径提高学校自主发展意识和能力。

三是社会当好"裁判员"，承担监督责任，积极提供智力支持。浦东新区在改革过程中积极培育和发展社会中介组织，由政府通过"公开招标、项目发包、项目申请、委托管理"等方式，向社会中介组织购买相关服务，并通过与教育中介组织建立契约来明确、规范双方的权利和义务。

四是市场当好"服务员"，发挥辅助作用，提供可供选择的教育资源。在浦东教育综合改革进程中，市场开始进入到公共教育领域，突出体现在浦东新区政府"实施公共教育委托管理"和"推行政府购买教育服务"两大策略上。在浦东新区区域教育治理模式中，市场成为提供公共教育服务的重要辅助力量。

（二）以挖掘本地文化资源、城乡互助为特色的金山区教育综合改革

一是创新办学机制，打破城区与郊区、上海与外地人的"新二元结构"发展格局，推进城乡一体化发展。金山区积极探索变革教育结构、整合教育资源的改革措施，促进城乡教育整合，着力于创新办学机制，推进城乡教育一体化发展。从办学模式来看，依托已经形成的委托管理、组团发展、校际联盟、合作共建、学区办学、集团办学等六种发展模式，金山充分利用优质教育资源，对原有的学校结构进行再造。从办学参与来看，建立了良好的家校互动机制，鼓励社会团体组织积极参与区域学校办学。

二是推进教育信息创新应用，促进教育教学转型发展。金山区在教育信息化推进方面主要从强化信息化平台的建设和应用、提升教师信息化教学力两个方面着手。一方面，强化信息化平台的建设和应用，开发金山教育公共服务平台，拓展信息化运用领域，促进了优质资源的数字化建设与共享。另一方面，提升教师信息化教学能力，促进信息技术与学科教学的深度融合，信息技术应用能力以及信息化互动能力属于影响教师信息化教学能力发展的关键因素。

三是深化人事改革，提升教师专业素养。在深化人事制度改革方面，从探索薪酬工资制度、深化校长职级制改革、推进教师职称制度改革、探索实施见习教师"双证制"四个方面着手。在提升教师专业发展水平方面，从开展教师专业素质调研、引领教师职业生涯发展、实施教师团队发展计划三个方面着手。

四是转变政府职能，提升现代教育治理能力。一方面，厘清教育治理主体的职权范围。从政府的角度来说，推行教育行政权力清单制度。从学校的角度来说，通过章程建设、组织运行机制构建落实办学自主权。从社会的角度来说，挖掘社会层面参与教育治理的积极性与潜力。另一方面，完善教育督导机制。金山区尝试建立多元主体参与的督导机制，制定家长、社会公众和社会组织参与教育督导的管理办法。此外，促进多方参与教育治理。金山区在推动教育改革方面，以教育治理为理念指导，促进多方参与教育治理。

（三）以区域内教育资源共建、共享、共治为主要思路的学区化办学模式

第一，在尊重各校意愿的基础上合理布局。在学区形成以前，要对所有学校学生的专业水平、空间特点、教育成本等因素加以研究，让各因素达到平衡的状态。

第二，完善学区配套措施，营造宽松环境。要建立管理运作、资源调配、奖罚等方面的制度，并予以监管执行，从而有效指导学区内部的关系。区县政府作为管理学区和校际平衡发展的主体，要对相关的配套法规政策加以研究，确保政策一直执行下去。健全学区有关的配套设施，进而给各方打造一个更稳固的环境。在制度完善的大环境下，各校不能只想着霸占资源，拥有学区资源服务于自身的理念。

第三，建立可让共同目标得以实现的有用的价值观，让学区成员更具有凝聚力。提倡成员校，特别是办学水平有较大差距的学校之间要互通有无，确保学区资源流通更主动。一是使各方的权利和责任范围清晰化，一定要让学区的管理权限更清晰，明确学区和教育局、学校之间的权利义务关系，让学区拥有对应的权利。二是要让学区认同感更强，让各方更具有凝聚力。让教职员工更深刻地理解学区化管理，以文化建设为媒介，推动提高他们对学区的归属感。三是吸引社会力量进行学区化办学。尊重人民的参与权，建立学校、社区、家长共同协商、共同决策与管理的机制。

第四，强调学区品牌打造，让社会资源都投注到学区中。学区品牌是一种特有的身份标志，综合了教育质量、管理水平、教师配置等多个方面。它是一种无形资产，可以让学区各校的价值更高，包括有效吸引优质资源的能力。学区要以各校的教育优势为基础，形成一体化的品牌效应。

第五，建立质量导向的一体式评估系统，对学区运行成果加以评估。一体式评估系统包括学区和学校、学校和教师的发展，是目前多数学区评价的方向。考核评价的内容除了强调资源的共享、校际的均衡发展，还应以教育质量为导向。资源共享评价方面，可以以资源的稀缺度为依据，以共享困难程度为依据，把学区内各类资源的比例确立下来，对资源共享量加以统计。在学生表现评估方面，学区内可建立一体化的发展机制，在阅卷、研究、评判方向上实现学区内一体化。在评价主体方面，要把第三方评估机构引进来。在评判学区化办学成果时，要关注学生、家长和社区的满意度。

（四）以多层推进、柔性推动为核心内容的上海教师轮岗工作

第一，政府层面，强化政策激励措施，弱化"帮扶"标签，强调互助互惠。一是加大专业资源型政策的激励力度，在区级层面统一布置，在教师发展专业资源方面多投入一些，让更多教师参加到轮岗中；二是持续深挖青年教师在轮岗中的政策价值。要将"支援"等政策逻辑改变为"互惠""互助"。对教师主动轮岗的信息手段加以健全，对区域内轮岗信息进行规范化调节。

第二，学校层面，强化校长、流入校同事等"重要他人"的支持，打造互动平等的专业交流氛围，规范教师轮岗参与的操作程序。一是作为守卫教师轮岗流入学校的人，校长要积极给予肯定，提供支援，让轮岗教师主动加入其中，打好配合战。要科学了解轮岗的价值，主动吸引教师加入，用包容的心态对待轮岗教师；在沟通专业知识时，要保持尊重。二是在专业交流平台的建立上强调双方的平等与互动，让轮岗教师的价值在一个新群体中真正彰显出来，有助于轮岗教师从边缘走向中心，以免出现随大流的现象。三是对教师轮岗参与的操作过程加以规范化，坚持自主化原则，保证轮岗信息的公平公正，对正确的工作方式加以明确。

第三，个人层面，兼顾个人利益与组织发展的大局，让教师个人对政策了解得更深入，更积极参与进去。在义务教育广泛发展的大环境下，注重个人利益和整体利益的均衡发展，把教育公平的责任变成其本身的责任。在轮岗具体操作中，主动成为流入学校中的一员，抛弃过去支援的理念，坚持互帮互助的思想，把轮岗的工作绩效提上去。

参考文献：

［1］叶存洪. 科层制与专业性两极趋中——破解基础教育治理体系现实困境的策略［J］. 江西教育，2020（c2）：59-60.

［2］王定华. 推进基础教育治理体系和治理能力现代化［J］. 基础教育参考，2014（15）：3-7.

［3］桑标. 全方位推进教育治理体系与治理能力现代化［J］. 基础教育研究，2020，40（1）：3.

［4］郝凤. "双减"背景下基础教育治理现代化的困境与突围［J］. 现代基础教育研究，2021，44（4）：110-114.

全球化理论谱系中的高等教育秩序

王建慧

常州大学高等教育研究院副教授

摘　要：全球化作为世界发展最重要的趋势，正在改变高等教育的内涵和性质，也塑造着高等教育的全球权力和秩序。对于全球化的研究，学界形成了四种基本流派：新自由主义、西方左翼、依附论和马克思主义的全球化理论流派。四种理论流派在分析高等教育全球秩序上提供了不同的视角和价值导向：新自由主义以市场和资本掀起了"知识霸权"的狂欢；西方左翼以文化和社会揭露了弱势学术文化被忽略的现实；依附论从政治视角剖析了"中心—边缘"二元对立中不平等的根源；马克思主义则从历史视角阐述了构建全球大学共同体的合理性和必要性。知识霸权、弱势文化式微、中心—边缘作为全球高等教育的旧秩序，依然存在并发挥作用，但21世纪以来，以美国为首的西方秩序开始衰落，中国更加主动地承担国际责任。在全球化过程中，中国高校应以马克思"真正共同体"思想为指导，从观照全人类命运的高度，通过构建"全球大学共同体"，推动世界经济、社会、文化的平衡、可持续和包容性发展。

关键词：全球化；理论流派；高等教育秩序；全球大学共同体

20世纪80年代以后，随着全球化对人类社会影响的扩大，全球化已经成为政治、经济、社会、文化和教育等学科领域研究的重点。全球化是21世纪不可逆转的趋势和不可抗拒的现实，对大学的影响非常深远，正在改变高等教育的内涵和性质，也塑造着高等教育的全球权力和秩序。学者对全球化的研究形成了庞大的理论群，并按照对待全球化的态度、观点和理论出发点等被分成了四种基本流派：新自由主义全球化理论、西方左翼全球化理论、依附论全球化理论和马克思主义全球化理论。[①] 不同的理论流派为分析高等教育全球秩序提供了不同的逻辑原点和价值导向，本文以全球化理论谱系为参照，解析不同理论体系中的全球高等教育秩序。

---

① 程光泉. 全球化理论谱系[M]. 长沙：湖南人民出版社，2002.

一、新自由主义："知识霸权"的狂欢

新自由主义近40年来在全球盛行,建构了一套以市场为中心的全球化基本规则。新自由主义是一种经济、政治和文化范式,以自由市场政策为主要特征,旨在削弱政府官僚和无效的控制力度;它是一种阶级现象,由资本家和管理阶级对大众阶级进行控制,以获取个人最大利益;更是一种建立霸权主义的国际秩序,以发达的生产力和自由市场制度为合法外衣,通过贸易、相互依赖、全球治理等自由资本主义思想,实现资本和政治影响力的全球扩张。

新自由主义从20世纪80年代开始已经逐步成为世界高等教育发展中的价值指向,并占统治地位。新自由主义对大学最大的影响在于"去传统化",新自由主义用物质和金钱的诱惑夺取了大学的灵魂。在大学的传统里,追求知识的本体价值和追求真理在大部分时间里构成了教师和学者生活的基本框架和条件。"去传统化"并不意味着大学传统的消失,而是传统的角色发生了改变。随着新自由主义全球化的推进,纯粹的知识发展和探究被摧毁、改变,不再处于大学和教师生活的核心,不再是一种集体记忆和不可改变的东西,更多地存在于建筑、文献、口号和保守主义者美好的回忆中。更具讽刺意味的是,传统在新自由主义的鼓吹下,也可以变成得以传承的产业,成为招生和获取资助的资本。古朴的大楼、雕像和在校友中流传的名人逸事成为吸引学生的重要法宝。

当知识成为获利的工具,学术研究能够创造利益时,大学的信念就简化为庸俗的经济学符号,一心谋求知识在短期内的利益最大化。新自由主义摧毁了"默顿规范"的传统科学精神和先决条件,科学精神气质的普遍性、公有性、非牟利性和有组织的怀疑主义不再被普遍接受。知识的私有化和市场化促进了学术资本主义的兴起,学术失去了"天下公器"的作用。大学教师转变为特殊的人力和学术资本,大学教师和大学管理者被鼓励与企业共同创建公司,"学术研发的政策成为科学与技术的政策,更加关注的是科技革新以及与私有部门建立联系,而较少关注那些与学术和专业团体联系更多、与经济联系较少的基础研究"[①]。评价知识价值的权力逐渐从专业和科学共同体向商业团体和社会营利团体转移,知识的专有性、营利性等具有市场潜力的指标成为衡量其价值的标尺。把知识置于市场和资本的控制之下逐渐导致大学与传统价值系统脱离,新自由主义力求大学的各个方面都遵循市场逻辑,政府希望大学把所有东西都能转化为商品和效率,从而使买卖和评估都变得简单和可操作化,进一步减轻对大学的资助和负担。[②]

统治资本隐蔽在资本主义与生俱来的扩张之中,当大学按照抽象的资本逻辑参与市场时,市场需求的优先次序让世界各国大学的竞争日趋激烈,而在竞争中能够取得成功的大学必须具备迸发知识经济功能的驱动力,从而攻占更广大和更高端的市场份额和资源支持。排他性和独占性知识越多,对于

---

① 斯劳特,莱斯利. 学术资本主义[M]. 梁骁,黎丽,译. 北京:北京大学出版社,2014.
② 尼克斯. 新自由主义世界中的大学[J]. 马克思主义美学研究,2009(1):44-78.

大学及其员工来说，其市场效益越大，获取的资本声望也就越高。大学的资本扩张主要表现在两个方面：研究领域谋求经济回报和瞄准国际招生市场的全球性大学建立。研究领域直接与知识生产和转化相连接，新知识的创造和传播推动着科技的进步和经济的增长。大学实验室和研究者在与企业、公司的合作中，不仅提高研究网络的国际性和前沿性，更是直接创造财富和效益，并利用积累的声望和资本的再投入吸引最具竞争力的人力资源和企业投资，创办各种知识创新中心和研发机构，形成"知识中心"，伴以专利和知识保护的相关法律垄断核心和高端知识的使用权；资本扩张不仅表现在研究领域，在招生市场上，大学对招收海外学生趋之若鹜。教育与研究之间的不同是，即使没有良好学术声望的学校借助本国地理位置和生活水平的优势也可以吸引大批的国际留学生，尤其是西方发达国家大学对发展中国家学生的吸引，国际留学生的高额学费能够缓解大学资源压力，而一些享有国际学术声望的大学则直接开办海外分校，将优质的教育和学术资源作为商品进行买卖。良好的教育和知识资源也成为发达国家限制发展中国家发展的工具。

新自由主义纯粹的资本和市场规则并不存在，自由和自我调节的市场已经成为一种由意识形态所衍生和推动的神话，权力被自由市场、自利和个体行为这些花言巧语所掩饰。[①]世界高等教育合作在新自由主义的推动下形成了基本秩序：西方大学和国家之间的交流和合作相对平等，尤其在知识创新的合作上，彼此之间致力于战略平衡并遵守承诺，共同塑造和维持这种秩序，不需要运用权力机构强化彼此间对秩序的遵守；而对于其他国家或者附属国，则需要通过遵守它们设定的游戏规则和通道进入国际秩序。新自由主义的高等教育秩序是一种扩张性的经济和文化秩序，一方面，确保自我及其合作伙伴能够在国际高等教育市场中赢得经济、意识形态和知识的控制力；另一方面，通过对优质教育资源和知识的控制将发展中国家的高等教育发展纳入由其设定的霸权框架内。霸权包含的远不止物质和财富方面，它在本质上扎根于意识形态和文化之中，由此引起了西方左翼，尤其是知识左翼的警惕和批判。

二、西方左翼："被代表"的弱势文化

与西方主流的新自由主义理论流派不同，西方左翼知识分子对全球化十分谨慎，并对全球化的负面影响进行了深刻的揭露。西方左翼把全球化看作是变革的过程，强调民族国家全球化变革的多维度和多动因，各民族国家内部全球化进程多样性成为西方左翼关注的重点，也成为他们改良新自由主义，以资本和市场至上理念为突破点，试图开辟出新自由主义和马克思主义之间的第三条道路的路径。西方左翼将文化和社会作为主要视角引入观察和分析全球化现象之中，二战后的资本主义发展被西方左翼称为晚期资本主义，市场经济和资本运作影响着战后世界经济的秩序和文化构成。西方左翼虽然强

---

① 乔姆斯基. 新自由主义和全球秩序[M]. 徐海铭，季海宏，译. 南京：江苏人民出版社，2000.

调文化的多样性，但同时坚持所有民族国家都必须接受全球化这一过程，无论是主动还是被动，由资本主义主导的全球化是世界发展的趋势，人们逐渐意识到世界是一个整体，让民族国家彼此的依赖性增强，为世界成为一个单一系统提供了可能。因此罗兰·罗伯森（Roland Robertson）认为"普遍性的特殊化"和"特殊性的普遍化"在全球化过程中并存。[1] 西方左翼尤其是知识左翼对晚期资本主义文化内在逻辑的分析和批判，不仅提醒发展中国家在全球化形势下更好地思考自己相应的文化应对策略，也同时为发达国家在与发展中国家的交往中以西方"普世价值"和世界一体化为借口进行文化殖民和侵入提供了理论基础。

克拉克·克尔（Clark Kerr）明确地把民族国家上升到主宰高等教育的地位。大学具有双重身份：按照对促进普遍知识的承诺来说，它是国际性机构；按照扎根在抱有企图的民族国家来说，它又是一个本土性机构，终日摇摆在"神秘的学术天堂"和"现实的人间地狱"之间。当代的大学是"世界主义的民族大学"，形成了学习的普遍主义和民族的特殊主义这一矛盾。但是，克尔认为当代趋势依然是走向普遍主义的运动，并有可能出现一个趋同的大学模式。[2] 这种趋势随着高等教育全球化和国际化的发展似乎日益强大。新知识的流动、学者的流动、学生的流动和课程内容的趋同共同推动了民族国家大学之间的知识和文化联系。影响应该是双向的，一切文化的发展都离不开与其他文化的联系，只有不断吸收外来新鲜东西，才能不断激发自己的生机，各国文化之间应该相互引进和借鉴。但在高等教育全球化的过程中，更多的是一种单向文化的输出，即发达国家向发展中国家的文化输出，高等教育的普遍主义是以西方大学文化为主导的同化过程，进而影响到其他国家的意识形态和民族文化的塑造。

知识本身和大学对知识探究的职责具有普遍性，但对知识探究的方式以及知识的传授、理解和应用却受文化和意识形态影响较大。在自然科学领域，知识的普遍性最为明显，科学范式和语言近乎标准化；具有文化内部特征的知识则限制在西方文化圈和东方文化圈内；而体现国家内在特殊性的知识比如法律和社会学等更具多样性，极容易出现相互排斥和冲突的现象。[3] 在高等教育全球化不断深化的过程中，强势文化对弱势文化的殖民和侵入现象不断出现。文化是身份的象征，一国之语言、习惯和信仰等已经变成了无意识的组成部分，这种内在化了的传统因素，足以形成大学的文化身份，在吸收、借鉴外国大学文化中形成自己的立足点。教育商品的销售者——跨国集团、媒介巨头和一些主要的大学，将本国的主流思想和价值观通过教育产品向销售国渗透，包括西方黄金学术评判标准的设立、出版物尤其是教材的全球发行、课程内容的教授、科研机构建设的理念和模式、盛行的研究方法和理论等。弱势文化国家在向强势文化学习，提升本国人才培养和科研能力的同时，也面临着在全球范围内失去知识和文化自治的危险。弱势国家的文化在交流中遭到漠视，强势文化的教育销售国专断地强调

① 罗伯森. 全球化：社会理论和全球文化 [M]. 梁光严，译. 上海：上海人民出版社，2000.
② 克尔. 高等教育不能回避历史 [M]. 王承绪，等，译. 杭州：浙江教育出版社，2001.
③ 克尔. 高等教育不能回避历史 [M]. 王承绪，等，译. 杭州：浙江教育出版社，2001.

自己的规则。同时，归国的精英留学生也受到所在学习国知识和文化的改造，并用他们所认同的价值观改造本国的教育系统。一个国家的教育系统不仅提供个人获取经济利益和谋生手段的各项技能，更是构建国家理念和社会价值的基地，无论是自然科学知识还是历史、文化和社会知识，都是大学教育的一部分。

大学中知识分子阶层本身可分为两个部分，处在较高层次的"是各种不同科学、哲学、艺术的创造者"，处在较低层次的"是已经存在的、传统的、此前积累的知识财富的管理者和推广者"[①]。不可否认的是，作为知识创造者而控制世界学术的领袖和知识分子大都出自强势文化的国家，美英德法等传统高等教育强国的人文和科学向全球的推进前所未有，并不断向其他国家大学的传统世界延伸，从而颠覆民族国家的学术话语权，构建由强势文化国家主导的学术话语体系。西方左翼认为，在大学中的知识分子本身就是一个"特殊利益"集团，以"世界主义"的名义通过全球的流动性，"代表"了整个知识世界和学术文化，其他非建制性团体或个人的知识活动被边缘化或者被"代表"。来自强势文化国家的学术权威则形成学界的"特权阶级"，各自"代表"了所在研究领域的权利，追求能够为全人类代言的统一权利的特权。跨国知识分子"探寻并采取一种本能的、超文化的或审美的姿态来对待对样式迥异的文化经验"，从而边缘化弱势国家学术经验和知识体系。[②] 因此世界主义只不过是特权和自我扩张的一种工具，将不平等性合理化并无视改变不平等的责任。对全球化发展的不平等性，依附论做出了更为详尽和系统的分析。

三、依附论："中心—边缘"的对立

依附论起源于20世纪50年代末，在经历了战后30年的"西化"过程后，拉美诸国的发展不断恶化，经济结构紊乱，债务危机加深，与发达国家的经济差距日益扩大，最终不得不依靠依附发达国家而生存。在此背景下，拉丁美洲和非洲左翼思想家对依附论的发展做出了突出贡献。依附论继承于帕森斯的功能主义，并开创了世界系统理论，是一套分析西方主导的全球化及其引发的拉美危机和全球不平等现象的系统理论。依附论改变了审视不发达国家不发达原因的内部论，而在全球范围内以世界"中心"和"边缘"的维度揭示了处在"边缘"的不发达国家对处在"中心"的发达国家的依附，并否定了由西方主导的"西方中心主义"的现代化过程，而"西化"的过程即是不平等发展的过程。依附论流派对于分析资本主义全球扩张及其带来的影响具有深邃的见解。

依附论流派经历了两个发展阶段：依附理论和世界系统理论。依附理论主要通过"中心—边缘"的依附发展模式，将分析单位放在国家之间，最终的观点是要彻底摆脱对发达国家和西方模式的依赖，

---

① 罗宾斯. 全球化中的知识左派 [M]. 徐晓霞，译. 北京：中国社会科学出版社，2000.
② 克利福德，马库斯. 写文化：民族志的诗学与政治学 [M]. 高丙中，吴晓黎，李霞，等，译. 北京：商务印书馆，2006.

通过发展中国家的合作，消灭不平等发展的格局。世界系统理论在依附理论的基础上，突破了对国家个体之间的研究，从历史和现实的角度构建了一个统一的整体，用动态的和系统的方法解释世界发展的现象和规律。同时世界系统理论将依附理论的"中心—边缘"二元对立发展为"中心—半边缘—边缘"三元对立，将"半边缘"国家视为世界系统中的中坚力量，它的多样性和动态性对世界系统的稳定具有重要作用。依附理论中的"依附"概念与世界系统理论中的"依附"概念有差别，前者的"依附"主要指发展中国家对发达国家的依附，后者的"依附"则重视整体系统中各存在力量的双向依附。世界系统理论认为"半边缘"和"边缘"国家发展的目标是要改变自己在世界系统中的结构位置，实现地位"升级"。依附论流派在探讨边缘国家走上现代化道路的路径时，并不认为"追赶"是一条有效摆脱依附或边缘地位的道路，反资本主义的全球化，建立社会主义世界系统才是边缘国家发展自身的最好道路，但依附论并没有提出具体的实践思路和方案。

20世纪70年代，爱德华·希尔斯（Edward Shils）教授借用"中心—边缘"概念解析了美国学术系统的形成过程，随后又将其应用到对第三世界国家知识分子作用的研究中。[1] 依附论被应用到了高等教育领域。作为希尔斯的学生，菲利普·阿特巴赫（Philip Altbach）教授继承和发展了依附论，并将其更加系统化，用以阐述和分析高等教育全球化和国际化过程中西方主导的世界学术体系和不平等发展的影响。阿特巴赫的依附论思想同时包含了依附理论和世界系统理论的主要观点。在地域的划分上，阿特巴赫分别从国际层面和区域层面对高等教育的中心和边缘进行了分析，区域的中心也被称为边缘的中心，由此阿特巴赫发展出"中心—边缘的中心—边缘"的地域分析框架，而中国被认为是亚洲高等教育的中心国家之一，无论在学术成就还是人才引进上都明显具有更大的优势。在对依附的阐释上，阿特巴赫认为依附是单向的，而非系统性的。一方面，世界学术中心国家通过英语霸权、知识交流渠道控制以及学术标准"西化"，对边缘国家进行压迫；另一方面，边缘国家的大学，尤其是研究型大学，又不得不依附世界学术中心国家的知识生产和创造，保持在本国学术系统中的中心地位。边缘对中心的依附产生了极大的不平等关系，中心与边缘不平等的根源主要来自两个方面："首先，大学的历史传统是西方的传统，几乎与第三世界国家的知识和教育传统没有关联；其次，西方旧的殖民体系留下的余存，大多数发展中国家的各级教育系统都根植于宗主国的管理体系。"[2]

阿特巴赫对边缘国家发展的认知经历了两个阶段：在初期阶段，他认为世界学术系统的中心和边缘与经济、政治系统有所不同，它的变化相对较慢，在长时间内，世界高等教育强国依然会保持强大的学术权力和影响力，边缘对中心的依附有相当的合理性。在中后期，随着区域中心的活跃，以及边缘国家也逐渐重视高等教育的发展，阿特巴赫看到了不平等趋势的减弱，而诸如中国、印度等，除了在部分知识创新、知识出版物等因素上还存在着依附，已经逐步摆脱了依附发展的道路，在全

① 希尔斯.学术的秩序[M].李家勇，译.北京：商务印书馆，2007.
② 阿特巴赫.作为中心与边缘的大学[J].高等教育研究，2001（4）：21-27.

面分析自身历史经验和现实状况后，遵照本国的传统寻找更为适合的发展模式，这是世界高等教育发展的巨大进步。

四、马克思主义：全球大学共同体的延伸与重构

马克思是世界公认的开启全球化问题研究的先驱，对当代全球化理论流派影响深远。马克思认为资本主义的社会关系会扩展为全球性的社会关系，并通过生产力和经济发展建立和构建世界市场，落后国家必然被纳入资本主义生产方式的改造中。世界将被分割为城市—乡村（中心—边缘）结构，各民族和它们的文明相互冲突和碰撞，但彼此依赖。[①] 马克思主义作为一种政治运动在20世纪遭受了重大挫折，但作为一种理论，对全球化的解释和剖析深刻而透彻。马克思主义未对全球高等教育秩序做过分析，但是通过对马克思主义的解读，本文提出未来世界高等教育秩序应着眼于全球大学共同体的延伸与重构。

马克思从对世界历史的阐释发展出世界公民的思想，认为在人类自由发展的基础上，最终可以建立一个真实的"自由人联合体"，这是马克思关于共同体思想的出发点。马克思通过对虚假共同体——由资本主义发展出来的"市民社会"的批判，提出共同体并不是对个体的绝对压制，个体具有自由意志，可以依靠自己的力量推翻共同体的束缚。资本主义是建立在私有制基础上，旨在压迫和剥削无产阶级而建立的共同体，这种共同体是虚幻和虚假的存在，只是维护资产阶级利益的工具。真正的共同体，首先，要承认所有个体都是作为价值主体而存在，个体的价值会得到充分的实现；其次，共同体中的个体地位是实然的，共同体的存在是为了实现个体真正的自由，而个体也只有在共同体中才能体现其真正价值。全球大学共同体的理想要建立在实现所有民族国家大学自由和本身价值的目的上。

学者最早将大学视为共同体是源于大学曾是"无声无息的土地"，它既不对社会产生多少影响，社会也不会对它的自由过多干涉。在共同体内，学者和学生们遵从着传统和道德的自律，过着与世无争的日子。但长久以来，大学只被视作"学术共同体"，持这种观点的学者强调的是大学的本质，大学的内部结构、价值和行为基础，大学是一种"向内看"的组织模式，必须以学术为目的，以科学精神为核心凝聚力，并具有对某种绝对精神的追求。如果脱开因时代变迁和社会发展而赋予大学各种相对具体的任务，从理想的层面而言，大学在本质上应该以学术和科学为中心，对真理的向往不应该因为外在环境的变化而改变。[②] "学术共同体"模式更倾向于将大学看作一个封闭的组织，作为"学术共同体"的大学具有内聚性、排他性、封闭性和自主性，这种模式更像是将大学看作象牙塔，强调群体自治和内省。但大学已然不是一个封闭的系统，环境的变化为大学组织的重塑提供了决定性的外部压力，尤

---

① 中共中央马克思恩格斯列宁斯大林著作编译局. 马克思恩格斯选集：第四卷[M]. 北京：人民出版社，2012.
② 袁广林. 大学学术共同体：特征与价值[J]. 高教探索，2011（1）：14-17.

其是全球化发展将各民族国家的大学联系在一起，呈现出彼此交融、和合共存的多种样态。因此，全球大学共同体不再仅仅是狭隘的学术共同体，而是建立在知识共享、学术共进和全球问责基础上的利益共同体和命运共同体，它超越了"霸权""均势""中心—边缘"等传统的国际秩序和关系理论，通过大学将社会服务的职责延伸到全人类的生存与发展，延伸到对全人类的问责并以之为视角，成为一个实现多样民族国家大学价值的共同体。

全球化将大学分为三个群体：进行全球化的大学、被卷入全球化的大学和被全球化排除在外的大学。没有进入全球化的大学也越来越少，这些大学通常被认为是落后者和孤立主义的保守者。大学命运共同体的基础是利益共同体，大学之间的交流和合作无法绕开对利益的追求，这些利益不仅包括全球化带来的物质利益，还包括声望和自我价值实现的精神利益，即在国家甚至全球层面获得承认的价值建构行动。利益是推动大学发展的动力，没有利益，世界上民族国家的大学就不可能为全球共同体的建立而努力。利益的冲突和协调会成为大学共同体构建的核心问题。全球大学共同体的利益冲突主要来自发达国家和发展中国家的二元对立。当今世界正值前所未有的知识生产大发展时期，信息革命和蓬勃发展的分子革命为发展中国家的大学提供了机遇。随着发展中国家经济和政治的崛起，以及西方国家对全球发展控制力和贡献率的下降，被阿特巴赫称为边缘的中心国家已经开始了世界一流大学建设的进程，一方面，通过本国具有国际合作能力的学者和机构与西方顶尖大学在新兴学科和前沿学科方面谋求更紧密和高效的合作，缩小与世界一流大学的差距；另一方面，探索具有民族扎根性的知识创新方式，利用知识转型的机遇期，实现"后发先至"的战略目标。在全球大学共同体中，随着发展中国家部分"一流大学"的崛起，全球教育资源分配和声望等级将会出现改变，发展中国家及其大学将会在知识创新和知识生产领域谋求平等合作的利益和话语权，以求自由发展和价值释放。

全球化让世界变成了一个"风险共享社会"，"在特定社会中，人们将全球作为一个实验室，到处排放垃圾、威胁生命"①。人类的命运第一次如此紧密地联系在一起。人类与客体之间日益复杂的关系打破了以明显边界为特征的时空观念，取而代之的是以"网络"和"流动"为特征的新时空观。新机器、新技术和新知识的发展成为网络的节点，吸引不同社会的成员与其建立牢固的联系。节点的不断扩展意味着网络的形成，网络的不断延伸可以超越时空，使相隔万里的人和事物相连。时空不但是物质的存在形式，也是意识的存在形式，时空的转换意味着视野和思维方式的转换，大学需要在全球范围内重新审视自己的发展战略以及权利和义务。解决全球性人类生存和发展问题，并不是一个国家或者一个大学能够独立完成的，各国大学应该通过研究和人才培养，成为领导全球可持续事业发展的战略力量，为创造社会和环境的可持续经济体制服务。

大学具有坚定的批判精神，"知识分子以其超越现实价值体系的独特精神向度和强烈的理想主义情怀，从普遍的人文关怀出发，通过文化批判创生新的价值观念和思想，为变化中的社会秩序提供内

---

① 斯科特. 高等教育全球化理论与政策[M]. 周倩，高耀丽，译. 北京：北京大学出版社，2009.

在的精神支撑和思想整合基础，使社会得以不断地自我反省、自我纠正和自我定向"①。全球化让各国大学都在不断反省"以谋求自身利益最大化"的民族—国家为基点的对外关系原则。各国大学已经不再单纯地从本国利益或意志出发，而是通过协调和协商解决交流中的利益冲突，通过国际组织和新兴网络等节点，制定规则去约束和驾驭全球化进程，试图在获得自己利益的基础上，彰显自我学术意志，并同时让其他国家大学获利。全球大学共同体在实现马克思"真正共同体"思想的路径上，需要通过大学的自我批判和反思精神，以利益共同体为基础、以学术共同体为助力。

五、全球高等教育秩序的重组与中国责任

四种流派涵盖了全球化理论的基本内容，在许多基本观点上有紧密联系也有重大分歧。新自由主义从经济视角出发，通过市场和资本运作，赢得经济、意识形态、政治和文化的控制力，在霸权框架里运行资本主义逻辑，但马克思主义的全球化理论流派坚决反对新自由主义的市场自由化和毫无节制的私有化。西方左翼从文化和社会视角出发，表面上继承了马克思主义对民族国家和世界历史发展的研究，但是并不赞赏马克思对经济领域的分析，认为这是一种"物质决定论"，而且在对全球化的客观后果的态度上，又转而谨慎支持新自由主义，承认弱势文化国家"被代表"的相对合理性。依附论从政治视角出发，其"中心—边缘"思想继承了马克思"城市—乡村"二元对立观点，世界系统理论深受马克思以资本主义开创世界历史时代观点的影响，说明资本主义剥削的本质和不平等的根源。马克思主义从历史的高度出发，论述了人类世界历史的形成和发展。在对资本主义共同体批判分析的基础上，提出了人类将形成真正的实现各自价值的共同体，真正的世界公民将存在于共产主义社会的观点。

知识霸权、弱势文化式微、中心—边缘，作为全球高等教育的旧秩序，依然存在并发挥重要作用。西方主导下的高等教育秩序的根本缺陷在于其不公平和不公正性。从对核心和高端知识的垄断，到对人类大多数非西方国家民族文化和精神财富的忽视，"西方中心"体现的是西方秩序而不是世界秩序。在全球化背景下，世界高等教育随着科技强势介入和交往空间压缩，已然形成了一个更为紧密的结合体。在人类所面临的生存和发展问题突破传统疆域束缚，成为全球问题时，大学作为知识生产和传播的重要组织，将为解决全球问题提供关键性的人才和智力支持。21世纪以来，以美国为首的西方秩序开始衰落，中国更加主动地承担国际责任。中国高等教育在经历了数十年的改革和发展之后，已经在人才培养、科研水平和制度建设上取得了卓越的成就，并期望通过"双一流"建设推动一批高水平大学进入世界一流行列。在全球化进程中，中国高校应以马克思"真正共同体"思想为指导，从观照全人类命运的高度，构建"全球大学共同体"。中国高校应该充分发挥桥梁作用和动力效应，一方面，通过"南北合作"逐渐缩小与西方国家的差距，全面提升教育质量，并促进国外高端人才回流，在新兴

---

① 张应强. 现代大学精神的批判与重建——为刘亚敏《大学精神探论》而作[J]. 高等教育研究, 2006 (7): 11-26.

知识领域争取达到和西方顶尖高校同等或相近水平；另一方面，通过"一带一路"合作将先进的科技和人文知识、管理经验、摆脱贫困和落后的可行方案等传播给广大发展中国家，逐步改善全球范围内知识生产和教育机会的严重失衡状态。中国高校的国际化之路本质上区别于西方国家之处就在于坚持平等性、融合性、互通性和共建共享性，构建不断扩大的新兴国家和发展中国家的学术交流圈，和发达国家一道，共同推动世界经济、社会、文化的平衡、可持续和包容性发展。

新型教育综合体研究

——以天元公学为例

林玥玥

杭州国际城市学研究中心助理研究员

摘　要：目前，国内民办教育总体而言呈现出发展不平衡、不充分、不规范的局面。就杭州而言，解决教育发展问题，不仅要破解"好上学"的问题，也要破解"上好学"的问题；不仅要彰显"教育公平"，更要体现"教育优质"。随着杭州经济、社会的发展，杭州市民办教育市场化程度较高。虽然部分民办学校在办学理念、培养模式、校园文化上有了突破，但是绝大部分民办学校的办学方向和质量还存在着不少问题，亟待政府、社会各界力量解决。天元公学不仅肩负着"育人"的社会使命，更要兼顾"增值"的经济目标和"和谐"的生态责任。要深入研究教育经济学、教育技术学，并积极探索学校治理体系、治理能力现代化，致力于实现社会效益、生态效益、经济效益协同发展的最大化，走出一条具有划时代意义的创新型办学模式。

关键词：教育综合体；EOD 模式；民办教育

一、指导思想

党的十九大报告指出，"优先发展教育事业。建设教育强国是中华民族伟大复兴的基础工程，必须把教育事业放在优先位置，加快教育现代化，办好人民满意的教育"。

2018 年 9 月 10 日，习近平总书记在全国教育大会讲话中指出，"改革是教育事业发展的根本动力"，强调要"坚持深化教育改革创新"，"必须更加注重教育改革的系统性、整体性、协同性，及时研究解决教育改革发展的重大问题和群众关心的热点问题，以改革激活力、增动力"。

2018 年 12 月 18 日，习近平总书记在庆祝改革开放 40 周年大会讲话中强调，"40 年的实践充分证明，改革开放是党和人民大踏步赶上时代的重要法宝"，"只有顺应历史潮流，积极应变，主动求变，才能与时代同行"，"将改革开放进行到底，不断实现人民对美好生活的向往，在新时代创造中华民族新的更大奇迹！"

2018年9月10日，习近平总书记在全国教育大会上提出要"坚决破除制约教育事业发展的体制机制障碍"，"要加快建成平等面向每个人的教育，努力使每个人不分性别、不分城乡、不分地域、不分贫富、不分民族都能接受良好教育；要加快建成适合每个人的教育，努力使不同性格禀赋、不同兴趣特长、不同素质潜力的学生都能接受符合自己成长需要的教育；要加快建成更加开放灵活的教育，努力使教育选择更多样、成长道路更宽广，使学业提升通道、职业晋升通道、社会上升通道更加畅通"。

二、研究背景

（一）民办教育的发展现状

改革开放40多年来，民办教育从无到有，从小到大，形成了从学前教育到高等教育、从学历教育到非学历教育，层次类型多样、充满生机活力的发展局面，满足了人民群众日益增长的差异化教育需求，是教育事业发展的重要增长点和促进教育改革的重要力量。党的十九大报告中还指出，"支持和规范社会力量兴办教育"，要进一步调动社会力量兴办教育的积极性，促进民办教育持续健康发展。

当前，我国正在由教育大国向教育强国迈进，进入以提高质量、促进公平、改善环境、优化结构为主要特征的新发展阶段，民办教育发展规模正不断扩大，各类民办学校数量、招生人数都呈现上升趋势。民办教育的发展，不仅扩大了教育资源供给，弥补了公办教育资源的不足，同时还通过提供多样化的教育服务，满足人民群众特色化、选择性的教育需求。

民办教育是杭州教育发展的重要组成部分，杭州市委、市政府历来高度重视民办教育事业的发展，深化办学体制改革，增强教育改革发展活力，健全杭州市民办教育健康发展机制，不断满足人民群众多层次、多样化的教育需求。

（二）民办教育的法律法规和政策

改革开放以来，民办教育的发展经历了一个漫长的过程。我国先后通过《中华人民共和国宪法》《中华人民共和国义务教育法》《中华人民共和国民办教育促进法》等一系列法律法规，明确了民办教育的合法地位，从国家层面对民办教育事业的发展予以大力支持。

随着民办教育的发展，诸多问题和挑战逐渐显现，党中央、国务院顺应时代发展要求，适时对民办教育的各项法律法规进行修改。2010年颁布的《国家中长期教育改革和发展规划纲要（2010—2020年）》，明确规定民办学校办学自主权，为民办教育的发展确立了长远规划。2016年11月7日通过《全国人民代表大会常务委员会关于修改〈中华人民共和国民办教育促进法〉的决定》，政府对民办院校的分类管理从法律层面加以完善，厘清了民办院校收入回报的界限，确立了教育营利的合法性问题，使得我国民办教育政策法规体系进一步得到完善和发展。2016年12月29日，《国务院关于鼓励社会力量兴办教育 促进民办教育健康发展的若干意见》发布并实施，为鼓励社会力量兴办教育，促进民办教育健康发展提出指导性意见。2017年9月1日起施行的最新版《中华人民共和国民办教育促进法》明确民办学校实行分类管理，健全民办学校法人治理机制，规范民办学校办学行为，完善政府对民办学校的扶持措施，为新历史机遇下的民办教育指明了发展方向。

2016年1月26日，《杭州市人民政府关于促进民办教育持续健康发展的实施意见（试行）》（以下简称《实施意见》），明确了杭州市在民办学校分类管理、教师待遇、教育收费、税收用地、财政扶持、法人治理、风险防范、校园安全、规范办学等方面的政策举措。为加快《实施意见》落地落细，《杭州市财政局 杭州市教育局关于印发〈杭州市市级民办教育发展专项资金管理暂行办法〉的通知》和《杭州教育局关于印发〈杭州市市管民办学校生均经费补助核评细则〉和〈杭州市对区、县（市）民办教育专项资金补助核评细则〉的通知》等两个促进民办教育健康发展、规范发展的行政规范性文件，与《实施意见》共同构成民办教育发展"1+2"新政，基本形成"十三五"期间杭州市民办教育健康有序发展的顶层设计。

民办教育事业的发展已经有法可依并且享有充分的办学自主权，良好的社会土壤正在培厚创新，民办教育的办学质量将会越来越高。

（三）民办教育面临的困难与挑战

目前，民办教育虽然在发展规模和所占比例上取得了较大的提升，但总体而言呈现出发展不平衡、不充分、不规范的局面。"不平衡"是指民办教育办学规模和质量在地区、学校间存在巨大差异。"不充分"是指民办教育整体规模不大，层次偏低，质量不高，影响较小。"不规范"是指民办教育法律法规政策不够细化，可操作性不强，导致民办学校管理不规范，各类社会力量兴办教育的积极性不高。除此之外，民办教育在招生、师资等问题上也存在着诸多挑战，随着教育市场化竞争愈演愈烈，抢夺优质生源，吸引授课名师成为民办学校的争夺焦点。民办教育先天发育不足，后天政策扶持力度不够，导致民办教育的发展面临着许多困难和挑战，发展脚步放缓。

就杭州而言，解决民办教育发展问题，不仅要破解"好上学"的问题，也要破解"上好学"的问题；不仅要彰显"教育公平"，更要体现"教育优质"。随着杭州经济、社会的发展，杭州市细分出各类民办学校，民办教育市场化程度较高。虽然部分民办学校在办学理念、培养模式、校园文化上有了突破，但是绝大部分民办学校的办学方向和质量还存在着不少问题，亟待政府、社会各界力量解决。

三、教育综合体概念

"城市综合体"（hotel，office，park，shopping mall，convention apartment，HOPSCA）是以建筑群

为基础，融合商业零售、商务办公、酒店餐饮、公寓住宅、综合娱乐五大核心功能于一体的"城中之城"，也称为功能聚合、土地集约的城市经济聚集体，具有超大空间尺度、通道树型体系、高科技设施、交通可达性强、空间灵活多样、功能高度复合等特征。

"教育综合体"是在"城市综合体"概念的基础上，以广义的"教育"为主导功能的复合型建筑体，即在规划区域内，以教育为主题，以多业态的教育、文化、艺术、体育、科技等优质资源聚合的教育复合体。它不是将各种不同的使用功能简单地堆砌组合到一起，而是在有限的空间内通过对功能的重新组合，形成一种占用空间较小和包容性较强的多功能复合空间。

四、研究理念

天元公学不仅肩负着"育人"的社会使命，更要兼顾"增值"的经济目标和"和谐"的生态责任。因此，要深入研究教育经济学、教育技术学，并积极探索学校治理体系、治理能力现代化，致力于实现社会效益、生态效益、经济效益协同发展的最大化，走出一条具有划时代意义的创新型办学模式。

（一）坚持教育综合体理念

天元公学建设要坚持教育综合体理念，致力于打造以教学、培训功能为主，集文创、商务、旅游、会展、人居等多种功能于一体的教育综合体。教育综合体在当下资本赋能的助推和教育政策加持下，强者愈强，被学界视为素质教育在未来十年正确的"打开方式"，能够顺利迎接即将来临的中国素质教育红利期。天元公学按照教育综合体的理念打造，不仅考虑到了青少年宫、老年大学的培训需求，还兼容了开放式体育运动馆、六艺教育博物馆、六艺教育图书馆的功能，可以满足周边市民多元和多层次教育、培训、运动需要，开学校建设先河，必将成为杭州市、浙江省乃至全国未来学校综合体建设的领跑者。

（二）坚持 EOD 模式理念

天元公学建设要坚持 EOD 模式理念。教育投入是回报率最大的生产性投入，建学校需要大量投入，同时教育会带动城市升值。要深入理解、通盘谋划天元公学与城市区域发展之间的关系。按照EOD 教育导向型城市发展模式的理念，遵循"以人为本""效益统一""多规合一""优化布局""绿色发展"等城市规划、建设、管理理念，学校建设将带动整个周边区块土地的增值，对提升未来科技城乃至余杭组团的城市发展品质都将产生重要作用。它不仅能为未来科技城提供大师级人才，而且能以文化、教育两大"绿色"产业为区域可持续发展提供新的动力与支撑，打造城市区域"新名片"，让未来科技城、余杭区人民首先成为建设天元公学的最大受益者。

（三）坚持教育经济学理念

天元公学建设要坚持教育经济学理念。全面严格对照国家、部委、省市各级各类建设标准，努力实现建筑空间、设施设备使用效率最大化。天元公学要在有限的土地上，最大限度挖掘发展潜力，进一步在地下空间拓展、场地设施共享、空间功能创新等方面做好改革创新的文章。要通过合理配置公用设施与专用设施比例，科学设计配套教学用房，实现高度开放共享，提高使用效率。同时，天元公学校园的规划设计要追求创新，以建筑设计的创新带动体制机制甚至经营管理模式的创新，通过对教育教学资源的高效利用获取一定收益，进一步推动学校国有资产的保值增值，实现资源的可持续利用，发挥校园150亩土地的最大经济效益、社会效益和生态效益。

（四）坚持教育技术学理念

天元公学建设要坚持教育技术学理念。数字化、信息化和智能化是中国教育面向现代化、面向世界、面向未来的必然趋势。《教育信息化十年发展规划（2011—2020年）》和《教育信息化"十三五"规划》相继出台，党的十九大也对教育事业提出了新要求、新目标、新任务，要推动教育事业从"教育信息化1.0"迈向"教育信息化2.0"，实现教育信息化从融合发展向创新发展转变，全面提升教育质量，在更高层次上促进教育公平，加快推进教育现代化进程。要不断探索信息化教学互动模式、"互联网＋"平台教育服务模式、数字化教育治理模式。要强调数字技术，特别是新一代互联网技术，积极采用大数据、物联网、人工智能、VR等先进技术手段来推动整个学校的高效运作，建设"国内领先，世界一流"的数字学校。

（五）坚持现代学校治理理念

天元公学建设要坚持现代学校治理理念。习近平总书记曾在党的十八届三中全会上强调，要"完善和发展中国特色社会主义制度，推进国家治理体系和治理能力现代化"。此次在全国教育大会上又进一步明确，"必须深化办学体制和教育管理改革，充分激发教育事业发展生机活力，推进教育领域治理能力和水平的现代化"。现代学校制度的核心要义是"依法办学、自主管理、民主监督、社会参与"。天元公学要积极探索学校治理体系、治理能力现代化，适应时代需求，实现学校治理法治化、民主化、现代化。要按照国有民办学校的性质，实行理事会领导下的校长负责制，创新办学体制机制，促进教育公平，普及优质教育，将学校打造成为杭州教育系统现代学校治理的标杆、样板。

（六）坚持"六高""六化"理念

天元公学建设要坚持"六高""六化"理念。"六高"即"高起点规划、高标准建设、高强度投入、高效能管理、高水平经营、高层次研究"。不仅要宏观把控校园整体规划，更要微观处理各个局部的设计细节。在装修设计品质、工程项目管理、设施设备采购等方面，要参照杭州国际城市学研究中心仓前大楼标准，综合运用新技术、新材料、新工艺，实现教学设施设备标准化管理，既要满足数字化、信息化、高质量教学的要求，又能够为师生提供舒适的教学场地，满足个性化、艺术化、品质化的教学需求，推进教学活动秩序化、规范化、科学化。

（七）坚持"大师大楼"理念

天元公学建设要坚持"大楼大师"理念。办教育首先要回答好"大楼大师"问题。要吸引一流的大师，必须靠一流的大楼，"栽下梧桐树，引得凤凰来"。大楼好比"梧桐树"，而大师就是"金凤凰"。

要想打造一所传承一两百年的经典校园，天元公学还要努力打好以下"六张牌"：第一，要打好"品质牌"。学校建筑要坚持品质至上，学习借鉴国内特别是国外中小学名校的成功做法，打造"世纪精品、传世之作"。第二，要打好"人文牌"。学校建筑和校园规划，要凸显杭州的城市人文精神，反映"精致和谐、大气开放"的人文风貌。第三，要打好"生态牌"。要认真研究校园如何依托余杭塘河和现有自然条件，在生态上做足文章、做好文章。第四，要打好"创新牌"。坚持从规划建设的创新入手，以规划建设的创新带动经营管理的创新。第五，要打好"开放牌"。天元公学要研究如何围绕棋、琴、书、画、语言和数学而建配套设施，服务于余杭组团、未来科技城的社区居民。第六，要打好"综合牌"。天元公学的规划目标是以教学、培训功能为主，兼具文创、商务、旅游、会展、人居等多业态的小型教育综合体，既让学校拥有自我发展的能力，也让学校成为未来科技城今后的一个旅游景点，成为广大学生家长寒暑假期间带孩子到杭州旅游时进行游学参观的学校。

（八）坚持"名校集团化"理念

"名校集团化"办学是整合区域优质教育资源，加快推进教育现代化的"杭州特色"。天元公学坚持名校集团化，积极争取与杭州二中等名牌学校合作，整合其基础教育资源品牌，提高学校招生的吸引力，缩短建设名校的成长周期，切实提升生源质量和教育投入产出效能，让优质教育普及化、平民化。

五、研究目标

（一）解决公办教育与民办教育的矛盾，把公办教育和民办教育有机结合起来

"国有民办"是 21 世纪以来杭州教育改革创新的一项重大成果，其突破点在于整合国有资源优势，创新民办运营体制机制，进而有效破解教育的"公平与效率"问题，成为实现"公平效率"教育的重要途径。天元公学的体制机制定位于"新型国有民办"，即在公办学校基础上，增加"民办"的运营机制，借助民办学校的优势，在公益性前提下，尝试破解教育的"公平与优质""选拔与培养"问题，核心就是要解决大师人才的发现问题。

（二）解决公平教育与优质教育的矛盾，把公平教育和优质教育有机结合起来

教育公平是解决"好上学"的问题，让区域内的适龄儿童有学可上，满足受教育的基本需要；优质教育是解决"上好学"的问题，集聚一流名师、一流设施、一流理念、一流保障，促进学生自主发展、和谐发展、个性发展和可持续发展。要解决公平教育和优质教育之间的矛盾，就要发挥好天元公学"国有""民办"的优势。

（三）解决通识教育与特色教育的矛盾，把通识教育和特色教育有机结合起来

通识教育是教育的一种，这种教育的目标是：在现代多元化的社会中，为受教育者提供通行于不同人群之间的知识和价值观。当下普遍的是通识教育与特色教育学校分开。而天元公学既有通识教育，应对义务教育课程与中考、高考，又有特色教育，要解决培养大师的问题。其中，就要在教学模式、

教材编写、学生发展上彰显与一般学校的不同。

一是在教学模式上求突破。天元公学坚持"因材施教"，既致力于在中考升学、高考升学方面，将学校打造成为杭州顶尖级的一流名校，同时也探索实施个性化潜能教育的实践。

二是在教材编写上求突破。天元公学将以"六艺"教材编写为载体，一揽子研究解决学校教材、教师、教学、拔尖创新人才培育乃至学校内部现代化治理结构等问题。通过引进、消化、吸收再创新，组织专家编写一套适合发现和培养大师的"六艺"专业教材。

三是在学生发展上求突破。天元公学建立"以学生发展为本"的新型教学关系，实施"兴趣小组、预备班、重点班"三个专业教学层次。对于偏才、专才学生，学校以专业特长学习、发展为主，努力使学生进入不同专业的高等院校；对于学科通才学生，要求其在保证基础学力的基础上，选修一门或几门"六艺"专业课程，最终进入985、211、"双一流"大学。这个教学体系的最终目的就是要让每一位学生都能成才。

总之，建立发现、选拔和培养特殊人才的机制，使就读学生参加兴趣活动和参加专业培训实现良性的双向互动，这是天元公学不同于一般中小学的最大特点。

（四）解决基础教育和终身教育的矛盾，把基础教育和终身教育有机结合起来

在解决基础教育和终身教育这一对矛盾方面，天元公学采用"教育综合体"的理念，打造以基础教学、社会培训功能为主，集产学研文旅创于一体的教育综合体。具体而言，天元公学既是六艺学校，也是终身教育学校，既考虑到了实行市场化经营的青少年宫、老年大学的培训需求，还兼容了开放式体育运动馆、六艺教育博物馆、六艺教育图书馆的功能，可以满足周边市民多元和多层次教育、培训、运动需要。

同时，学校还规划了挖潜兼容性的"两馆一院"，实施"333"工程：一是实现三大机构有机结合，即天元世界教育博物馆、天元教育图书馆，以及天元超常儿童教育研究院的有机结合；二是实现三大维度有机结合，包括教育时空维度（时间维度是指古往今来；空间维度是指世界、中国、浙江、杭州、天元）、教育程度维度（学前、小学、中学、大学、终身教育）和教育专业维度（"1＋6"，超常儿童教育＋棋、琴、书、画、语言、数学）的有机结合；三是实现三大团队有机结合，包括专家顾问团队、专业教师团队、教材编写团队等。这样的理念和模式，开学校建设之先河，必将成为杭州市、浙江省乃至全国未来学校综合体建设的领跑者。

（五）解决分阶段教育与十五年连贯制教育的矛盾，把分阶段教育与十五年连贯制教育有机结合起来

目前我国基础教育仍以分段教育为主。天元公学作为一所配建学校，必然面临学区范围内公办幼儿园、小学、初中、高中的招生与分阶段择校问题，要满足幼升小、小升初、初升高的分阶段教育需求。

但就培养大师级人才的超常儿童教育来说，人才的培养是一项长期性、系统性的工作，因此，天元公学有效结合连贯制、分段式两种模式，能够最大限度发挥其优势，既对六艺人才提供保障，又能提升分阶段教育的效率效能。

（六）解决配建学校的招生与面向全国招生之间的矛盾，把配建学校招生和面向全国招生有机结合起来

解决配建学校与全国招生学校之间的矛盾，核心就是要解决大师人才的发现问题。天元公学要回答"钱学森之问"、研究"教育的本源"，首先要从拔尖创新人才的选拔入手。

从中国棋院杭州分院多年来一直探索大师的培养来看，大师人才具有六个要素：第一，天赋。大师一定有天赋。第二，童子功。大师一定有童子功，要从小进行培养。第三，勤奋。大师一定勤奋，并且对行业充满热爱。第四，名师。大师必须依靠"名师带高徒"这样的教育方式来培养。第五，理解。大师在成才过程中走的是一条非常艰难的路，家长和社会要尽全力支持和理解。第六，保障。就是要形成一套发掘培养天赋少年的体制、机制等系列保障举措。

总结上述六个成才要素后，中国棋院杭州分院得出了选才育人模式的两大经验：一是从小培养。在棋类冠军成长低龄化趋势之下，围棋世界冠军的平均定段年龄为 12.32 岁，90 后棋手定段后平均仅用了 6.88 年就成为世界冠军。不仅是棋类大师需要从小培养，"六艺"其他学科的天赋也需要从小发现、从小培养。

二是面向全国招生，把全国棋类尖子生均吸引到杭州来进行培养。在万分之一的超常儿童出现概率中，围棋超常儿童只占所有超常儿童的一小部分，全国总人口有 14 亿，每年出现的围棋天才只有 1000 名左右。中国棋院杭州分院势必要面向全国进行招生选拔。虽然每年的学生规模只有 100 人左右，但是近年新增的中国职业棋手中，有超过一半来自杭州棋类学校，这意味着最多再过 10 年，中国围棋的全国冠军乃至世界冠军，将有近一半是杭州培养的。

一脉相承的天元公学，参考中国棋院杭州分院的成功经验，将成为破题"钱学森之问"的试验田。

（七）解决教育投入与教育产出之间的矛盾，把教育投入和教育产出有机结合起来

天元公学按照教育综合体的模式，首创性地实施"教育投入产出倍增计划"，在同样土地、少量增加资金等基础上，实现原有的公办教育学生规模不减少、享受到的公办教育资源不打折扣，同时增加一倍以上的优质、非营利民办教育资源。

（八）解决教育研究和教育实践之间的矛盾，把教育研究与教育实践有机结合起来

天元公学的核心创新在于把"标准化教育"与"因材施教"有机结合起来。2016 年 9 月 9 日，习近平总书记在考察北京八一学校时指出："教育要注重以人为本、因材施教，注重学用相长、知行合一，着力培养学生的创新精神和实践能力，促进学生德智体美全面发展。"这也是天元公学的办学理念：既要符合中国教育以普通高考和专业教育作为检验标准的现状，以高考为目标来设置标准化教育的课程和手段，也要做到因材施教、学用相长、知行合一。

（九）解决学校规定动作与自选动作之间的矛盾，把学校的规定动作与自选动作有机结合起来

天元公学是一所创新型学校，既要求不折不扣落实好国家教学大纲中设定的"规定动作"，又强调在教学方法、管理架构、招生对象、经营模式等方面采取创新的"自选动作"。

（十）解决办学宗旨与实现家长、学生的期盼之间的矛盾，把实现办学宗旨与实现家长、学生的期盼有机结合起来

天元公学在培养大师的命题下，还要满足学生和家长，特别是超常儿童和其家长的企盼，他们的目标未必是考上名牌大学，而是成为各专业性领域的顶尖级人物、大师级人才。对于这部分群体的需求，天元公学也会努力做到兼顾，把自身打造成为大师摇篮、冠军摇篮。

解答好上述"十个矛盾"，最终是要在天元公学实现三大目标：第一，满足在校5000人优质教育和终身教育的需要。第二，实现教育投入产出倍增计划。第三，在"六艺"项目上实施拔尖创新人才的发现和培养计划，打造培养大师的摇篮。

六、EOD开发研究

（一）规划衔接

《杭州市余杭区国民经济和社会发展第十三个五年规划纲要》明确以"点轴状布局圈层式开发、产城人融合钱地人融合"为实施路径，努力打造中国创新创业新高地、浙江信息经济新蓝海、杭州宜居宜游新城区。纲要进一步明确以文一西路等为交通主轴线，实现创新驱动发展，加快构建创新人才集聚、创新主体活跃、创新服务完善的综合系统，将未来科技城打造成城西科创大走廊、国家自主创新示范区核心区。

《杭州市余杭分区规划（2017—2020）》针对未来科技城、良渚文化城、临平创业城和大径山生态区提出了"凸显特色，加强分片，差异化引导"的发展策略。其中未来科技城应积极对标美国硅谷，对接好国际国内两个市场，围绕国际人才需求，加快集聚城市国际化要求下的教育、医疗、商务、娱乐、文化等配套元素，鼓励建设国家化园区、国际社区、国际校区，为引进更多海内外高层次人才打下更好基础。

（二）规划范围

战略研究范围为以未来科技城为核心的城西科创大走廊相关区域，包括西站高铁新城片区、科技城海创园片区、南湖片区、金融岛片区等相关区域，以天元公学为核心，打造城西科创大走廊国际化现代化新型教育高地。

核心研究范围根据未来科技城管委会相关部门的建议，具体是以狮山路—凤新路—常睦路—绿汀路西侧规划道路—文一西路—东西大道—015省道为界，这是天元公学EOD开发的直接影响范围。该范围内共包括各类地块292块，总面积6.99平方公里。

（三）规划目标

秉承天元公学教育综合体EOD开发理念，根据"一调两宽两严"的用地调整思路，进一步挖掘核心研究范围内的级差地租潜力，促进地块功能优化和布局调整，优地优用，实现核心范围内打造以天元公学教育综合体为核心的未来科技城国际化现代化新型教育高地的战略目标。

（四）发展战略

早在 2008 年，杭州师范大学"建设一流综合性大学"工程中，杭州市委、市政府就率先引入大学校区建设"城市综合体"理念，坚持以"数字化、节能型、花园式"为特色，坚持突出"和而不同"，着力打好"品质、生态、人文、创新、开放、综合"六张牌，力求以"造城"的理念谋划区域发展，打造"世纪精品、传世之作"。具体应该坚持以下几点。

第一，坚持 EOD 发展理念。教育投入是回报率最大的生产性投入，要正确认识教育投入带动城市升值的巨大潜力。需要通盘谋划天元公学建设与未来科技城、城西科创大走廊之间的发展关系，在天元公学建设过程中坚持 EOD 发展模式，必将带动周边区域土地增值，对提升片区发展品质具有重要作用。同步将周边土地增值部分更多应用在天元公学的建设发展中，打造土地融资和学校投资之间的自我强化正反馈关系，实现"零财政资金投入"。

第二，坚持"一调两宽两严"的建设理念。深入研究马克思主义政治经济学级差地租理论，结合余杭区发展实际，加快天元公学周边土地规划调整，要坚持将周边区块用地和学校进行一体化开发利用，坚持严控工业用地，合理配置商住用地。应同步放宽建筑容积率、放宽地上地下建筑高度；严控学校绿化率、严控建筑密度。

第三，坚持产城融合、职住平衡。立足研究区域的资源禀赋、比较优势和发展潜力，坚持创新驱动理念，坚持以天元公学为核心，以交通为纽带，以产业为桥梁，按照组团发展、产城融合、复合型和生态型的发展路径，使居住和就业在空间范围内相对平衡。同时依托天元公学加快包括教育培训、文创培育、商务旅游、会展人居等在内的特色产业培育，着眼于建设现代化教育高地。

第四，坚持多规融合。以空间规划为龙头，整合经济社会发展规划、土地利用规划、基础设施建设规划和环境保护规划，从土地、城镇空间、产业布局、生态环境、自然及文物资源、交通等多个方面进行协调平衡，合理确定发展目标和措施，形成五大规划相互支撑、相互牵制、相互融合的格局。

第五，坚持优地优用。要高度重视天元公学周边土地的开发利用，在道路退界、总规建设边界调整、绿地平衡等问题上不断强化土地级差理念，坚持优地优用原则，严格遵循 EOD 开发模式，根据不同的区位、地段分析其土地价值，并通过大疏大密的组团空间组织，高效利用土地资源。在实现高密度、高效益的同时，通过集中供绿、见缝插绿、立体绿化等方式，确保整个区块的综合价值。

七、办学目标

（一）总体目标

创办天元公学的目的，就是要"探求教育的本源、树立学校的标杆"，按照"教育综合体""名校集团化"等建设发展理念，在充分发挥国有民办体制机制优势的基础上，坚持"十五年一体化""六艺特色""一流名校"的办学定位，通过潜能教育、特色教学，因材施教，满足老百姓"上好学"的需求，将学校打造成为培养大师的摇篮。

（二）具体目标

1. 打造培养大师的摇篮

借鉴中国棋院杭州分院经验，实施"六艺"特色教学，为国家培养围棋世界冠军、音乐大师、书画大师、数学大师、高级翻译人才等各领域拔尖创新人才。

2. 打造高素质人才培养基地

以提高高考升学率，辅以"六艺"素质教育，以进入 985、211、"双一流"大学为目标，实现高考重点大学升学率位列杭州市前十。

3. 打造终身学习高地

推动开启"终身教育"新时代，积极做好业余培训工作，每年实现在校老年人培训 500 人规模，在校青少年培训 500 人规模。

4. 打造高端人才聚集地

积极满足未来科技城、余杭乃至杭州高端人才和市民对优质教育资源的需求，吸引并留住更多具有国际视野的人才来杭工作、生活，进一步提升城市国际化水平。

5. 打造特色教育新名片

要聚焦优质教育，加强学校软、硬件提档升级，提升办学整体水平，解决余杭区、杭州市乃至全国适龄学生潜能教育、特色教学等个性化学习问题。

6. 打造学前教育试验田

以极大的课程自主权赋予学前教育新的活力，建构具有"六艺"特色的幼儿园课程体系，进行"六艺"通识教育，实施天才儿童发现计划。

7. 打造快乐教育新领地

国际学校的创办奉行"快乐教育"，尝试走出应试模式，重在培养富有想象力、创造力、思辨力和实践力的未来创新型人才。

八、学校定位

（一）推行优质教育

天元学校坚持因材施教，积极探索"基础教学＋兴趣活动＋专业培训"的教学模式，要让未来科技城和余杭区的孩子能够在家门口享受到"十五年一体化"优质教育，致力于在中考升学、高考升学方面，将学校建设成为杭州一流。

（二）探索"六艺"特色教育

天元公学有效整合利用数学、语言等教学培训资源，成为六艺特色学校和终身教育学校。借鉴中国棋院杭州分院经验，从棋、琴、书、画、语言、数学六个方面实施"六艺"特色教学，为国家培养围棋世界冠军、音乐大师、书画大师、数学大师、高级翻译人才等各领域拔尖创新人才。学校50%的生源名额用于满足余杭基础教育的需要，另外50%的名额由学校面向全省乃至全国自主招生，通过扩大招生筛选范围，促进"六艺"好苗子的选拔，加快实现大师级人才培养的目标。

（三）践行终身教育

国际21世纪教育委员会在向联合国教科文组织提交的报告中指出，"终身学习是21世纪人的通行证"。天元公学涵盖幼儿园到高中十五年学校教育，同时老年大学培训500人，青少年活动中心培训500人，要满足未来科技城和余杭区"从3岁到83岁"人民群众终身学习的需要。杭州要建设世界名城，余杭区要创建"美丽城镇"，就要千方百计促进人的全面发展，积极构建终身教育体系。

（四）推动城市人才集聚

天元公学要加强学校软、硬件提档升级，以潜能教育、特色教学等个性化教学探索来提升整体办学水平，积极满足未来科技城、余杭乃至杭州高端人才和市民对优质教育资源的需求，吸引并留住更多具有国际视野的人才来杭工作、生活，进一步提升城市国际化水平。天元公学有责任、有义务为未来科技城及其周边高新企事业单位、余杭区、杭州市高端人才的入驻积聚力量。

九、校名研究

何谓"天元"？一是"天元"作为围棋术语，指的是棋盘正中央的星位。二是"天元"象征着由众星烘托的北极星，又可象征群星闪耀中最光彩夺目的第一明星。三是在古籍中，"天元"最早出现在《史记·历书》："推本天元，顺承厥意。"意为凡出神入化的人物，要了解万物的本源和开始。"天元"就是本源和开始。四是由于"天元"一词具有如此广大高深的寓意，演变至后来，用来指某一领域的王者，职业围棋战之一的"天元战"中，获胜者可得到"天元"头衔。

学校取名"天元"，一是旨在遵循教育规律和人的成长规律，遵从学生的天性、禀赋，因材施教，发现、培养天才儿童，造就拔尖人才。二是创新教育体制机制，创新学校模式，将学校打造成中国的教育标杆，引领中国教育变革。

"公学"起源于英国，英文为"public school"，指英国的公共学校。最早时是为比较贫穷人家的子弟提供教育的场所，到18世纪逐渐发展成为贵族学校，以培养升入著名大学的毕业生，造就未来担任国家事务领导工作的政治活动家为办学的主要目标。公学选拔学生的标准极为严格，从不允许滥竽充数。公学很重视绅士品格的培养，重视体育和团体活动。"保持自己的个性"是公学和它的每一个学生笃守的信条。因此，公学从古到今始终保持着一些显示自己地位的特征。现在公学在英国成了精英教育，在整个英国教育制度中占有崇高的地位。各所公学都有自己的管理方式，培养出的学生都很出众。公学以第一流的办学条件，第一流的教师阵容，第一流的教学水平，培养出第一流的学生。

学校以"公学"命名，包含四方面含义，即"公学"品质、公益立场、公平理念、开放办学。所谓"公学"品质，就是学校办学以卓越为目标，以特色为个性，以创新为标志，追求卓然不群的高贵品质。公益立场，即公学姓公，面向公众，服务百姓，追求优质教育资源社会效益最大化，使3—83岁的普通百姓能享受公学的优质教育服务，最大限度满足社会教育多元化需求。公平理念，指真正的教育公平即因材施教，"努力使不同性格禀赋、不同兴趣特长、不同潜力的学生都能接受符合自己成长需要的教育"，促其特长发展，出类拔萃，破解教育"公平与效率"问题。天元"公学"另一创新意蕴即开放、融合，致力于打造以教学、培训功能为主，集文创、商务、旅游、会展、人居等多种功能于一体的教育综合体，构建新型终身教育体系，创造全新的教育观念和学校概念。

天元公学设学前教育部、义务教育部、高中部、国际部、青少年活动中心、老年活动中心、六艺博物馆、六艺图书馆八大教育教学机构，有2所公办学校、2所民办学校，公办学校分别为杭师大附属未来科技城学校、杭师大附属未来科技城幼儿园，后面增加挂牌杭州二中未来科技城学校、杭州二中未来科技城幼儿园；民办学校分别为杭州蕙兰未来科技城学校、杭州蕙兰未来科技城幼儿园。同时增设未来科技城老年大学、未来科技城青少年宫、天元世界教育博物馆和天元教育图书馆。对外宣传时，统一名为"天元公学"。

（一）杭师大附属未来科技城学校

《中共杭州市委、杭州市人民政府关于进一步推进名校集团化战略的实施意见》中规定，"进一步发挥高校（科研单位）在名校集团化办学中的作用，鼓励高校（科研单位）参与基础优质教育资源扩张、快速孵化新的中小学名校"。各中小学积极探索与高等院校进行合作办学、共建附属学校，有利于促进区域学校的内涵发展，推动区域义务教育优质、均衡、高水平发展。

杭州师范大学是天元公学联合创办者之一，天元公学增挂"杭州师范大学附属学校"校牌。杭师大凭借自身优势，在附校课程教材建设、干部队伍建设、师资培训培养、教科研工作等方面给予全面指导，附校共享杭师大教育教学资源。

杭师大重点帮助天元公学义务教育阶段的办学，指导棋、琴、书、画、语言、数学"六艺"基础型课程的开发、建设与实施，全面推广"六艺"普及型教育。

杭师大与附校签订特长生生源招生协议，通过各种形式招录附校特长生，确保附校学生在同等条件下优先录取。杭师大附校以培养"六艺"专业顶尖人才为办学宗旨之一，为杭师大体育与健康学院、美术学院、音乐学院（筹）输送人才。

杭师大与附校全方位的合作，既能够实现高等教育服务社会的功能，提高杭师大在基础教育领域的影响力，又能解决部分大学生实习、就业问题和大学教职工子女就读问题，为杭师大教职工解决后顾之忧。同时以杭师大附校为教育科研实践基地，为杭师大提供了理论转化为实践的土壤，进一步提升杭师大教师的科研能力，以及杭师大附校的办学质量，实现合作共赢。

（二）杭州二中未来科技城学校

《中共杭州市委、杭州市人民政府关于进一步推进名校集团化战略的实施意见》中规定，"继续推进'名校＋新校''名校＋民校''名校＋弱校''名校＋农校''名校＋名企'模式，积极探索'名校＋名校''高校（教科研单位）＋新校''名园＋街园'以及'教育联盟'式运作机制、'名校托管'式运作机制、优质资源再生发展机制等新模式"。名校集团化是实现杭州优质教育均衡化的必由之路，其实质是通过整合优质教育资源来实现优质教育的均衡化。实施名校集团化战略，就是要使名校这种公共资源实现效益最大化，通过输出名校的品牌、理念、管理、文化、师资，通过"名校＋民校"的形式，实现优质教育平民化、普及化、均衡化，最终办好人民满意的教育。

天元公学增挂"杭州二中未来科技城学校"校牌，依托杭州二中的办学优势，全面指导天元公学高中教育阶段的办学，帮助天元公学高中段快速提升办学水平，实现高质量发展。

杭州二中重点围绕管理干部交流学习、教师交流学习、学生交流学习三个方面开展深入的合作，双方分享各自的教育资源。

第一，学校中层管理干部挂职、交流。杭州二中未来科技城学校积极学习杭州二中先进的管理理念、管理方法，提升办学效益。

第二，实现教育教学资源的交流与共享，尤其是高中毕业班教师之间的考试资源、信息交流，提升杭州二中未来科技城学校教师业务水平。

第三，组织双方学校教师开展教学专题研讨活动，相互借鉴，取长补短，鼓励教师在两校之间有序流动，打破学校壁垒限制，使优秀教师资源实现共享，也有利于迅速提高教师的业务能力。

第四，探索学生交换培养制度，根据学生发展的需求制定培养计划，如杭州二中未来科技城学校高三学生经过考核，可以交换到杭州二中学习，借助杭州二中高考名校的品牌效应，提升杭州二中未来科技城学校的高考升学率。

第五，利用杭州二中的品牌效应，从生源上确保高质量。杭州二中扩招"杭州二中未来科技城学校实验班"，将该实验班放在杭州二中未来科技城学校，委派杭州二中教师进行教学，同时开设网络直播课，保证与杭州二中学生享受同等的教学资源。

第六，加强双方文化艺术交流，杭州二中未来科技城学校背靠天元公学，拥有强大的棋、琴、书、画等"六艺"资源，能够为杭州二中提供丰富的文化艺术活动。

（三）未来科技城青少年宫

根据《共青团中央、全国少工委关于进一步加强和规范团属青少年宫管理的意见》的规定："青少年宫是青少年成长成才、全面发展的学校，是加强未成年人思想道德建设、推进素质教育、建设社会主义精神文明的重要场所，是专门面向青少年提供实践教育和社会教育活动的公共文化服务设施，在教育引导青少年树立理想信念、培养法治意识、发展兴趣爱好、促进体质健康、增强创新精神、提高科学素质和实践能力、锤炼道德品质、践行社会责任、实现全面发展等方面具有重要作用。青少年宫实行聘任制，专业技术人员的比例应不少于工作人员总数的70%。青少年宫的工作人员应具有胜任岗位职责所必需的专业知识和职业素养，在相关业务领域有一定专长。从事青少年宫教育教学一线的教师，应具有较强的业务能力，一般应具备大学本科或以上学历。"

未来科技城青少年宫立足余杭区未来科技城，是杭州市青少年活动中心在城西的基地，主要服务于周边地区青少年，按照市场化标准收费。未来科技城青少年宫与天元公学共享教育资源，既可以更好地满足素质教育的要求，又能够整合教育资源，充分利用公用设施，避免教育资源的浪费，共同服务于青少年的全面和谐发展。第一，未来科技城青少年宫依托天元公学，在办学场地、设施设备、任课教师、上课学生等方面充分共享，尤其是天元公学拥有一批教育专家学者，可以在未来科技城少年宫不定期组织学术讲座、专家论坛等活动。第二，未来科技城青少年宫还可以借助天元公学在棋、琴、书、画、语言、数学等"六艺"方面的课程设计、培养模式，辐射更多周边的居民学生，使"六艺"得到更好宣传，最终实现经济效益、社会效益的最大化。

未来科技城青少年宫的文化内涵建设主要有以下三点：第一，立足素质教育，充分发挥校外教育优势，以学生兴趣为导向，课程设置具有体验性和灵活性，相比课堂内的教学，未来科技城青少年宫的教学与活动的内容和组织形式更加丰富。第二，为学生提供自由选择课程的机会，每个学生都能找到和发挥自己的长处，通过各类课程、实践活动，培养学生的学习能力、动手能力、创新能力，打破习惯思维模式，启发创造性思维，促进学生核心素养全面提高。第三，为学生提供培养兴趣爱好的机会，减轻学生课业负担，充分释放学生的天性，注重综合素质，培养"全面发展的人"。

（四）未来科技城老年大学

《老年教育发展规划（2016—2020年）》规定："省、市两级老年大学在开展教育教学工作的同时，要在办学模式示范、教学业务指导、课程资源开发等方面对区域内老年教育发挥带动和引领作用，将老年大学集聚的教育资源向基层和社区辐射。加强老年大学与社会教育机构的合作，组建老年教育联盟（集团）。"

余杭区目前没有老年大学，因此未来科技城老年大学是余杭区第一所老年大学，也是杭州市老年大学在城西的基地，有着重要的社会意义。它不仅要引导、服务老年人学习新知识新技能，还要推进文化传承，促进社会和谐，满足老年人的精神需求，要把老年教育办得更加公平，更加有序，更加优质，更加充满活力。未来科技城老年大学按照市场化标准收费。

第一，加强教师队伍建设，不断提高教学质量。未来科技城老年大学与天元公学共享师资，要充分利用天元公学专业的教师队伍，聘请天元公学在职在岗教师到老年大学兼课，并根据其授课时数给予适当补贴。同时，还可以借助天元公学的平台，与棋、琴、书、画、语言、数学等"六艺"方面的专家大师达成协议，不定期到未来科技城老年大学授课。

第二，发挥"六艺"的文化引领作用。通过对天元公学现有资源进行整合，采取协办的形式，扩大未来科技城老年办学规模，做到布局合理、规模适当，方便周边地区的老年人学习，扩大老年教育覆盖面。在教学中，坚持因材施教，根据老年教育的特点和老年人的心理差异性，采取相应的措施，认真应对学员在动机、兴趣、知识状况等方面的差异。在课程开设上，既注重教授学员喜爱的"六艺"传统课程，也要注重现代信息化课程的开发，形成多元化、层次化、现代化的课程体系。

第三，优化管理结构。要使老年教育健康发展，必须顺应时代发展的需求，通过教学手段科技化、教育传播信息化、教学方式现代化等多种方式，推进老年大学教育现代化管理。未来科技城老年大学要借助天元公学的管理平台，充分利用"互联网＋"，促进互联网与老年教育深度融合。运用"互联网＋平台""互联网＋资源建设""互联网＋教学""互联网＋学习""互联网＋评价"等，开设网络课程，形成面授教学、电化教学、网络教学相结合的多元化教学模式。

（五）天元世界教育博物馆

博物馆是为社会及其发展服务，以教育、研究和欣赏为目的，对有关人类及其环境的物质遗产和非物质文化遗产进行搜集、保管、研究、传播和展出的非营利的永久开放机构。丰富的馆藏资源只是开展博物馆公共教育的基础和支点，要真正实现博物馆教育"服务社会，美育大众"的作用，博物馆需要建构自身适应社会发展和需求的教育体系，以人为本，提升和完善公共教育的内容与细节，更好地实现博物馆教育的社会价值和公共职能。

天元世界教育博物馆以"展柜＋镜框"及其他兼容性展陈方式，设置"教育与世界、教育与中国、教育与浙江、教育与杭州、教育与天元"等5个展示篇章。

天元世界教育博物馆是棋、琴、书、画艺术的殿堂，语言、数学知识的宝库，人们通过在这里亲身感受中国传统文化发展的脉络，对书法、绘画、棋具等艺术品进行鉴赏，可以提高艺术鉴赏力，培养艺术兴趣，从而提高整个社会的艺术审美水平，推动社会发展。

天元世界教育博物馆是一个兼容型博物馆，要结合自身"六艺"特色，借鉴中国围棋博物馆和世界城市博物馆的先进经验，构建完善的"六艺"教育体系。第一，充分利用廊道空间，以图片展示为主，实物展示为辅，在一楼架空层陈列相关图书、展品等，达到空间利用率最大化。第二，与天元公学一体化，为天元公学各个年龄段学生设计适合的教育项目，如借助艺术作品学习中科学、技术、工程等方面的知识，让学生通过从不同角度对绘画、雕塑、瓷器进行赏析，了解其制作工艺、方法、选用材料、色彩搭配等，这些都是很好的综合实践课程知识。第三，探索建立博物馆教育课程体系，博物馆是学校开展综合实践课程的首选，博物馆教育目的并不在知识的灌输，而在于通过交流，实现观众的自我学习。博物馆提供的教育平台具有很大的延展性，能为学生多方面的知识拓展、思维训练、道德情操的培养提供契机。第四，为有兴趣的学生提供自主研究、实习的机会。为学生提供丰富的研究资源和良好的研究环境，充分鼓励学生对"六艺"兴趣的培养。博物馆的各类"六艺"讲座、研讨会、工作坊等教育活动，也是课堂教育之外通识教育的重要体现形式。

（六）天元教育图书馆

图书馆在学校教育中肩负信息资源整合、教学辅助支撑、科研服务支持、学术交流沟通和文化展示展览等五大职能。艺术类图书馆要充分发挥馆藏资源、人才资源、软硬件综合实力、人文环境和艺术氛围等多方面的优势，以创新的"六艺"教育为主，以服务来促进图书馆教育职能的发挥，构建全新的"六艺"主题服务模式。

天元教育图书馆的建设模式主要参考杭州城市图书馆和城市书房。它既具有一般图书馆搜集、整理、收藏、流通图书资料的功能，又具有天元公学的鲜明特点，在引导学生课堂学习时具有特定的优势；既能作为图书、知识、艺术资源等信息的重要传播阵地，又能帮助学生进行艺术情感教育，还能促进学生艺术素养的提高。

当前，深化社会服务意识和服务实践已成为全球图书馆事业发展的共识和必然趋势。天元教育图书馆顺应时代和社会发展的需要，积极投身到社会服务中去，在保证天元公学校内服务和正常工作秩序的前提下，发挥资源和专业服务的优势，开展面向社会读者的服务，满足社会公众对文化信息资源的需求，为周边居民平等获取信息、提升文化素养奠定基础。

天元教育图书馆要打造集学习、创造与分享功能为一体的综合体，就必须充分利用自身"六艺"特色与资源优势，加强与社会各界之间的沟通交流，充分利用日益发展的先进技术手段，积极探索创新型的服务模式，以满足社会多层次、多样性的知识需求。

第一，利用新媒体数字化技术。可采用融合远程访问、移动借阅、数字阅览的馆藏借阅服务模式，帮助读者免费浏览、获取图书馆的各种电子资源与多媒体资源，保障其公平获取信息的权利。天元教育图书馆与天元公学各分学部开展协同合作，共同聘请或邀请国内外的表演艺术家、"六艺"专家学者前往本校举办专场音乐会、大师班讲座或学术报告、专题讲座；图书馆在取得授权后，可充分利用各大直播平台、在线音视频分享平台以及互联网协议电视等多媒体传播手段向社会公开进行推送和发布。

第二，提供六艺教育咨询服务。通过向社会提供经过整合的"六艺"教育资源和"六艺"考级信息等方面的咨询服务，让更多的群众从天元教育图书馆开展的社会化服务中获益。如图书馆可通过联合相关的各省棋类协会、全国各大音乐院校、美术院校、各省教育考试院等社会机构面向周边群众提供现场业务咨询与报名活动。针对周边群众最为关心的如中小学特长生招生信息，棋类、美术、书法、舞蹈、器乐、声乐等社会艺术类考级信息，以及各类艺术赛事、专业培训、艺术兴趣班报名等相关资讯进行现场辅导与答疑。

第三，打造"六艺"创客空间。创客空间所具备的开放性、创新性与艺术创造的理念颇为契合，亦与当今教育图书馆力求成为"学习、分享、交流中心"的发展目标趋于一致。因此天元教育图书馆引入创客空间，不仅能为图书馆事业注入新鲜活力，甚至从长远来看，对当地"六艺"相关产业、创意产业的发展也将起到一定的孵化作用。图书馆应选取出一些既能满足天元公学师生教学、科研需求，又能兼顾社会用户切实需求的创意项目。

十、学制研究

新中国成立以来，我国中小学学制变动频繁，曾经实施过"532""522"等多种学制。到 21 世纪初，我国基础教育学制逐步过渡到 12 年，即小学 6 年、初中 3 年、高中 3 年。其中小学和初中共 9 年，属法定义务教育阶段。

天元公学的创办，最大特点在于在基础教育领域建立发现、选拔和培养拔尖创新人才的机制，为高校、为社会、为国家输送优秀人才。因此，天元公学要实行学制改革创新，为天才儿童、拔尖人才开辟特殊的成长渠道。

（一）十五年一体化学制

天元公学实行"十五年一体化"学制，即学前 3 年、小学 6 年、初中 3 年、高中 3 年。从入幼儿园开始，经过一定程序的筛选，凡符合天元办学目标，有意愿、有潜力、能适应天元教学要求的学生均可直升本校小学、初中及高中。十五年一体化不同于十五年一贯制，学生升入上一个学段须经过学校组织的选拔考核，但不需要参加教育行政部门组织的升学考试。

（二）多元化弹性学制

多元化弹性学制指总学制弹性和学段学制弹性，即学生根据自身学力，可缩短总学制，不用 15 年完成基础教育全部课程，提前从高中毕业；或缩短某个学段学制，如用 4 年或 5 年完成小学学业，跳级（升学段）就读。

具体而言，天元公学鼓励拔尖学生在保证基础学力能力的情况下提出申请缩短学制，经审核通过后由学校安排适合的班级插班，或提供特设课程辅导，或专门设计一对一教学方案，以保证其顺利达到基础教育阶段学生基本的知识学习量和基本的学力水平要求，最终顺利进入大学或走上专业大师道路。

十一、招生研究

根据天元公学办学性质及发展规划，天元公学生源包括两类三种，即普通全日制学生、国际部全日制学生和非全日制社会培训学生，共计 5000 人左右。普通全日制学生，合计 15 个年级，每个年级 6 个班，共 90 个班，幼儿园每班学生 30 人，其余每班学生 40 人左右，共计 3400 人左右。天元公学国际部定位于国际教育三种形态的国际班，即引进高中课程模式，采取相对独立的办学模式，不片面追求办学规模，原则上控制在 500 人；非全日制社会培训学生含未来科技城青少年宫生源和未来科技城老年大学学员，分别招收 500 人左右参与在校培训。基于特殊的办学性质及办学目标，天元公学的招生势必不能局限于余杭区，要面向全国，其招生政策也不同于当前普通的基础教育学校或社会培训机构，需要探索创新。

（一）普通全日制招生

天元公学招生范围可定为余杭区内和面向全国两个部分。区内招生和全国招生比例视具体情况确定，但面向余杭区招生人数占比应不低于50%。

天元公学不同于普通的基础教育，旨在为有特殊禀赋的学生提供更加个性化、系统性、优质化的教育服务，使这些学生能够快速脱颖而出，成长为有特殊才能的优秀人才。因此，天元公学招生应采取与学校办学取向一致的招生办法，实行自主多元化招生，择优录取，或专业特长生破格录取，以有利于发现、选拔有特异禀赋的学生。具体招生方式如下。

（1）选拔招生。根据学校办学定位及目标，天元公学所有学生都要严格经过一定程序的专业评估选拔，选拔中重点关注学生的思维能力、综合素质表现及特异禀赋。

（2）直升。考虑到学校的学制性质和育人目标，天元公学实行内部考核直升机制，对适应天元办学要求、具备继续在天元就学潜力的学生，经过申请考核，可以直升进入高一级学段就学。直升学生考核应该予以严格把关。

（3）定向招生。定向招生包括面向基地学校的定向招生、联盟学校定向招生、竞赛官方机构或培训机构推荐招生等形式，也可以开展联合招生。

（4）动态招生。对无法适应天元教育目标、教学要求或志趣变化的学生，可根据一定程序，在每个学段结束时予以分流。在各学段初始年级，可根据需要面向余杭区或全国进行二次招生。

公办招生原则。原则上学生要有三个来源：一是未来科技城范围内的适龄生源，按照国家、省、市"学校划片招生、生源就近入学"要求就近招生。二是整个余杭区范围的适龄生源。三是有针对性地面向部分入学紧张的街道。为确保各学区之间优质教育资源大致均衡，相关街道可以采取购买服务的方式，解决优质教育资源紧缺问题。

民办招生原则。天元公学作为超常儿童发现、培养以及具有"六艺"特色的学校，必须面向全国发现有天赋的儿童。其中，天元公学民办学校面向省内招收成绩好或在"六艺"方面有超常潜质的适龄生源，面向全国（省外）招收"六艺"方面有超常潜质的适龄生源。

（二）国际部全日制招生

天元公学国际部的招生对象是在中国境内合法居留的外籍人员子女。由天元公学民办学校主体开展国际课程项目，前期采用合作办学方式，解决现阶段缺少外教聘用资质、外教管理团队等问题。公办学校尝试开展"国内课程＋标考"模式。

国际部是天元公学教育集团的重要组成部分，计划办学规模为500人左右。课程采取先开设A-level课程，再过渡到IB课程，同时保留A-level课程的方案。

（三）非全日制社会培训招生

1.未来科技城青少年宫招生

未来科技城青少年宫以招收在琴、棋、书、画、语言、数学等方面有良好禀赋或兴趣的学生为主，根据学校办学实际，也可开展其他方面招生。招生方式可参照杭州市青少年宫的操作办法。

2.未来科技城老年大学招生

未来科技城老年大学面向未来科技城招收符合条件的老年人入学。主要招生对象定位为区域内市直各单位机关及下属事业单位中离退休干部及高层次人才家庭老人。招收规模视具体情况确定，招生条件及方式可参照市区老年大学的做法。

3. 六艺特长生招生

在4000个全日制学生中，规划设置琴、书、画、语言、数学五个门类重点班特长生500人，而棋类重点班特长生250人，由中国棋院杭州分院进行统一管理和训练，确保普通全日制学生规模达到3500人。

十二、收费研究

天元公学收费要体现市场化和公益性相结合的思想，不以营利为目的，根据学校实际运营需要制定收费标准。学前教育和高中教育阶段收费可适当低于同区域其他高端民办学校收费标准；义务教育阶段收费可明显低于同区域其他高端民办学校收费标准；青少年宫、老年大学收费可参照周边学校收费标准。

（一）幼儿园收费标准

根据相关政策法规，依据学校定位，参考周边公民办学校收费标准，天元公学收费标准可以参照绿城育华翡翠城幼儿园，与其持平或略高。学费具体标准为每学期2.5万元，住宿费每学期3000元。

（二）义务教育收费标准

考虑到天元公学对学生进行"六艺"培养，学校整体运营成本费用比常规学校高的现实，天元公学小学、初中收费标准可以参照杭州蔚澜学校，比其略高。

（三）高中收费标准

天元公学高中阶段收费标准可以参照杭州英特外国语学校，与其持平或略高。

十三、体制机制研究

现代学校制度的核心要义是"依法办学、自主管理、民主监督、社会参与"。天元公学要积极探索学校治理体系、治理能力现代化，适应时代需求，实现学校治理法治化、民主化、现代化。

（一）领导小组

天元公学在筹建期间由余杭区政府、未来科技城管委会、城研中心、中国棋院杭州分院、杭师大等单位相关负责人组成天元公学改革建设领导小组，作为天元公学建设和前期运行的最高领导和决策机构，负责研究决定学校改革创新的总体思路、重大原则、重大政策和改革措施，统筹、指导、评价学校改革创新工作等，由中共浙江省委原常委、杭州原市委书记，浙江省人民政府咨询委副主任，杭州城市学研究理事会理事长，杭州国际城市学研究中心顾问，中国棋院杭州分院顾问王国平担任组长。

（二）Y形管理结构

根据天元公学顶层设计指导思想，天元公学管理体系建立Y形组织架构。实行董事会领导、专家委员会指导下的校长负责制，校长依据学校章程规定及董事会决议行使教育教学管理和行政管理的职权。Y形组织架构具有如下特点：一是与董事会平行设立专家委员会，为学校发展、办学模式、体制机制创新探索提供理论支撑和高水平学术支持；二是采用教学线和非教学线分线管理模式，将企业管理方法引入学校管理，让专业的人做专业的事，发挥团队的最大作用；三是实行大部制集约管理，根据全日制教育各类、各学段教育规律及培训教育的特点，设立学前教育部、义务教育部、高中部、国际部、培训部五个教学部，各部相对独立又协同合作，满足十五年一体化办学机制要求，各部下设办事机构。教学部之外，设行政管理、后勤保障、质量监测、教材研发四个中心，承担相应工作，服务学校运营（见图1）。

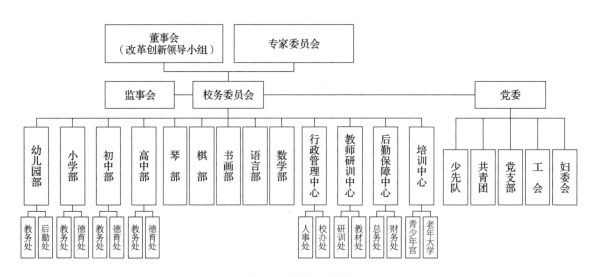

图1　Y形组织架构

（三）"大部制"管理

根据学校管理需要，天元公学拟采用"大部制"管理模式，即在校长统一领导下的各学部分工合作框架，并以"四五四"作总体架构：第一个"四"为四个常规学部（幼儿园部、小学部、初中部、高中部），"五"为五个"六艺"特色教学部（琴部、棋部、书画部、语言部、数学部），第二个"四"为四个职能中心（行政管理中心、教师研训中心、后勤保障中心、培训中心）。这样的管理架构主要是为了让教师们更加专注教育教学工作，而"四中心"的设立，主要是为了统筹学校的整体资源并形成合力，充分发挥学校的整合功能，在管理中有分也有合，做到分合有序。

十四、教学体系研究

天元公学坚持因材施教，积极探索"基础教学＋兴趣活动＋专业培训"的教学模式。一是夯实基础教学。把幼儿园纳入进来，和小学、中学（包括初中和高中）一道，统筹谋划形成"十五年一体化"的教学体系。学校按照国家、省、市教育部门规定，开设语文、数学、外语、科学、思想品德等通识性课程。二是拓展兴趣活动。学校兴趣活动围绕"6＋X"展开，"6"就是棋、琴、书、画、语言和数学，"X"是学生们感兴趣的其他活动。课外兴趣活动以"6＋X"为模式，最大的好处就是所有的学生都可以参加、都愿意参加兴趣活动，真正做到全覆盖。三是强化专业培训。对于在某些方面具有突出天赋，并且今后愿意从事如职业棋手、音乐家、书法家、画家、数学家或高水平翻译家等职业的学生，学校要创造条件对他们进行专业培训。专业培训由专门的师资组织开展，也可以和杭州青少年活动中心、西泠印社等专业机构合作开展，提高专业水平。

十五、教材研究

教材对于天元公学的重要性不言而喻。王国平理事长在《关于天元公学建设的思考》中指出：天元公学要以"六艺"教材编写为载体，一揽子研究解决学校教材、专业教师、大师、校长乃至学校内部管理架构等问题。通过引进、消化、吸收再创新，组织专家编写一套适合发现和培养大师的"六艺"专业教材。

（一）"六艺"教材编写思想与原则

天元公学"六艺"教材要落实"天才儿童发现计划"的理念，服务天元的育人目标，这有别于目前市面上的其他教材，要有助于实行发现、挖掘、培养具有"六艺"潜能、特异禀赋的学生，促使"六艺"拔尖人才脱颖而出。

根据王国平理事长的相关讲话精神，结合调研实际，教材编写要按照"统一设计、分类规划、逐项实施、稳步推进"的原则实施。根据学校教学需要，合理制定编写方案，安排编写工作计划与进度。

（二）"六艺"教材编写体系

秉持"规定动作按规定动作办、自选动作按自选动作办"的总原则，"六艺"教材均为自选动作范畴，即在国家课程、部颁教材以外，根据天元"六艺"专业教学的三个层级（兴趣小组、预备班、读训班）而确立的筛选教材或自编教材体系。

所有"六艺"教材均按十五年一体化的教学要求进行设计，既关注各学段的特点，又注意学段间的衔接，形成层次鲜明、梯度合理、体系完备的"六艺"教材体系。

在专业分类的基础上，关注专业内的分类，具体应至少包括通识教材、专业教材，以及广义的教辅教参等类别。

（三）"六艺"教材编写保障工作

成立天元公学教材工作领导小组。可与"天元公学专家指导委员会"合署运行。其职责包括但不限于：对天元公学的教材创新体系进行顶层设计；对校本教材（"六艺"教材）编纂工作进行统筹协调，提供资经费、人员、场地等保障。审定校本教材（"六艺"教材）的课程标准、质量标准、使用标准等；审定教材选用和审定委员会提交的方案。

成立天元公学校本教材（"六艺"教材）选用和审定委员会。教材选用和审定委员会由课程教材专家、教研员、中小学校长和教师等组成，确保天元公学特色教育目标的实现。其职责包括但不限于：除了国家基础学科课程教材外，对其他学科特别是天元公学特色学科中已有成熟体系，但非学校自编或暂时没有完成自编教材的，向教材领导小组提出选用决策参考；对天元公学编纂出版的校本教材进行审定，向教材领导小组提出决策参考；对天元公学自编教案讲义等进行审定，向教材领导小组提出决策参考。

设立天元公学校本教材（"六艺"教材）编纂委员会。该委员会是天元公学教材编纂工作的执行层面，下设六个专项编委会，分别是天元公学棋类教材编委会、天元公学琴类教材编委会、天元公学书类教材编委会、天元公学画类教材编委会、天元公学语言类教材编委会、天元公学数学类教材编委会。各个专项编委会又下设若干具体的编委会。以棋类为例，天元公学棋类教材编委会，下设围棋教材编委会、象棋教材编委会、国际象棋编委会，相关成员以中国棋院杭州分院的教练员为主。

参考文献：

[1] 马秋妍，郭讯. 体验式教育综合体的城市性设计[J]. 城市建筑，2019，16（27）：90-92.

[2] 李从如. 苏州绿朗"教育综合体"的创新实践[J]. 唯实（现代管理），2018（1）：44-46.

[3] 裘志刚. 打造全新的教育综合体[J]. 教书育人，2015（8）：74.

数字文明时代 OTO（OMO）教育模式若干问题探讨

朱文晶

杭州国际城市学研究中心副研究员

摘 要：数字文明时代，线上线下相结合的 OTO（OMO）教育模式为教育改革创新创造了新的契机。由杭州国际城市学研究中心等单位举办的"天元教育论坛·2021"以"'双减'背景下 OTO（OMO）推动教育高质量发展"为主题，基于数字文明时代的 OTO（OMO）教育模式理论与实践探索，围绕智能教育（VR、AI）、"5G＋智慧教育"、游戏化学习（教学）、翻转课堂、在线教育等话题展开讨论。本文结合相关前沿问题，对相关内容进行提炼研究，供 OTO（OMO）教育模式领域专家学者、教育管理部门、学校、家长等群体参考，有助于不同群体从不同角度对 OTO（OMO）教育模式进行审视，助力数字文明和数字经济时代"5G＋智慧教育""互联网＋教育"等理念的普及与实践。

关键词：数字经济；智慧教育；OTO（OMO）；游戏化学习；双减

一、引 言

新冠疫情对教育领域产生了深刻的影响，推动了线上教育的大发展。此次大规模新冠疫情暴露了当前教育系统的脆弱性，也显示出单纯的线上教学的诸多局限：情感交流存在障碍、临场感不强、"屏对屏"式监控不到位等，种种原因促使线上线下融合教学受到更广泛的关注，成为教育领域发展的迫切需要与趋势。[①]2021 年 7 月，《教育部等六部门关于推进教育新型基础设施建设 构建高质量教育支撑体系的指导意见》，提出要深入应用 5G 等新一代信息技术，推动教育数字转型、智能升级、融合创

---

① UNESCO. COVID-19 impact on education［EB/OL］.（2020-04-03）［2022-03-31］. https：//en.unesco. org/covid19/educationresponse.

新。当月，工业和信息化部联合九部门出台《5G应用"扬帆"行动计划（2021—2023年）》，明确将"5G＋智慧教育"作为重点应用领域之一，提出"打造100个以上5G应用标杆"的任务目标。为深入贯彻国家关于加快5G发展、加强教育信息化工作的决策部署，加快推进《5G应用"扬帆"行动计划（2021—2023年）》实施，促进5G与教育融合创新发展，2021年9月，《工业和信息化部办公厅　教育部办公厅关于组织开展"5G＋智慧教育"应用试点项目申报工作的通知》，通过征集并遴选一批利用5G网络的教育信息化最佳实践和解决方案，培育一批以5G为代表的新一代信息通信技术与教育教学创新融合的典型应用，树立一批可复制推广、可规模应用的发展标杆，为推动"5G＋智慧教育"创新发展提供经验，助力教育高质量发展。

2021年10月30日，"天元教育论坛·2021"在杭州天元公学举行。中共浙江省委原常委、杭州原市委书记，杭州城市学研究理事会理事长王国平，杭州师范大学教育学院教授、中国教育技术协会教育游戏专业委员会副理事长章苏静，浙江教育报刊总社编审、发行总监王亚文，之江实验室智能教育研究中心首席专家朱晓明，杭州市教育发展服务中心副主任钱锋，杭州市拱墅区教育研究院语文教研员、拱墅区名师工程管理办公室副主任金晓芳等专家，以及来自采荷第二小学、建兰中学、天元公学、安吉路实验学校、胜利小学、钱塘山水幼儿园、天长小学、华东院、海康威视、阿里云、育友软件、通鹏智能、学同科技、视睿电子、贝哆蜂智能、学海教育、省公众信息产业、小虫科技、利尔达客思智能等学校、企业、科研院所约40人参加论坛。此次思想交流为不同人群基于不同视角认识OTO（OMO）教育模式提供了有益启发。

二、对OTO（OMO）推动教育改革、促进教育高质量发展的探讨

（一）OTO（OMO）教育模式：呼应数字文明、实现创新发展

数字经济时代，利用互联网通信等数字技术参与教育改革成为普遍共识。互联网技术发展至今，陆陆续续涌现出远程教育、电视教育、在线教育、慕课教育、智慧教育、智能教育、翻转课堂等概念，特别是在"双减"背景和数字化改革背景下，游戏化学习（教学）、未来社区教育场景、数字化教育改革等理念和概念日益扩展，OTO（OMO）教育模式为教育高质量发展提供了引领性路径。特别是人工智能、物联网、虚拟现实、大数据等技术的日趋成熟，促进了线上线下融合教学的形成与发展。OMO模式借助技术手段打通线上和线下、虚拟和现实场景中各结构、层次、类型的数据，旨在以全场景融合的方式促进教学与服务向个性、精准、智能化转型，对教育和学习的创新发展具有重要的现实意义。①

浙江省委原常委、杭州原市委书记王国平指出，"名正者言顺，言顺者事成"。要围绕"何谓OTO

---

① 祝智庭，胡姣. 技术赋能后疫情教育创变：线上线下融合教学新样态[J]. 开放教育研究，2021，27（1）：13-23.

（OMO）教育模式"，与目前相关国家政策相结合，与教育实践相结合，为OTO（OMO）教育模式正名；必须把围绕OTO（OMO）的十种教学的新概念、新模式统一到中央文件的精神上来，为OTO（OMO）教育模式顺言。要对现有政策进行深入研究学习，针对"校长干什么""学校干什么"，研究出标准答案、权威答案。他认为，数字化改革是当今社会发展的突破口，教育的数字化即为"智慧教育"，与杭州市之前提出的"数字化素质"培养不谋而合。《工业和信息化部办公厅 教育办公厅关于组织开展"5G＋智慧教育"应用试点项目申报工作的通知》的文件精神，传达了5G与教育融合创新发展的方针，与OTO（OMO）教育模式设想完全一致，充分体现了对教育技术学、OTO（OMO）教育模式研判的前瞻性、针对性。浙江通鹏智能科技有限公司董事长王建平认为，疫情时代的线上线下教育是初级形态，与理想的OTO（OMO）教育模式还有较大的距离。但是在未来，真正的OTO（OMO）教育可能是一种常态化模式。未来5G网络技术、人工智能、云计算、虚拟现实等技术的深度融合应用可助力教育模式创新，是高等教育、职业教育包括基础教育信息化建设的一种必然趋势。因此，打造无边界OTO（OMO）教育模式尤为关键，即在OTO（OMO）意义上基于"面"的线上线下融合，形成一种立体的教育闭环空间。杭州采荷第二小学教育集团副校长楼佳群谈到了OTO（OMO）教育模式中信息化和数字化的价值。一方面，智慧教育提升了教学效率，智能化数据评价会减轻教师工作量。通过物联网、大数据等数字化无感采集手段可以便利地对教学数据进行采集，有利于减轻教学评价前期采集工作量，把更多精力放到后续数据分析和开展针对性改进。另一方面，如何让智能评价的信息产生价值，让学生与教师都能接受，涉及评价体系的科学性以及评价结果的适配性等问题，最终要通过数据推送来得以实现。比如，挖掘数据背后教师的教学规律，从规律中优化教学方式，同样也可以帮助学生发现更好的学习方式。

（二）OTO（OMO）教育模式：助力教育公平、培养创新人才

浙江教育报刊总社编审、发行总监王亚文认为，OTO（OMO）教育模式的目标在于助力"双减"和教育公平。这种教育公平不仅包括区域维度，也包括教育行政部门和学校层面等群体维度。在学校层面应用是关键。一是对10余所学校调研后发现，年轻教师主导下的智慧教育更容易实现。二是企业通过供应智能终端等设备获取收益是通行做法，能否更好坚持教育初心，同时兼顾尊重知识产权，也是一个值得思考的问题。三是智慧教育效率评价主体不能仅是教育主管部门、学校管理层，而忽视了学生和家长。特别在任务型学习中如何兼顾数量和质量，是需要企业、学校和家庭共同思考的问题。杭州安吉路教育集团总校长王盛之认为，"双减"背景下既要保证学生的健康，又要培养学生的创新精神，课堂环节的数字化赋能显得尤为重要。数字时代的孩子是国家面向未来的人才。数字时代呈现出教师教学智能化、学生学习个性化、教学评价数据化等特点。特别是在数据化教学评价方面，进行分支建模推送依然是难点，通过数据沉淀，为建模推送提供数据支持。杭州市滨江区钱塘山水幼儿园园长张波认为，支撑、促进孩子主动创新是智慧教育的重要方面。基于STEAM理念，将各类智慧教育的设备应用到室内外，打造沉浸式教室、智慧科技馆，结合3D打印、智能垃圾分类、编程等

实践是有益的尝试。智慧教育赋能课程，让学生通过游戏的方式进行学习，激发创新潜能。5G时代的智慧教育既能借助科技让学生面对当下的学习，也能让学生从容面向未来，成为适应未来社会的创新人才。

三、OTO（OMO）推动教育改革、促进教育高质量发展的实践探索

（一）智能教育为OTO（OMO）教育模式带来颠覆性历史机遇

《教育信息化2.0行动计划》指出，要提高教育管理信息化水平，制定进一步加强教育管理信息化的指导意见，优化教育业务管理信息系统，深化教育大数据应用，全面提升教育管理信息化支撑教育业务管理、政务服务、教学管理等工作的能力。充分利用云计算、大数据、人工智能等新技术，构建全方位、全过程、全天候的支撑体系，助力教育教学、管理和服务的改革发展。VR、AI、IOT等数字技术的发展为智能教育的发展带来了颠覆性的历史机遇。王建平认为，教育资源的均衡化和共享化发展是未来主流趋势，智能化教育是解决教育不平衡的重要手段。教育资源云端化以后，线上和线下可以更好开展互补教学。线下采用课堂上固有的传输式模式和探究式教学，线上采用5G、VR和AI等技术实现沉浸式教学。特别是采用虚拟仿真技术开展创新式教学，把基础教育课程进行场景化，让知识点层层剥离，来共同提高教育水平双向的传输效应。一方面，借助虚拟仿真技术实现沉浸式仿真教学可以提高学生的学习效率，特别是VR可以跨越时空让学生身临其境地感受某一个知识点场景。另一方面，教育资源云端化打破时空约束，学生可以利用碎片化时间进行自主学习，有利于"双减"场景落地。杭州市建兰中学教学部主任曹健认为，基础教育工作特别是教学工作存在一定的教学惯性，新的数字化技术引入存在阶段性演化过程。早期主要是一些设备的引入以及一些传统工作方式的改变。后续建立集中的学校大脑，通过对批改作业等教学环节进行大数据收集分析，不断优化教学方式，逐渐构建起学校大脑的整个中枢系统，囊括德育、教学、后勤、管理等各个方面，并逐渐渗透到教师的日常教学行为中。

（二）"5G＋智慧教育"为OTO（OMO）教育模式提供创新性应用场景

《工业和信息化部办公厅 教育办公厅关于组织开展"5G＋智慧教育"应用试点项目申报工作的通知》指出，依托5G网络超高速、低时延、大连接、高可靠等特性，综合运用人工智能、大数据、云计算、物联网、虚拟仿真等信息技术，围绕"教、考、评、校、管"等教育领域重点环节，包括"5G＋互动教学""5G＋智能考试""5G＋综合评价""5G＋智慧校园""5G＋区域教育管理"等五个方面，鼓励各地、各校、各单位开展各类"5G＋智慧教育"应用创新，探索典型应用场景，推动相关技术、产品、方案等加快成熟。之江实验室智能教育研究中心首席研究员朱晓明认为，基于"5G＋智慧教育"的教育科技可以分为三个层次。一是底层基础的算法、数据、运算设备。二是中层集合各类VR、AI等技术的模块输出。它包含很多渲染和建模等交叉学科内容，目的是形成输出给

上层的模块化内容。这个层面涉及很多工程的创新和开发。市场上不少企业利用这种教育领域的模块化技术定制推出了很多优良的技术、产品和服务。三是顶层的教育融合。OTO（OMO）教育模式作为顶层教育设计的理念，科技与教育实践的融合是重要内容。各种教育科技应用的方向盘应当最终掌握在教师手中。杭州市教育发展服务中心副主任钱锋认为，智慧教育的内涵是"机器智能＋人类智慧"。以评价环节为例，如何实现科学性和人文性的结合一直是教育中的难点。只有更好实现机器智能和人类智慧的结合，才能做到既科学又有温度地进行评价。一是智慧教育是校长治校理念的数据化和技术化推进。校长的智慧教育理念尤为重要，有助于推动学校形成智慧教育生态以及提升教师的数字化素养。二是智慧教育在推进教育过程中，要重视标准体系的迭代。三是智慧教育不是单纯的校园建设、硬件建设，要重视泛网络环境建设，特别是"5G＋智慧教育"试点过程中的物联网建设和平台建设。此外，智慧教育的安全问题，特别是学生的信息安全问题不容忽视。

（三）游戏化学习（教学）为 OTO（OMO）教育模式创造高质量教学路径

自 2009 年"游戏化学习"出现在媒体以来，在"教"的环节，教师基于"前媒体"时代的游戏话语还难以完美适配"后媒体"时代"学"的语境，导致角色定位错配和失衡现象在一定程度上影响了游戏化学习的效率。[1] 王国平认为，游戏化教育是 OTO（OMO）教育模式的重要组成部分。游戏化教育试点是 OTO（OMO）教育模式试点的重要内容。他以天元公学幼儿园教育为例，认为游戏化教育为幼儿园教学带来革命性的变化，要学习借鉴以游戏活动为幼儿主要课程的教育理念的"安吉游戏"模式，尝试在幼儿园逐步推广编程建模教育，搭建游戏平台。杭州师范大学教育学院教授、中国教育技术协会教育游戏专业委员会副理事长章苏静认为，OTO（OMO）"双减"的最终目的是让学生快乐学习，学生能够快乐学习应当是教育的本真。游戏化学习是高质量学习的重要动力。伴随工业革命进入到 4.0 时代，教育信息化也进入 4.0 时代。高质量学习离不开个性化学习、自定义、自驱动学习。游戏化学习的生物机理在于通过做有趣的事情，持续释放多巴胺，刺激大脑区域有效激活时刻记忆并持续增强过往记忆。游戏素养是教师游戏化教学的重要素养。教师致力于通过开展游戏化教学促进学生高质量学习，其前提在于教师能精准把握学生的游戏喜好，甚至可以考虑增加适当的奖惩机制。游戏化教学的教材开发也是一项重要内容，要坚持教材和游戏、故事等内容有机结合，推动教学活动游戏化。此外，教育回归本真不仅需要提升教师的游戏化素养，还需要提升校长的游戏化教育领导力，以及有关部门的游戏化教育顶层设计。杭州市拱墅区教育研究院首席研究员、拱墅区名师工程管理办公室副主任金晓芳认为，学习空间要更加开放、立体、多元。将课堂固定在这个时空中，让学生自愿学习、主动学习，使其真正成为游戏化的课堂，是教育工作者共同追求的目标。从传统游戏与现代游戏融合连接的角度，打造融合游戏学习是一个思路。一是在"五育并举"的背景下解放学生的手脚和大脑。二是大胆打破学科边界，树立综合整体的教学观念，积极倡导跨学科综合性教学实践。三是整合

---

① 章苏静. 成为"数字土著"心中有趣的老师[N]. 光明日报，2019-05-28.

教材序和认知序，在拟定教学目标时进行游戏的匹配，将教材、游戏与学生特征等紧密结合，从表演、结构、情境等结构化角度进行导入、体验、展示、点评、拓展等各项设计。天元公学幼儿园部科研处处长张林燕认为，天元公学幼儿园的游戏可以分为两类，一类是自主性游戏，学生就是游戏角色，通过角色扮演创造现实生活。另一类是学习类游戏，教师把教育目标隐含在一些区域活动中，学生进行小组化学习和个别化学习。此外，天元公学在基础课程游戏化基础上，还尝试开发"艺（艺术）启（启示）玩（游戏）"特色课程。在评价方面，通过 AI 助教和人脸识别等数字科技，帮助学校和教师进行更客观的评价。天元公学小学部学生处副主任王昊认为，面向未来的教师，前提是要成为一名面向未来的教师，在把握教育前沿信息的基础上，做出一定的教育创新。游戏的特点之一是及时反馈性，任何动作在游戏中都可以得到及时反馈。将游戏手段融入教学，并将反馈提供给学生，有助于提升学生学习效率。天元公学坚持将课堂的游戏性和平台大数据特色相结合，实现"智慧教和有效学"的良性结合。技术最终要为学生发展服务，要为教师成长服务，教学艺术与科学技术的联动将会发挥更加重要的作用。

（四）翻转课堂为 OTO（OMO）教育模式搭建自主性学习平台

天元公学的核心创新在于把"标准化教育"与"因材施教"有机结合起来，这也是天元公学的办学理念。既要符合现在中国教育以普通高考和专业教育作为检验标准的现状，以高考为目标来设置标准化教育的课程和手段，也要做到因材施教、学用相长、知行合一。学校以教育技术学为突破口，以智慧校园建设为载体，以翻转课堂为代表的线上线下教学模式为依托，实现标准化教育和因材施教的有机结合。杭州育友软件有限公司总经理、高工余佳明认为，翻转课堂是一种教学模式，是学生课堂内外的自主学习。教师在课堂上对学生进行辅导，达到提升教学质量的目的。在这个模式中，最大的一个问题是缺少比较权威的、与课纲相配套的、有趣的教学资源。可以动画片的形式，开发与课纲配套的教学相关资源，并结合光影、音乐、文字和艺术等元素，将知识更加有吸引力地呈现给学生，促使学生能在课后或者课堂上感兴趣地自主学习。浙江省云之信息化教育应用研究院执行院长王琳富认为，教育是教育和教学的双向融合。从教学角度来看，数字时代现实和虚拟的教学空间为教学融入教育创造了契机，也为精准教学、差异教学提供了契机。从教育角度来看，引入线上智慧化管理和线上线下融合方式会带来教育空间的提升。目前教育系统翻转课堂实践多为先学后教的理念，实际上与真正的基于信息技术的翻转课堂还有很大差距。教育和教育的融合还表现在家校结合。教师的数字素养、学习能力、分析能力，以及在线教学的空间创设能力都很重要。此外，校园中智慧教育的顶层设计非常重要，它决定了学校智慧教育的正确方向。

（五）在线教育为 OTO（OMO）教育模式增加公平性普惠载体

2019 年 8 月的国务院常务会议指出，为满足群众教育服务需求、推动优质教育资源共享、更好惠及边远贫困地区、增进教育公平，确定要推进"互联网＋教育"，鼓励符合条件的各类主体发展在线教育，为职业培训、技能提升搭建普惠开放的新平台。《教育部应对新型冠状病毒感染肺炎疫情工作领导小组办公室关于疫情防控期间以信息化支持教育教学工作的通知》指出，教育部通过国家平台开通了"国家中小学网络云课堂"，免费供教师、学生、家长和社会学习者使用。各地各校应根据行政区域内和本校教学条件，在学校延期开学期间通过网络平台、数字电视、移动终端等方式，自主选择在线直播课堂、网络点播教学、大规模在线开放课程（MOOC）、小规模视频公开课（SPOC）、学生自主学习、集中辅导答疑等形式，开展线上教学。阿里云校园智慧教育板块架构师崔仁龙谈到了校园数字化推动教育资源优质均衡。一是从提高效率方面，通过为学校提供全面的管理数字化来提高教师效率，从而让教师从事务性工作中转向教育领域的深入研究、转向更关注学生个性化成长。二是通过资源形态和工具升级来提高教学质量。传统的资源供给方式受限于物理教学空间，现有物联网、大数据等工具，有助于破解教育公平等问题，更好实现科技建模、建立学生画像、打造课程设计的目标，为每个孩子的成长赋能。三是各类软件平台并不是一成不变的工具，其最终目的都是搭建一个体现校园管理者智慧教育思维的载体。广州视睿电子科技有限公司方案经理迟浩田认为，"双减"政策下更加要求相关数字化企业回归学校以及回归课堂主体。在现有整体智慧教育方案框架中，首先要通过信息化工具来帮助教师解决线上备课以及线下互动授课等问题，在此过程中生成师生教学与互动的反馈。其次在课前、课中、课后三个环节中，可以实现数据的静默采集，并置于统一的底层架构中，从而实现教学过程可视化、设备应用可视化以及教学结果可追溯等功能。数字化阅卷系统、反馈器、阅卷机以及各种精准的教案可以帮助学校整体推进 OTO（OMO）教育模式。再通过整套的全链接工作站，实现课前、课中、课后全流程贯通。此外，对于教研活动可以设置整体线上线下相结合的备课工具。作为"5G＋智慧教育"的载体，可通过教学、教室、教师三个立足点架构智慧教育中台，更好汇聚智慧教育的数据力量。

四、OTO（OMO）推动教育改革、促进教育高质量发展的前沿问题探讨

（一）OTO（OMO）教育模式科学评价应彰显科学技术与人文温度的融合

基于大数据技术的教育评价逐渐成为数字经济时代 OTO（OMO）教育模式的重要内容，通过智能算法等数字技术的合理应用，对学生、教师、学校甚至教育主管部门的效率进行评价变得更加容易实现，同时评价结果也更加精准、客观，其背后的逻辑在于数字时代的教育模式更加注重差异化发展。杭州市天长小学教师发展中心主任钟意意认为，一是差异教育和基于差异教育的有差异的学生评价应当成为教育行业遵循的原则。教育部门和学校应当树立"没有差生，只有有差异的学生"理念。二是每个家庭和个体都已经卷入当下这场轰轰烈烈的信息革命，技术的变革带来了评价的变革，信息时代如何让数据评价更加具有教育温度？技术和数据是刚性和冰冷的，教育与生命是柔性和有温度的，如何协调两者的关系，让技术真正助力学生的评价和成长？这值得我们思考。三是让评价赋予每个学生成长价值，着眼于为每个学生成长赋能，真正以学生为本，从而形成学生成长的内驱力。

此外，人工智能等数字技术带来的信息安全和科技伦理问题也成为智慧教育中的重要内容。各种移动数字终端在无形中收集教师和学生信息，并通过后台智能算法进行分析，客观上使得个人信息陷于一种"隐而不私"的境地。[①]因此，OTO（OMO）教育技术与伦理的问题也引起了与会嘉宾的关注。例如，王亚文认为技术安全与技术伦理等问题应尤其引起重视。钟意意认为，让评价成为营造良性教育生态的催化剂，更多关注评价过程中的"是否经历"以及"经历的过程和程度"，以充满善意的评价方式来营造和谐良性的教育生态，让基于教学的评价更加智能，有温度地采集数据、分析数据、差异评价。

（二）OTO（OMO）教育模式应坚持EOD模式和教育技术学

教育技术学是现代教育学发展的重要成果，教育技术参与教育过程，是对教育过程模式的优化提升，使得教育过程的组织序列更具逻辑，系统优化了分析和处理教育、教学问题的思路。同时，教育技术学也为EOD教育组团的智慧化发展提供了指导思路。教育综合体和EOD教育组团要坚持教育技术学理念，以智慧校园为依托，高效开发和使用人员、资料、设备、活动和环境等各种学习资源，追求教育效率的最优化。要坚持在教育信息化1.0和教育信息化2.0基础上，以人工智能经济、虚拟现实经济和物联网经济等为重点，结合教育综合体和EOD教育组团规划建设，打造智慧教育综合体和智慧EOD组团，促进智慧教育与智慧城市的协同发展。[②]华东院一级专家、城建院副院长吴登国认为，数字文明时代，OTO（OMO）教育模式不仅是学校内部的考量，也应该结合未来社区教育场景统筹考量。其中，不仅存在"5G＋智慧教育"、智能教育、游戏化教育等内容，也包括"德智体美劳"的综合评价。目前，未来社区中教育场景的创建还存在想象力不足等短板，科学的尺度和教育的温度衔接也不够充分，建议下一步在未来社区推进过程中，更有机地融合起来。

五、结　语

数字文明时代，"双减"机制仍在发挥积极作用，多重因素交织叠加背景下，OTO（OMO）教育模式为新时代推动教育高质量发展创造了新的历史机遇。这样的背景下，如何更好发挥"政产学研资用"的整合优势，更好推动5G、物联网、虚拟现实、人工智能、大数据等新一代信息通信技术在教育领域应用，通过教育技术学、教育经济学等理念破解教育内卷化、路径依赖、边际效应递减等现实瓶颈，助力教育新型基础设施建设、构建高质量教育支撑体系，进而实现教育轻负担、高质量、低成本、真均衡，是很有价值的研究课题。特别是OTO（OMO）教育模式中的教育温度、技术伦理、信息与数据安全等问题，值得学界和行业界进一步深化研究。此外，鉴于教育管理部门、学校、家庭、企

---

① Zhu W. Artificial intelligence and urban governance: Risk conflict and strategy choice[J]. Open Journal of Social Sciences, 2021, 9 (4): 250-261.

② 方志明. 教育综合体和EOD组团研究[R] // 王国平. 探索城市治理现代化的"重要窗口". 杭州：杭州出版社, 2020.

业等各方在参与推动智慧教育的过程中，信息的透明度和对称性需要进一步提升，因此，参会嘉宾们还提出，类似的论坛、沙龙或者联盟方式应不定期进行研讨，以有助于推动数字时代智慧教育更加科学健康稳健持续发展。

以兴趣拔尖　让情怀落地
助力实现教育公平

王亚文

浙江教育报刊总社编审、发行总监

时代的列车开到了 2021 年,全球教育都面临着全新的课题:移动互联彻底改变了这一代中小学生,从生活日常到思维模式,从学习方式到自我实现,网络是他们最重要的依赖手段。如何利用网络提升教学效率,改善教育公平,是一个全球化课题。同时,随着"双减"政策的落地、《教育部等八部门关于规范公办学校举办或者参与举办民办义务教育学校的通知》的印发,整个教育生态迎来了新的挑战。

作为教育媒体人,我也比较关注互联网时代信息(知识)在学生群体中的传播规律和传播效率,在此,谈一点对 OTO(OMO)教育模式粗略的思考。

一、后疫情时代 OTO(OMO)教育的发展现状及实践效果

如果说 2020 年前, OTO(OMO)教育模式仅仅是一种创新实验,是对正常教学的补充和提升,那么新冠疫情期间,全球大规模网课则是给 OTO(OMO)教学模式进行了一次真实的压力测试。新冠疫情以来,教育行政部门、学校、社会机构及各大商业网络平台,给学生提供了海量的免费网络学习资源,涵盖了全学段的所有学科。这些课程获取便利,极大地缓和了新冠疫情给学生们带来的冲击,维持了基本的教学进度。经过不断的完善和调整, OTO(OMO)教育模式内容、资源日趋丰富,技术水平日趋成熟和稳定,形式也已经被大家所接受。

但教育是一个复杂的过程,大规模纯网络教学的教育和教学效果,在不同年龄段有所不同。

浙江省教育厅教研室在 2020 春季学期开学不久,对全省初中、普通高中线上教学情况进行了大规模的调研,共回收 55 万份样本,有以下几点值得注意。

第一,相比于初中生,高中生对于线上教学的支持度和满意度都比较高,可能与学习需求和实施策略(一校一策)有关。在学考、选考、高考压力之下,网课对于他们来说是刚需。一校一策,即每

所学校根据本校学生实际状况，制定了详尽的有针对性的线上教学方案，使用平台和技术手段也更多样化。

第二，对线上教学课时方面的调查显示，初中生对每日0—3课时满意度最高，随后趋于平稳；高中生则对每日0—3课时和9—10课时的满意度最高，这与高中生的学习积极性和紧迫感有关。这意味着，学生的年龄越小，对纯线上教学的接受度越低。同时，由于近视防控也是教育行政部门的重要任务，因此浙江省对小学以下低龄学生的线上教学并不鼓励。

第三，虽然线上方式对学生整体满意度影响并不大，但对于不同的线上教学方式，学生满意度存在一定差异。在调查中提供的7种线上学习方式（直播、录播、资源包、直播＋录播、直播＋资源包、录播＋资源包、直播＋录播＋资源包）中，学生满意度最高的是"资源包"的学习方式，其次为"直播＋资源包"的方式，再次是"录播＋资源包"的方式。这意味着学生更倾向于有自由的上课时间和作业时间，同时可以选择自己需要的学习资料。不受时间、空间约束，可以因地制宜、因材施教，正是线上课程所具有的最大优势。

美国有一份调查报告指出了线上课程对于低龄学生的影响。2021年8月底，美国各州陆续发布了全州学生统考的成绩，相比于新冠疫情前的学年，线上教学为主的2020—2021学年学生成绩出现了普遍的下滑。在密歇根州，几乎所有年级学生的成绩都出现了下滑。在英语方面，达到"熟练"标准的三年级学生比例从45.1%下降到了42.8%；在数学方面，达到"熟练"标准的六年级学生比例从35.1%降到了28.6%。此外，2021年弗吉尼亚州通过阅读考试的学生人数从2018—2019学年的78%下降到了69%；通过数学考试的学生从82%骤降到了54%；通过科学考试的学生从81%骤降到了59%。

二、现阶段OTO（OMO）教育模式的推广重点

（一）以兴趣为导向，线上线下相结合，促进教育公平

近年来，各教育行政部门投入巨大的人力、物力、财力开发的免费网络资源平台，实际点击量并不高，资源浪费情况相当严重。同时，对于教育部门组织的通过远程网络实施、旨在促进城乡教育公平的"教育共同体"项目，在实施的过程中，如果没有当地教师的同步指导，效果也并不尽如人意。

但同时，如"哔哩哔哩"等一些商业平台的付费知识内容却大幅度增加，这看似矛盾的背后关键是学生的兴趣和学习动机。我曾经对近千名中学生做过网络使用状况调查，发现中学生通过网络搜集资料或者学习的比例不足20%，远低于用于休闲娱乐和聊天交流的比例。

互联网内容传播的三大底层逻辑是刚需、兴趣圈层和情感价值。然而，这三大底层逻辑往往被严肃课程内容的生产者和推广者忽略。因此，激发学生的学习兴趣和动机，是提高网络学习效率的重要工作。而这正好和天元公学的办学方向不谋而合：充分尊重学生兴趣特长，为拔尖人才赋能。

另外，学校教学恢复正常之后，即使是在"双减"的背景下，大量家长仍然宁愿花费更多人力、

物力去校外培训机构参与线下课程，而不是利用网络来帮助孩子进行线上学习。这种剪刀差的存在，是由于家长普遍觉得线上课程的效果不如线下课程，因为纯线上教学缺少教育参与者之间的情感影响。因此，从现实状况出发，若是在线上教学中加入一个可以产生情感影响的环节，或许可以达到更好的教学效果。在信息过载和过度学习的双重压力下，优质内容从线上走向学生，需要意见领袖用经验见识和情感对学生进行匹配和引导，而这样的意见领袖就存在于广大一线教师中。我在工作中碰到过很多优秀的基层教师，他们或出于兴趣爱好，或出于责任，在满腔激情和教育情怀的加持下，让平平无奇的学校走出特色之路，帮助更多的学生找到天赋所在。可惜的是，多数教师苦于地域或者经费限制，缺少更多的资源支持，不能做得更大、走得更远。

（二）教育行政部门与学校应注重对学校教师 OTO（OMO）相关教学技能的培养

2021年，我走访调研了浙江省约40个区、县（市）。即使在共同富裕示范区的浙江省，城乡教育之间依然有较大的差距。比如，对于为了促进教育公平推进的"同步课堂"，县城和下辖的乡镇学校之间也有差距。若是当地教师缺乏相关的教学技能，那么对应的教学效果必然不佳。在我走访调研的过程中，遇到很多有情怀且有一技之长的一线教师，他们的情怀和特长如果能得到足够的资源支撑，可以给学生提供更广阔的天地。例如，在温州一所学校，依靠教师的兴趣和学识，开设了蝴蝶博物馆、贝壳博物馆等，在提升学生的兴趣和学习动机的同时，大大增强了教学效果。在绍兴，一位语文教师出于对朗诵的热爱，利用自身的教育技能，在校内开办了播音主持特色班，在学生基础较差的情况下，通过三年的教学，帮助学生考取中国传媒大学、浙江传媒学院等专业院校。正是因为基层学校内有这么一批有情怀、有技能的教师，做一些有特色的教学内容，才能有效帮助学生提升学习效果。然而，多数学校，尤其是处于偏远地区的学校，往往受限于地域、师资、课程资源等因素，无法更好地让情怀落地，让更多的学生受益。因此，如果能够借助 OTO（OMO）教育模式，让这些特色课程普及到偏远地区，就可以更好地助力教育公平，实现共同富裕。此外，教学是非常复杂的机制，在任务型的学习当中必定是需要非常坚毅的品质，也需要教师的付出，所以在 OTO（OMO）的教育模式当中，针对教学过程以及学习效率，还需要更多投入，在 OTO（OMO）教育模式落地的同时也需要有情怀的当地相关教师的参与。

（三）各教育行政部门应对 OTO（OMO）教育模式的经费、资源和产品开发进行系统规划

相对于传统的教学方式，OTO（OMO）教育模式所需的产品及软件智能化程度较高，需要更多的资金来满足教育所需的资源及空间，包括课上课下用到的智能设备、应用软件、进行教学所需的专用教室及仪器等。这些年各地教育行政部门在智慧教育方面的相关投入不少，但真正被利用起来的可能不多。一方面，可能存在重复建设、重复投入问题；另一方面，一些瓶颈问题并没有得到有效解决，因此相关部门应该有所统筹。

（四）应考虑技术安全与技术伦理问题

与传统教学方式有所不同的是，在利用 OTO（OMO）教育模式的过程中，学生学习的每一个步骤都能被监控，甚至精细化到每个时间段、每个小的学习任务。在这样的全面数字化时代，隐私及数据安全应该被提上议事日程。此外，在青少年的成长过程中，尤其在低幼阶段，过多的关注和干预，会对他们的发展产生什么样的后果？在各教育主体对在线教育的探索过程中，应关注技术安全和技术伦理问题，真正助力减负，助力教育公平。

三、OTO（OMO）教育模式与天元公学的有机结合

天元模式，是在当前中国的各种教育政策之下一个非常特殊的存在。天元公学以"探求教育本源，树立学校标杆，践行因材施教，破解大师之问"为办学宗旨，体现了敢于践行教育改革创新的信心与追求。学校以"棋、琴、书、画、语言、数学＋足球、游泳的'6＋2'特色课程体系"为切入点，致力于在高等教育之前，更早发现、选拔和培养各领域的拔尖人才，在回答好"钱学森之问"这一世纪命题上，开拓视野、兼收并蓄，为实证"中国教育是能够培养出大师来的"而不断努力。在天元公学的办学宗旨与"六艺"特色教育之下，学校能够尽最大的努力给予学生最精准的帮助，把资源优势以最便利的方式放大，同时也能激发出优秀教师更大的能量。教育，一定要依靠人的因素才能走得更久、更远。

在"双减"的大背景下，OTO（OMO）教育模式也许能给广大学校带来一个很好的突围路径。天元公学根据自己的定位，遴选一批基地（或合作）学校，对基地（或合作）学校的优秀专职教师进行必要的培训和专业辅导，由他们在当地（或是扩大到县域范围内）对优秀苗子进行线下辅导和管理，帮助广大优秀基层教师的情怀落地。同时，通过远程教育，让这些学生接受和天元公学的学生"同课同质"的教育教学。反过来，这些教师和孩子在未来也能够反哺天元公学。

在这个模式中，参加的孩子都是基于兴趣和天赋，因此具备互联网学习需要的强大动机。对于学生来说，在长期的学习过程中，有实际可触摸的优秀教师的帮助，是一种可持续的低成本的学习过程；对家庭来说，这是低负担、高质量的培养途径，有了阶层流动的可能性；对于天元公学来说，坚持"通才与专才并育"的育人理念，彰显"学术与艺术相长"的办学特色，以"基础扎实，特长凸显，专长突出"为教学总目标，把立德树人作为教育的根本任务。此外，在保障普通教育质量的同时，对于在某一方面有天赋且致力于专业发展的学生，天元公学也建立了一套发现、培养、输送天才学生的体制机制，为拔尖创新人才的发展保驾护航，这可以突破办学的地域和空间限制，真正助力教育公平。

天元公学独特的"公民同校"和"十五年一体化"，在当下"公民同招""民办学校审批属地招生"等政策的限制下，可能会受到一定的影响，但这种新型的、相对紧密的OTO（OMO）教育模式，可以培养更多的优秀人才，以无远弗届的方式实现办学理想。所有的教育，无论是什么样的介质，都缺不了人。因此，激发教育者的教育情怀，让他们的教育情怀落地，让他们一直心怀热忱，这可能是目前天元公学要承担的一个历史使命。

　　借用一句狄更斯的话，"这是一个最坏的时代，也是一个最好的时代"。在新冠疫情、移动互联、"双减"、共同富裕、民办教育规范办学等种种因素叠加的当下，对于定位独树一帜、办学模式特别的天元公学来说，新型的OTO（OMO）教育模式或许是很好的发展路径。

北京八中超常教育创新实践

王俊成

北京市第八中学校长

摘　要：北京八中超常教育实验班为满足超常儿童的学习特点和发展需要，通过丰富新颖的课程建设，自主、合作、探究的教学方式，动态、发展、多元的评价机制，努力为拔尖创新人才培养打下良好的文化和思维品质基础、身体和意志品质基础、创新精神和实践能力基础；在探索拔尖创新人才基础培养的高质量教育体系建设方面，实现了科学的因材施教，务实的素质教育，高水平的教育公平，以及教育高品质的创新实践和研究。

关键词：拔尖创新人才；超常教育；因材施教；少儿班；素质班

一、研究背景

在当今科学技术迅猛发展、世界格局不断变化的信息时代，各国均把拔尖创新人才培养置于发展国家核心竞争力的重要地位。我国近年来更是多次提出要加快培养具有国际竞争力的拔尖创新人才。

著名的"钱学森之问"引发人们对拔尖创新人才培养的广泛讨论和思考。拔尖创新人才的成长离不开基础教育阶段打下的良好基础。如何为拔尖创新人才打好基础？基础教育迫切需要探索与之相应的教育模式。

基础教育阶段是国民素质养成的重要阶段，更是为拔尖创新人才打基础的重要阶段。北京八中作为北京市优质资源校，一直在全面开展因材施教的素质教育，为培养拔尖创新人才进行着不懈的努力。

北京八中由建于 1921 年的四存中学和建于 1947 年的北平八中发展而来，具有优秀的发展基因和办学优势。从建校之初"尚实学、尚实习、尚实行"，到 20 世纪 80 年代中期"着眼于未来、着力于素质"的办学思想，再到近年来"本真致美"的教育理念，其在实践中形成了改革创新的优良传统、源远流长的素质教育、创新引领的超常教育、积淀优化的课程建设、丰富多彩的课外教育、历久弥新的国际化教育，以及持续丰富的办学成就。教育专家陶西平先生评价北京八中是素质教育的先驱。对素质教育的追求使北京八中的教育教学从容、本真、科学、规范，使学生的发展全面、扎实、丰富、生动，培养了一批又一批志向高远、素质全面、基础扎实、特长明显的优秀毕业生。

二、研究目的

从20世纪80年代中期开始，北京八中在北京市和西城区教育主管部门的大力支持下，协同中科院心理所、北京市教科所等科研单位，开展了超常儿童的甄别和培养研究。

超常儿童具有良好的潜能，是人才培养中的富矿。北京八中多年的超常教育实践证明，超常儿童成为拔尖创新人才的潜力特别大。如果能通过科学的方式把他们鉴别出来，为他们提供有针对性的教育模式，适合其智力的课程，适合其特点的教学，适合其发展的评价机制，就能为其成为拔尖创新人才打下坚实的文化和思维品质基础、身体和意志品质基础、创新精神和实践能力基础。

但是，由于传统教育模式不注重学生个体差异和个性化需求，超常儿童往往"吃不饱"或"吃不好"，再加上过度的应试倾向、学段分割、学科分界、学习内容陈旧，教学方式偏向于接受学习、机械训练，不利于他们的发展，造成优质人才资源的极大浪费。

《国家中长期教育改革和发展规划纲要（2010—2020年）》提出要以人为本，遵循教育规律和学生身心发展规律，为每个学生提供适合的教育，在努力培养造就数以亿计的高素质劳动者、数以千万计的专门人才的基础上培养一大批拔尖创新人才。

北京八中在1985年创办的中学超常教育实验班的基础上，2010年创办了智力优秀学生综合素质开发实验班，旨在通过多元模式，探索拔尖创新人才的基础培养体系。其研究目的主要有三个：一是探索超常儿童的科学鉴别方法；二是探索超常儿童的创新培养模式；三是探索适合超常儿童成才的教育模式，包含适合其智力的课程、教学及评价机制等，为培养拔尖创新人才建设高质量教育体系贡献力量。

三、研究方法

（一）课题引领，文献研究，顶层设计

根据党和国家的教育方针，根据教育改革的精神和文件，依托北京市教育部门科研课题，利用文献资料，系统总结研究国内外超常儿童培养的理论与实践，整体设计为拔尖创新人才打好基础的超常儿童甄别方法和培养的课程、教学以及综合社会实践活动等。

（二）学习研讨，系统总结，实践创新

通过对教师、家长和学生的访谈，问卷调查，各类研讨，总结人才甄别、课程设置、教学方式、评价体系、追踪研究等方面的经验,在优质课程资源建设、自主学习方式等多方面深化创新。

(三)追踪研究,整体优化,借鉴分享

通过对在读实验班学生和毕业后学生进行跟踪研究,为教育教学提供及时有效的反馈信息,整体优化北京八中超常儿童培养的多元模式,促进拔尖创新人才培养的探索。成功做法已被推广到北京八中普通班和分校,以及国内其他学校,均产生了良好的效果。

四、研究结果

(一)形成了创新多元的育人模式

北京八中超常教育由创办于 1985 年的"中学超常教育实验班"(以下简称少儿班)和创办于 2010 年的"超常儿童综合素质开发实验班"(以下简称素质班)组成。

少儿班是以缩短学制为主要特征的"加速式"培养模式,开创了中国基础教育领域超常教育的先河。在市、区领导和科研单位的大力支持下,为了满足"文革"后国家建设"早出人才、快出人才、出好人才"的迫切需求而创办,以培养面向现代化、面向世界、面向未来的高素质人才为根本追求。

少儿班招收 10 岁左右、具有小学四年级文化水平的智力超常儿童。之前学制为四年,2014 年改为五年,学生需要完成小学五、六年级及初高中共八年的学业。目前已招收 28 届共 1035 名学生,已毕业 23 届共 702 名学生。

素质班是在《国家中长期教育改革和发展规划纲要(2010—2020 年)》精神引领下,在北京市教育部门的统筹规划及指导下,认真响应国家人才战略和拔尖创新人才培养的需求,创办的以宽领域、厚基础为主要特征的"充实式"培养模式。

素质班招收 10 岁左右,具有小学四年级文化水平的智力优秀儿童,学生需要用七年("4 + 3"模式)完成小学五、六年级和初高中共八年的学业。目前已招收 12 届共 732 名学生,已毕业 5 届共 160 名学生。从创办至今,北京八中超常教育共招收学生 1767 名,毕业学生 862 名。

在国际上,针对超常儿童的教育通常有"加速式"和"充实式"两种经典模式,北京八中是目前国内唯一的"加速式"和"充实式"两种模式互相借鉴、互相促进、共同发展的超常教育创新实践学校。

(二)形成了科学完整的超常教育体系

在 36 年的实践探索中,北京八中超常教育形成了自己独特的教育体系,包含超常儿童甄别体系、超常儿童培养体系和追踪研究体系等三个重要的组成部分。

1. 超常儿童甄别体系

北京八中超常教育在多年的实践和研究中,形成了一套独有的、科学系统的人才甄别和培养体系,并与时俱进,不断创新。

在甄别方面,北京八中从一开始就以国内外学者对超常儿童的智力因素、非智力因素、创造力等多方面的研究成果为依据，遵循中科院心理所查子秀教授提出的"多途径、多方法、综合评价"的方针，设计了多种甄别工具（多种非文化认知能力测试）、多个环节（初选、复选和试读），多种甄别工具和多个环节相互比较、相互印证、集体讨论的甄别方法并进行综合评价，尽可能避免超前学习和专门训练的干扰，使甄别更为科学、准确。

北京八中一直坚持初选、复选和试读三个环节，分别考察学生先天素质、当前学业水平和能力、今后的发展潜能三个层面。

试读是北京八中独创的动态考察方式，补齐了思维测试和文化测试中难以了解到学生个性品质的短板。试读主要鉴别学生的发展性因素，重点考察学习潜能和行为能力，采取封闭式夏令营形式，时间为6或7天。教师分成若干小组，通过课堂学习、自学、文体活动、才艺展示等方式进行考察并针对每个学生形成考察报告，然后针对每一个学生进行集体讨论，确定最终录取人员，甄别结果客观准确。

北京八中不断改进优化招生甄别工作，2019年联合科研单位和高科技公司，采用现代信息技术，经过科学研发、周密准备、反复测试和优化，首创超常儿童在线自我体验甄别系统，实现了科学、公正、便捷的大规模线上甄别，是超常教育甄别工作利用现代信息技术的里程碑。2020年进一步创新升级，不仅使甄别系统更加科学完善，实现了大规模网上初选和复选，还利用智学网和腾讯会议进行了网上试读，学生在家即可完成整个甄别过程，很好地应对了新冠疫情对甄别工作的影响，是超常教育与教育现代化紧密结合的国内创举。在前两年的基础上，2021年新开发报名系统和成绩发布系统并与甄别系统对接，甄别系统进一步升级优化；同时开发了甄别监控系统及专门的甄别网站。至此，经过三年的开发、实践检验和升级完善，北京八中超常儿童甄别系统从报名、初试、复试及成绩发布等各个环节完全实现一体化，形成了现代、便捷、完备的北京八中超常儿童甄别系统一体化平台。

2.超常儿童培养体系

北京八中超常教育的育人目标是创造适合超常儿童潜能发展最好的教育，使其成长为"志向高远、素质全面、基础扎实、特长明显"的具有创新精神的优秀高中毕业生，为高一级学校输送优秀的少年大学生。教育理念是坚持基础教育的教育方针，以德育为先导、体育为基础、教学为中心，培养创新精神为重点，为培养具有国际竞争力的创新人才打好坚实的基础。

"培养什么人，怎样培养人，为谁培养人"，北京八中超常教育始终围绕这三个核心问题，为国家培养优秀人才，形成了独创的四项人才培养工程。

（1）以丰富的综合社会实践考察为特色的立德树人德育工程——立"志趣"。立德树人最有效的途径之一是爱国主义教育引领的社会实践。北京八中超常教育不仅有完备的常规德育体系，还通过多年的探索和尝试，建立了社会实践德育课程体系，通过持续的丰富和深化，形成了独有的特色和科学系统，使学生在真实有效的社会实践中，逐步形成对自然、社会和自我之间内在联系的整体认识；逐步形成强烈的问题意识与现实意识、社会责任感与历史使命感，从小树立为人民服务的远大理想和志趣。

少儿班学生在短短的四五年内，走遍祖国的名山大川，包括自然历史景观（泰山、衡山、黄山），有革命圣地（井冈山、顺义焦庄户、平津战役纪念馆、周邓纪念馆）、新科技基地（卫星发射基地），有当代中国复兴体验（崇礼冬奥会滑雪），有国际化教育（赴北美、欧洲短期游学）等。每个人都有一次当小矿工的体验，一次登顶泰山的经历，一次红色之旅，一次现场观摩卫星发射的经历，一次科技探索的科研经历，一次异域文化的体验等。

素质班社会实践考察始终突出"实践"这一主题，从"自然与技术（偏重大前沿）、社会与历史（偏近现代史）"两大维度进行内容上的选择与设计，同时涵盖"华北、东北、中原、江南、西南、西北、东南"七大空间领域。不同的内容，根据不同年级学生身心发展和学业发展的实际情况、实际效果逐步展开。教师带领学生前往吉林长春了解东北老工业基地发展的历史与现状，了解近代日俄侵占东北的历史；前往山东曲阜，感受儒家文化；前往河北涞源，了解希望工程和农村教育的历史和现状；重温白求恩、王二小和狼牙山五壮士的故事；学习红旗渠精神、学习塞罕坝精神；前往卫星发射基地，亲眼观摩神舟十一号飞船发射的震撼现场。

（2）以独特的自然体育课为特色的健悦身心工程——立"乐趣"。北京八中超常教育创办至今，一直注重体育教育。不仅有常规体育课，更有学生们喜爱的自然体育课系统工程（远足系列、登山系列、游泳系列、冰雪系列、民族风系列等）。

自然体育课为北京八中超常教育独创的综合教育课程。教师每周用半天时间组织学生到大自然中开展丰富的体育活动，如远足、爬山、游泳、跳水、滑冰、划船、骑独轮车、自行车旅行等，内容丰富、形式多样。教师不仅指导学生进行体育锻炼，还以自然环境为依托、体育活动为载体，使自然体育成为全面提高学生综合素养的课程。学生在自然体育课中放松了身心，调节了情绪，锻炼了体魄，磨练了意志，在大自然的怀抱中，养成了热爱运动的习惯和乐趣，达到了"炼身体、炼品德、炼意志"的目的。

从经常性的反馈及对学生的系统追踪结果看，在北京八中接受超常教育的学生普遍身体素质良好，具有顽强的毅力和勇于挑战的精神。正如自然体育课创始人杜家良老师所说：我们不是培养昙花一现人才，而是要培养经久耐用的人才。

（3）以整合统筹、充实增润为特色的课程建设工程——立"兴趣"。少儿班课程以统筹整合为主，兼充实增润；少儿班课程设置注重做"减法"（所有的文化课是普通教育的1/2，并且减少重复性练习）和"乘法"（学科内知识点的整合，学科间的相互整合支撑，知识与实践综合运用），在国家课程上进行统筹整合，同时增加学生喜爱的选修课，特别是科技特色课与科普类选修课，包括生命科学、天文学、机器人、信息学、无人机、核科学，以及丰富多彩的博物馆课程等；实行广泛的导师制，邀请各领域前沿专家开展普及讲座，培养学生的科学兴趣。

素质班课程以充实增润为主，兼统筹整合。素质班课程设置注重做"加法"（增加素质班独有的校本课程，并拓宽拓深国家课程）和"乘法"（研究性学习多方位提升学生综合能力）。

素质班每学期还有一周的集中式研究性学习，研究课题由学生提出，教师进行指导，研究内容涉及各个领域，还与各大高校和科研院所合作，让学生接触专业的研究方法和前沿的科学技术，提高了学生的创新意识和研究能力，达到研究性学习立兴趣的目的。

（4）以优质高效、自主探究为特色的教学改革工程——立"情趣"。少儿班教学秉持"优质高效"的原则精心设计教学过程，变多个教学循环为一个简明完整的教学循环；极大减少了知识碎片化、重复性学习以及应试化训练；鼓励自学和合作性学习；激发学习兴趣，保护学生旺盛的求知欲。

素质班积极探索基于情境、问题导向的互动式、启发式、探究式、体验式等课堂教学方法，注重在合作学习中培养学生的批判性思维和探究能力，增强学习的自主性和生成性；减少考试和单调重复性练习，帮助学生保持持久的学习热情；注重开发学生的智力潜能，同时激发学生创新精神和实践能力。

3. 追踪研究体系

北京八中建立了以国际化和现代化为特色的教育科研系统工程，包含对毕业生的追踪研究和对教师科研能力的提升。

（1）毕业生追踪研究系统工程。在学生入学前，北京八中和中科院心理所、北师大、苏州大学等合作，进行科学鉴别的系统研究；在学生入学后，进行综合评价和过程性评价研究，促进学生多元化发展；学生毕业后，北京八中每年都举办毕业生返校聚会交流活动，通过毕业生调查问卷和访谈等反馈内容，对他们在大学和工作单位的表现进行跟踪研究。一方面，关注学生的终身发展；另一方面，可以用学生的反馈完善现有的教育教学，不断丰富培养体系。

（2）教师科研能力提升系统工程。教师是教育的灵魂。只有教师的水平整体优化，才能使教育的过程整体优化。北京八中超常教育从建立之初就注重教育、教学、科研三位一体，尤其注重教师培训，普及教育心理学知识，提高教师研究能力，帮助教师参与国内外学术交流，促进教师不断学习，改进教学理念，提高教育、教学和科研水平，打造高素质教师队伍，提升整体育人效果。

五、北京八中超常教育的经验、挑战和未来

（一）经　验

北京八中的超常教育，以素质教育为基础，始于国家发展的需要，是响应党之大计，国之大计，顺应国家人才发展的战略目标，为国家建设和民族复兴培养青年英才的教育创新之举。在30多年的开拓进取中，一直坚持从国家民族发展的需要出发培育英才，在民族复兴的伟大征程中，不断探索科学的因材施教，实施务实的素质教育，追求高水平的教育公平，实现首都教育高品质创新。

钱学森先生称赞："北京八中的确办了一件好事，证明教育改革，18岁成硕士是完全可能的，不是空想。"

陶西平先生评价："30多年来，八中超常教育有了不少理论成果，也积累了不少实践经验，多年来一直代表我国参与超常儿童教育的国际研究，受到国际超常教育界的重视，是我国基础教育富有实效

的重要的研究课题之一。"

教育部、北京市、西城区等领导和专家在北京八中超常教育30多年发展中，总结出北京八中超常教育的三种精神：执着精神、创新精神和科学精神。

（1）北京八中超常教育的执着精神，体现在30多年如一日守正创新，坚持为国育英才。

（2）北京八中超常教育的科学精神，在于坚持遵循社会发展规律，贯彻国家"人才战略"，把人才作为推进事业发展的关键因素，着力培养一大批拔尖创新人才，大力提升国家核心竞争力。

坚持遵循人才成长规律。从创办之初就坚持与科研院所和大学（中科院心理所、北京市教科院、首都师大、苏州大学、北师大等）合作，积极探索超常儿童的成长规律，充分利用大脑发育的最佳时期，不断创新和完善超常儿童甄别与培养体系，满足人群中客观存在的1%—3%的超常儿童的发展需要。

坚持遵循教育发展规律。坚持党的教育方针，以德育为先导、体育为基础、教学为中心、创新精神为重点，为培养具有国际竞争力的拔尖创新人才打好坚实的基础。一是五育并举。促进学生全面发展。二是因材施教，为每个学生学会学习、学会生活、学会创造提供适合的方式和路径。三是协同施教，坚持学校、家庭、社会协同育人，教育、教学、科研协同创新。

（3）北京八中超常教育的创新精神，主要体现在对甄别体系、培养体系和追踪研究体系的探索和创新，形成了一套完整的、科学有效的人才培养体系。

超常教育在缩短学习时间，减少考试，减少单调重复练习，减轻学生负担，保护学生好奇心和求知欲，促进学生全面发展、多样成才等多方面取得了有效的经验，尤其是对于学生志趣—乐趣—兴趣—情趣的培养，是激发创造力、培养杰出人才的重要基础。

北京八中的超常教育绝不是"掐尖"招好学生，不是照搬普通初高中的做法，而是进行了全面系统的改革创新，其中包括课程体系改革、课堂教学改革、学生评价制度改革、德育教育改革等，以适合的形式和丰富的内涵满足超常儿童成长的需要。北京八中超常教育坚持的三种精神、遵循的科学规律、形成的三个体系（甄别、培养和追踪研究）、建立的四项系统工程、对基础教育的改革，是值得研究和借鉴的。

北京八中超常教育不是有些人臆想的"一味死学"，恰恰相反，北京八中不是简单地追分逐率，更没有耗时间、拼升学，而是通过自主、合作、探究等教学模式，着力打造生动（互动、触动、心动）和生成（建构、融通、升华）的"双生"课堂，引领学生主动参与"学、习、行、思"四个学习过程。通过师生、生生的有效互动，促进教师教学和学生学习过程中自然而主动的"生成"，使课堂具有鲜活的生命力，提高教学有效性，激发学生自主学习的潜力。

北京八中超常教育明显降低了教育成本、缩短了学生的学习期，增加了工作创造期。一位家长曾在孩子14岁毕业时说，孩子在北京八中少儿班读书省时、省钱、省力。

北京八中超常教育注重五育并举，学生们在对综合社会实践的感悟和自然体育的历练中，形成了家国情怀和时代责任感；在自然和社会中生成了良好的审美能力，尤其是对自然美和行为美的内化力量；形成了核心价值观和实践能力。同时，也在课程、教学和过程性综合评价的系统工程培养下，形成了扎实的基础知识、内化的关键能力和必备的核心素养。

实践证明，教育改革的潜力是巨大的，超常儿童的潜力是巨大的。北京八中的超常教育符合人才培养的规律，符合国家人才战略需要，是高质量教育体系的重要组成部分，是科学系统培养青年科技英才的重要途径。

（二）挑　战

超常教育在我国一直面临巨大的挑战，首先，缺乏相应教育政策和法规的保障。其次，基础研究力量薄弱，研究投入严重不足，导致科学研究能提供的帮助与教育实际的需要差距太大。再次，超常教育的师资力量薄弱，国内从事超常教育的教师，一般都没有经过专业的学习和训练，而是在摸索中前进。最后，社会上对超常教育的理解存在误区。

新形势、新技术带来的全球化、信息化和人工智能的迅猛发展，不仅改变了世界的各个方面，也使超常教育面临很多新的挑战和机遇。互联网和信息技术使学生的知识储备日新月异，学习方式发生巨大变化，这些都对学校和教师提出了更高更新更快的要求。社会上对超常教育的误解，学校教育中简单的升学模式倾向，家长对超常教育的功利性追求，都使得我们面临内部和外部的多种严峻挑战。

（三）未　来

北京八中将继续坚持党的教育方针，根据国家建设高质量教育体系的要求，不断创新甄别体系，改革培养体系，完善追踪研究体系；依托拔尖创新人才基础培养专业委员会，结合国内一批重点中小学、大学和科研院所，研究人才培养规律，为国家提供政策决策依据，为中小学提供理论依据和实践经验，为家长和社会提供科学的教育经验和方法。

我们希望，通过不懈努力，能够推动我国超常教育的立法。满足超常儿童发展需要的超常教育，也需要国家在立法和政策层面确立合法地位，纳入特殊教育范畴，促进超常教育的稳定和持续优质发展，促进国家对高精尖人才的培养。通过超常教育的立法，进一步达成社会共识，强化政策法规的保障作用，建立更多升学通道，完善政府配套支持，增加师资培养和甄别经费，推动超常教育鉴别机构、科研机构以及超常教育学校的建立，形成科学、系统、全面的超常教育培养体系。

我们希望，通过勤奋探索，能够加强超常教育教师队伍建设。作为人才培养的关键和榜样，特别需要加大培养力度，培养专门的超常教育教师队伍。一是要从整体上提升教师的文化素养。二是要提升教师学科交叉整合的能力。三是提升教师针对超常儿童心智特点进行教育的能力。四是更新教师观念，提升教育教学科研水平。建议在师范类高校设立超常教育师范专业，着重培养一支集科学研究与教学实践技能于一身的专业教师队伍。超常儿童思维活跃，求知欲强，超常儿童教师必须拥有过硬的学习能力和专业能力。为在岗的超常教育教师提供终身培训与学习的机会，帮助在岗教师不断更新知识储备，学习最前沿的科学理论，保障超常教育的高质量、高水平实施。

我们希望，通过潜心研究，能够深化超常教育科学研究，形成人才培养系统工程。与国家企事业单位联合，确定高新科技和人文社科高精尖人才培养的目标和定位；与科研院所和大学合作，研究超常儿童身心发展特点与教育科学规律，不断探索新的教育教学方法，使得教师和家长在遇到问题时得到科学的指导和引领，形成具有中国特色的超常教育科学研究体系。连接小学、中学与大学，构建拔尖创新人才培养的措施与办法，创新多种育人方式。通过国家的整体规划，各中小学、大学、企事业单位、高精尖公司形成合力，共同促进人才培养的系统工程建立。

鉴于超常教育是国家高质量教育体系的重要组成部分，是培养拔尖创新人才的重要途径，是教育现代化、国际化的重要体现，是推动和深化教育改革的重要创新点，我们今后将从科学性、创新性、实践性、适应性和长远性这五个方面继续探索和创新。

参考文献：

［1］陶西平. 超常教育琐谈［J］. 中小学管理，2018（8）：1.

［2］高琛. "追求卓越"：超常教育教师的超常修炼［J］. 2018（8）：15-17.

［3］孙丹，杨道宇. 试论超常教育的公平性［J］. 教育探索，2015（1）：11-15.

余杭区打造"教育强区"的策略与路径研究

许梦迪

杭州国际城市学研究中心研究员

摘 要: 2018 年召开的全国教育大会严正申明,要始终坚持具有中国特色的社会主义教育发展方针,培养各方面均衡发展的社会主义合格继任者,加速现代化教育进程,办好服务于人民的好教育。本文在总结杭州市余杭区教育发展现状的同时,提出余杭区建设"教育强区"面临教育体系尚不完善、优质资源供给不足、教育设施分布不均、资金投入缺口较大、智慧教育短板突出、治理机制不够明确等挑战,进而系统规划余杭区打造"教育强区"的策略与路径:应加快补齐高等教育、学前教育、优质义务教育、高水平高中教育、国际教育短板,以"教育综合体"模式实现优质教育资源供给倍增,以常住人口分布优化教育设施布局,以 EOD 模式实现教育投入资金平衡,以数字化改革为引领加快发展智慧教育,以招生制度和教师制度改革完善教育治理机制。

关键词: 教育强区;策略;路径

一、"学在余杭"品牌初步打响

最近这些年以来,经过加大教育供给、加快改革创新、提升教育质量、完善治理体系,余杭教育快速发展,初步打响了"学在余杭"品牌。

2019 年为余杭街道教育项目建设的推进年,为缓解教育资源紧缺压力,街道办事处专门成立教育项目推进工作小组,共实施在建待建教育项目 9 个,总投入约 12 亿元,按建设进度项目呈"2 + 4 + 3"三个层级分布。

2020 年,余杭区教育局统筹新冠疫情防控与教育教学,实现 24.5 万名学生停课不停学,1.8 万名教师停课不停教，师生齐心抗疫共克时艰；6000名党员教师佩党徽进校园、进课堂，党建引领师德师风建设持续推进；1976位硕博研究生应聘，内培外引，打造余杭教育人才新高地。

2021年8月，余杭区召开教育高水平促进大会，对习近平总书记有关教育工作的关键观点进行了深层次学习，执行中央"双减"政策和省委、市委对教育事业发展有关决策部署，正式发布教育高质量发展奋进计划，开启了余杭教育大变样、大奋进、大跨越的全新征程。

二、"教育强区"的时代背景与现实意义

"教育强区"是余杭区进一步提升区域能级和核心竞争力的基础工程。北京师范大学教育学院张建东认为："教育产业在促进城市进步的同时，城市的发展也会带动教育产业的发展。城市信息化的结构特点在地理位置上集聚了教育产业，教育产业的高效进步在很大程度上改革了现代城市经济社会。现如今，教育产业的发展和城市竞争力的提高齐头并进，这一局面具体的表现形式有这样三种，一是城市的提供能力；二是城市的创新水平；三是城市的吸收和集约化水平。"[1] 北京师范大学张传剑认为："高等教育立足于办学水平的提升，通过技术推陈出新、产学研用、人才供应三大方面可以拉动区域经济水平的上升。"[2] 美国著名经济学家舒尔茨曾对1929—1957年美国教育对经济增长贡献率进行测算，在得出结果为33%后，他认为人力资本与经济增长之间有显著正相关性。不同于经济的是，人力资本在推动区域经济水平提升时，会在空间上造成反向的溢出作用。因为区域之间会出现真正的竞争，各区域在抢夺高等教育人才时，会使高等教育发展水平比较高的地区将周边的高等教育人才吸收过去，进而形成高等教育占优势的区域的经济增长明显来自人才先机，而周边区域的经济增长则明显后劲不足，这也意味着当我国老龄化程度越来越重，各地上演愈发激烈的"抢夺人才大战"以及人力资本被纳入促进经济增长的重要因素。

"教育强区"是余杭区补齐民生短板、留住优秀人才的重要抓手。2019年，浙江省教育大会提出"教育是最大的民生"，解决好"人民满意教育"问题是实现人民幸福生活的关键部分，把教育发展中不均衡的问题彻底消除，需要全社会的共同努力和共同参与。办好"人民满意教育"是解决新时代社会主要矛盾必不可少的前提，是践行"服务于人民"思想的根本前提，是彰显现代治理理念的必然要求，更是实现共同富裕的必然要求。人才资源是一个国家、一座城市、一个地区科学发展的决定性因素。如果说促进区域发展要吸引人才、留住人才、用好人才，那么区域内优质的教育资源是吸引人才和留住人才的有力抓手。

打造"教育强区"是余杭区"十四五"时期实现高质量发展的关键举措。《杭州市余杭区国民经济

① 张建东. 教育产业与城市竞争力[J]. 教育研究，2004（10）：38-42.
② 张传剑. 高等教育促进区域经济增长的研究述评：理论、方法与现实路径[J]. 高等职业教育探索，2021，1（20）：28-35.

和社会发展第十四个五年规划和 2035 年远景目标纲要》中，郑重指出余杭区要"建立教育资源配置和人口结构挂钩机制，抓好教育资源扩充及合理均衡布局，实施终身教育促进工程，建设学习型社会"。《中国教育现代化 2035》提出了要致力于打造为全民服务，活到老学到老的学习体系，这一教育方针也是在"十四五"规划期间确定下来的。

三、"教育强区"建设面临的挑战

余杭区作为杭州市极具发展潜力的区域，经济发展总量及发展速度均排在全市前列，但也面临着提升教育现代化水平、建设教育强区的新任务、新挑战。深入回顾梳理余杭区教育的历史经验和问题、困难，有利于明确未来的发展道路和重点策略。

（一）教育体系尚不完善

《中国教育现代化 2035》提出："构建服务全民的终身学习体系是我国推进教育现代化的十大战略任务之一。"余杭区尚未形成学前教育、质量上乘的义务教育、高水平高中教育、国际教育等一体化的教育系统。余杭区教育体系重视教育的规模发展和办学条件的改善，教育多样化不够，不同学校的特色不够鲜明。

（二）优质资源供给不足

杭州的优质教育资源主要集中在上城区、西湖区、拱墅区等主城区，余杭区、萧山区的教育资源和主城区相比差距十分明显。在重新分区之后，优质教育资源更是集中到了临平区，余杭区目前尚处于与临平区共享教育配套的过渡期。余杭区还面临着为每一个学生提供优质教育的挑战。现在已知的有之江实验室、良渚实验室、湖畔实验室三大省级实验室，海创园、梦想小镇、云谷小镇（在建）等高新产业园区云集，还有阿里巴巴、快手、奥克斯等高科技企业落户，vivo 全球 AI 研发中心、OPPO 全球移动终端研发总部均在此处选址。余杭区内人口受过高等教育者较多，而高学历家长通常对子女有着非常高的教育需求。

（三）教育设施分布不均

余杭区民办教育与公办教育分布不均衡，例如闲林街道早期开发了大量刚需社区，在未能匹配相应的教育资源的情况下，就发展民办教育。目前闲林街道实际管控小学 7 所，民办小学达到 4 所，公办教育资源少且上学距离远。除此之外，国家教育"双减"政策出台及《民办教育促进法实施条例》的实施，对民办教育均有限制，闲林街道虽将部分幼儿园转为民办普惠性幼儿园，但效果并不理想。

（四）资金投入缺口较大

"教育经费占国内生产总值比例"是全球范围内较为普遍的衡量一个国家教育水平的基本依据。资料显示，目前全球的国家财政教育投入比例为 7% 左右，其中发达国家更是达到了 9% 左右。而 2019 年，余杭区教育经费（包括教育附加安排的支出）实际支出为 754511 万元，余杭区 GDP 为 2814 亿元，教育经费占比为 2.68%，不仅远低于国际平均水平，也与国家 4% 的要求有所差距。

（五）智慧教育短板突出

智慧教育是互联网、移动通信和人工智能的提升，互联网技术、商业形式、移动通信技术持续结合所催生的。但在教育领域，目前也面临着两大挑战。一方面，教与学都有变革的必要，比如大规模的线上教育和人工智能教育活动会影响传统师生关系、教育活动，而且得益于数据的发展，教育管理模式也必然经历一场浩大的改革；另一方面，在进行教育管理时，还没有更好地利用新兴信息技术和智能技术，没有更好地挖掘更具有针对性的内容。[1] 数据技术分析人员并没有更好地意识到教育治理的概念，还没有将信息技术充分派上用场，以尽可能展现出教育执行、教育评价等作用，当前特别需要对重构智能时代的教育系统和模式加以探讨。

（六）治理机制不够明确

一是教育治理的观念与意识仍须加强。不管是政府职能从之前的管理型转变为服务型，从一元化走向多元化，还是让学校拥有更多自主权，让广大师生都积极加入进去，治理意识的持续建立，都必然要经历一个艰难的改革过程。二是教育治理的权力边界模糊、权力配置失当。在教育政策实现的过程中，关系组织、财政、人事等多个部门，这些部门和教育行政管理部门结合在一起，形成新的治理结构，一起对教育事务加以管理。这些部门在具体运营时，没有清晰的边界，再加上在执行相应的教育政策时会不由自主地偏向"绩效主义"等，没有良好的合作意识、健全的机制，从而使得管理不能遵守严格的规定、管理重复等问题又必然会让某些部门的权力过于集中，或下级被上级取代。学校被政府取代等多种治理不均衡的现象，也会使得一些教育事务管理出现不到位的问题。

四、打造"教育强区"的基本思路

坚持教育优先战略，建设高质量教育体系，以优质教育资源供给为主线，建立与常住人口增速相匹配、与高质量产业发展相适应的教育设施供给、布局、分配模式，优化投融资机制，以数字化改革撬动流程再造，加快完善治理机制，努力办好人民满意的教育。

五、"教育强区"建设的主要举措

面向未来，余杭区建设高水平现代化的教育强区，要围绕立德树人根本任务，加大改革创新和战略统筹，抓住关键领域、重点施策，加强保障、综合推进，推动余杭区教育跨越式发展。

---

① 郑勤华，熊潞颖，胡丹妮."互联网＋教育"治理转型：实践路径与未来发展[J].电化教育研究，2020，5（41）：45-51.

·199·

（一）顶层设计适应余杭发展的高质量教育体系

建设适应余杭发展的高质量教育体系有利于推动余杭区学前教育更稳定持续地发展，进一步为学前教育提供足够的学位。加快促进普惠型幼儿园的发展，持续提升科学保教水平。把义务教育的责任真正贯彻到位，实施"改薄提高"工程，加大建设"两类学校"。促进普高和职高齐头并进，深层次实施普高办学水平提高工程，创建特色普高，促进普高丰富、优质化发展。

促进高等教育发展，吸引更多国际国内一流高校落户，支持高校、企业或高层次人才团队设立新型研发机构。

（二）以"教育综合体"模式实现优质教育资源供给倍增

教育综合体兼容不同学段与学校、基础教育与特色教育、国内教育与国际教育、青少年活动中心与老年大学、教学与培训等，满足3—83岁终身教育需求。通过优化设计，充分利用不计容空间等，在同样的土地面积，少量增加容积率的基础上，实现教育倍增，即入学人数倍增。整合多方面社会力量建设更多优质学校、提供更多学位、提供多种教育资源，满足余杭区的教育需求。

（三）以常住人口分布优化教育设施布局

近年来，余杭区涌入不少高新技术人才。经济水平走在前列，吸引了更多外来人口，进而使得出现更多学龄人口。所以，在配置基础教育设施时，需要重点关注外来人口所带来的影响，以其特点为依据，尽可能改进配置指标，以免出现"空间错配"的问题，确保余杭区教育资源的合理分配。

（四）以EOD模式实现教育投入资金平衡

教育投入是回报率最大的生产性投入，学校建设将带动周边区块土地增值。要深入理解、通盘谋划教育组团与城市区域发展之间的关系。按照EOD模式，遵循以人为本、三效统一、多规合一、绿色发展、未来社区、公园社区等城市规划建设管理理念，带动周边区块土地增值。再根据级差地租理论和一调两宽两严措施，使土地的增值反哺学校的建设，实现零财政资金投入，解决教育投入的问题。

（五）以数字化改革为引领加快发展智慧教育

以学生的全面发展为中心，以立德树人为根本任务，高举"五育"并举的旗帜，让数字化信息技术赋能教育教学。逐步建立和完善一体化的教育大数据应用服务中心，全面开展智慧课堂教学，优质教育教学资源让多方共建全民共享得以变成现实。充分发挥数字化技术对教育现代化的支撑作用，使数字化改革真正成为破解个性化教育难以开展、教育资源分配不均、学习兴趣难以提升、学业负担过重、"五育"并举难以落地等难题的推手，逐步构建起优质、公平、均衡的教育新生态。通过信息技术智能化集中，余杭区的学校可以一步步发展成集智慧、现代化于一体的新学校，抢先一步让教育应用普及所有教职工，让所有适龄学生都享受到学习应用，给师生提供一个无论什么时候、什么地点，利用任何设备，都可以得到学习资源的环境。以云计算、大数据等信息技术为基础，对于"5G＋教育"对智慧化课堂环境的形成加以探讨，对青少年感悟、理解人工智能知识的课堂践行渠道加以探讨，形成人工智能资源库，让学生更自觉学习、创新、合作，推动学生更有针对性地发展，将核心素养真正落到实处，培养全方位发展的人。

（六）以招生制度和教师制度改革完善教育治理机制

基础教育阶段的招生制度要坚持公开、公平、公正的原则，首先确保适龄儿童就近入学的需要。但对于一些有特长的学生，学校现在的评价标准未必能够满足其要求。研究招生政策有利于精准提供个性化教育和超常教育服务，尽可能让由于群体、个体上的不同带来的教育上的不同需求得到满足，这不但使教育水平标准变得更高，而且也代表着教育质量更高。在教师制度方面，当前，最重要、最紧迫的是政府及教育主管部门正确解读并切实落实"教师平均工资收入水平不低于或高于当地公务员平均工资收入水平"这一法规性政策，对所有学段教师一视同仁，对公办、民办教师一视同仁，真正让教师成为全社会最令人羡慕的职业，以增加社会对教师的重视与尊重，增强教师的获得感、荣誉感和幸福感。

参考文献：

[1] 吴清华. 置顶教育党建 打造教育强区[J]. 中小学校长，2020（3）：25-27.

[2] 李代文，姚澜，王霜. 最强师资：支撑现代化教育强区建设[J]. 电脑迷（教师研修），2020（3）：85-86.

未来中小学阅读空间场景建设指引

邵兴江

浙江大学国家制度研究院、教育学院副教授

一、总　则

（一）指导思想

以习近平新时代中国特色社会主义思想为指导，贯彻党的十九大和全国教育大会精神，全面推进"全民阅读"和"终身学习"，聚焦加快推进教育现代化，建设教育强国和办好人民满意的教育。坚持立德树人，以提高学生核心素养、落实课程改革、激发师生阅读热情、建设一流阅读环境、促进学校特色建设为宗旨，引导师生"爱读书、多读书、读好书"，引导各级学校大力建设功能适用、书香浓郁、特色鲜明的高品质阅读空间。

（二）功能价值

1. 功　能

中小学阅读空间是面向师生提供文献信息借阅服务，具有阅览、借还、教学、研讨、自学、文创、展陈、休憩及读者其他文化活动等功能的公共空间场所，并呈现功能多元化与复合化、设施信息化与智慧化、环境怡人化与精致化的趋势。包括三大类型，即体现综合性的图书馆（室）（以下简称图书馆），体现分布性的班级阅读角、公共开放书吧、报刊栏、漂流书架、户外阅读区等泛在阅读空间，以及体现智能性的智慧书柜、朗读亭、智慧阅读触屏等智慧阅读空间。

2. 价　值

中小学阅读空间旨在促进阅读，形成知识，分享知识，提升素养。它是学校教育教学和教育科研的重要场所，是学校文化建设和课程资源建设的重要载体，是促进学生全面发展和促进教师专业成长的重要平台，是实现中小学现代化高品质办学的重要条件，也是社会主义公共文化服务体系的有机组成部分。

二、建设目标

按照"高品位、广覆盖、好效果"的整体要求,推动教学、图书、装备与空间的深度融合,创新空间的设计理念,提高校舍建筑、阅览环境、文献资源与设施设备的建设品质,大幅度强化中小学校阅读空间的规范化、人文化与智慧化建设,构建"人人、时时、处处"可阅读的"空间新样态",提高校园阅读服务水平,成为"世界前列、国内一流"的中小学阅读空间建设典范。

(一)建设一流基础设施

统筹规划,科学设计,有序推进。通过新建、扩建或改建的方式,促进阅读空间面积达标,布局合理,功能适用。空间环境人本舒适,文献资源丰富适用,氛围浓郁,富有视觉与情感吸引力。大力应用新技术,积极建设"资源可共享、环境可感知、行为可记录、读群可联接"的智慧阅读环境。

(二)提供品质阅读服务

为师生提供全方位、多层次、有品质的阅读体验,提高阅读的获得感、互动感与愉悦感。让阅读成为传承人类文明的主阵地,弘扬中华和世界优秀文化,传播社会主义核心价值观。与教育改革深度融合,提供丰富课程资源,满足个别化学习、小组合作学习、大班阅读教学等多种形式需要。与幸福校园生活深度融合,成为阅读、研究、闲暇的最佳去处。

(三)提升学校文化品位

阅读空间是学校文化的建设高地,要体现学校文化的传承与创新,融入场所精神,建设好隐性课程。深入挖掘办学特色、课程文化、教学文化、地域文化与人类文明中富有活力的设计元素,推进阅读空间建筑、装饰与文化的一体化设计,打造能深度体现学龄特征,符合环境心理学,格调文雅、富有美感、主题突出的阅读空间。

(四)推动辐射全民阅读

重视对全民阅读的辐射作用。推动校际辐射,通过合作互助带动小规模学校、薄弱学校师生阅读素养提升。推动馆校辐射,扩大公共图书馆对学校的资源辐射范围。推动家校辐射,以师生阅读为核心,通过书香校园带动学习型家庭建设。推动社校辐射,鼓励有条件的学校向社区开放阅读资源,推进书香社区建设。

三、理念原则

大力提升中小学阅读空间建设水平,积极构建"处处可读、时时能读、人人悦读"的品质阅读空间。

(一)空间理念

创新设计理念,提高空间吸引力。重视育人功能,服务师生的卓越成长。重视场所精神,服务学校的品牌与特色建设。

1. 坚持以人为本

围绕培养新时代"全面发展的人"的育人导向，以师生的真实需求为本位，强调"空间形式追随育人功能"。空间选址方便，打通服务"最后一百米"。布局合理，功能适用，动静分区。空间本质安全，卫生舒适，美观，富有吸引力。

2. 坚持教育公平

重视阅读资源的合理配置，人人可以公平、广泛地获取文献信息。不断加大财政投入，推动阅读空间的标准化建设，并适当向薄弱学校与小规模学校倾斜。全面推进空间的无障碍与通用性设计。

3. 富有教育思想

大力推进"先理念、后功能、再空间"的设计思路，整合"可知、可导、可管"的前沿智慧技术，服务课程教学改革，服务学校特色建设。重点加强泛在阅读空间建设，推进非正式学习，积极建设阅读方式广泛多样、阅读选择丰富多元的悦读场所。

4. 富有文化风格

阅读空间宜结合学校历史、办学特色、地域文脉、未来愿景与空间条件，凝练适宜的空间文韵与设计风格，鼓励学校打造主题式阅读空间。宜结合区域产城深度融合的地域特色，呈现乡土文化文献，展示乡贤文化形象，打造富有浓郁地域文韵的场所空间。

（二）建设原则

中小学阅读空间建设，应遵循"安全、科学、美观、舒适"原则，并突出整体规划与未来导向，促进功能的多元化与服务适用化。

1. 整体有序原则

阅读空间建设纳入学校发展规划与建设规划。新建学校按本指引相关要求进行规划，建成学校积极盘活存量空间，有条件的学校鼓励改扩建增量。加强土建、装修、景观、智慧校园和学校文化建设的联动统筹，整体协同，有序推进建设。

2. 未来导向原则

阅读空间建设面向未来，引领革新，深入体现教改方向，支持课堂向课前、课后扩展，支持混合式学习、项目式学习等新型学习方式，融合数字文献、视听多媒体等新型文献载体，融合 VR、AR、AI 等新型数字技术。鼓励有条件的学校预留利于未来有机更新的基础条件。

3. 功能多元原则

坚持需求导向，合理设置功能与场景，积极营造学校图书馆中的氛围。建好图书馆空间，提高功能的综合性与适用性。建好以阅读为主的泛在阅读空间，引入"阅读＋X"的功能设计，体现空间的可变性与兼容性。建好可兼容阅读的泛在阅读空间，引入"X＋阅读"的功能设计，积极拓展阅读的可发生场景。

4.适宜个性原则

结合学段、场地、环保、造价和时间等因素，确定适宜可行的建设方案。结合办学特色、服务对象及教育教学教研要求，选择适用的空间文化风格、设施设备与文献资源，充分关注不同情景下师生的多样化使用需求，建设体现"一校一品"的高品质阅读环境。

四、建设指引

阅读空间的新建、改建或扩建，应执行国家相关规范。其建设指引包括建筑、装修、设施设备、导视系统等内容。

（一）规范依据

阅读空间建设应执行下列规范与标准。当相关规范、标准有更新时，按最新规范、标准执行。当相关规范、标准有不一致时，按有利于学校的高标准执行。其中包括：《图书馆建筑设计规范》（JGJ 38—2015）、《中小学校设计规范》（GB 50099—2011）、《中小学图书馆（室）规程》（教基〔2018〕5号）、《智慧校园总体框架》（GB/T 36342—2018）、《建筑设计防火规范》（GB 50016—2014）（2018年版）、《建筑内部装修设计防火规范》（GB 50222—2017）、《无障碍设计规范》（GB 50763—2012）、《绿色建筑评价标准》（GB/T 50378—2014）、《室内空气质量标准》（GB/T 18883—2002），以及其他国家和学校所在省市的相关规范、标准与地方技术规定。

（二）建筑标准

1.空间选址

（1）图书馆。环境安静，光照充分。宜近教学区，方便师生出入。应当设在二层及以下楼层。新建学校的图书馆舍应当独立建设，便于空间开放利用和管理。有学生寄宿的学校应当在生活区设立分馆或智慧图书馆。

（2）泛在阅读空间。在确保安全的前提下，充分利用教室、走廊、门厅、架空层等开放空间，创建开架流通的泛在阅读空间。有条件的学校可建户外阅读区，也可合作共建"校园书店"，开辟新型阅读空间。积极营造书香校园氛围。

（3）智慧阅读空间。重视引入新技术，有条件的学校可在公共门厅、架空层、共享空间等较为开放的空间，建设智慧书柜、朗读亭、智慧阅读触屏、VR全景阅读区等设施。

2.功能设置

（1）图书馆。体现综合性，具有藏、借、阅、研、休等多元复合功能，重视创新技术的引入，为师生提供书、刊、报、数字化文献信息和知识共享等服务的空间。

一般分为藏书、借阅、学生阅览、教师阅览、报刊阅览、数媒阅览、办公采编等区。12班及以下小规模学校可只设阅览区与藏书区。有条件的学校可合设或选设报告厅、会议室、外文阅览区、文印区、自修室、创客空间、小组研讨室、名师工作室、亲子阅读区、微课录播室、休憩吧等。各功能分区宜开放设置，也可独立设置。

接收残疾学生随班就读的学校，应当配备用于存放智力玩具、盲文图书和有声读物等的非书资源室和特教资源室。

（2）泛在阅读空间。体现泛布性，因校制宜散布在校园不同空间，大小灵活，形式多样，功能丰富，体现非正式学习特征，为学生提供随时随地阅读、探究、研讨、视听等服务的空间。

班级阅读角。设在普通教室中，利用教室角落空间，设开架阅览区和阅读交流园地，宜突出班级内"众藏、共阅、分享"理念，提供就地便捷的班内阅读服务。

开放阅读区。设在走廊、门厅、架空层、首层楼梯角、公共活动区、户外景观区等空间，结合开架阅览、个别学习、小组研讨等功能，宜突出"品质阅读、主题阅读"理念，提供随手可及、随处可读的开放共享阅读服务。

阅读文化墙。利用宣传窗、走廊文化墙、景观文化小品、校园墙绘等载体，进行阅读相关的内容发布、文化宣传以及心得交流，营造浓郁书香校园氛围，宜突出"阅读引导、阅读交流"的理念。

（3）智慧阅读空间。体现智慧性，依托物联网、大数据、智慧装置与互动媒介等技术，提供智能化阅读服务的空间。

智慧书柜。宜突出"随时借阅服务"，提供24小时无人值守的自助办证、借阅、查询、续借、预约借书等服务，提供基于大数据的个性化阅读书籍推送。也称智慧微型图书馆。

朗读亭。宜突出"互动沉浸、有声阅读"，融合朗读练习、英语学习、录制、演讲训练、有声悦读、线上分享等功能的智能型阅读亭台。

智慧阅读触屏。宜突出"个性阅读、梯次阅读"，基于各类数字资源的多媒触摸屏，促进"人—书—网"线上线下的深度融合，提供基于大数据的"可知、可导、可管"的个性化阅读服务。

3. 面积指标

阅读空间使用面积指标，设基准和示范两类。基准指标是学校应达到的下限指标。示范指标是鼓励有条件的学校建设的典范性指标，其中国家级示范性学校、以阅读为特色的学校，宜按示范性指标规划。

（1）图书馆。不同学段和规模的学校，依图书馆不同功能分区，相关基准面积与示范面积指标按表1至表5执行。全寄宿学校，图书馆使用面积指标可上浮10%。明确向社区开放的图书馆，应结合社区实际需求，适当增加相关指标。鼓励有条件的小学选配满足教学模型、智力玩具、感统训练及特殊教育等需要的非书资源室。

各校在总面积相同前提下，可结合本校实际按"开放设计"理念进行合理组合、优化设计。易产生相互干扰，或如微课录播室等有独立需求的空间，宜分区设置。

表 1　小学图书馆使用面积指标　　　　单位：平方米

班数	藏书室		借阅室		教师阅览室		学生阅览室		数媒阅览室		报刊阅览室		办公及采编室		儿童非书资源室*		其他选配功能区*		使用面积合计	
	基准	示范	基准	示范	基准	示范	基准	示范	基准	示范	基准	示范	基准	示范	基准	示范	基准	示范	基准	示范
12班 540人	30	45	10	15	25	30	70	100	30	50	25	30	12	12	0	20	0	30	202	332
18班 810人	45	65	10	15	35	40	100	145	45	75	35	40	12	12	0	25	0	45	282	462
24班 1080人	60	85	10	15	45	50	135	195	60	95	45	55	18	18	0	30	0	60	373	603
30班 1350人	75	105	15	20	55	65	170	245	75	120	55	65	18	18	0	35	0	75	463	748
36班 1620人	90	125	15	20	65	80	205	290	90	145	65	80	18	18	0	40	0	90	548	888

注：本表依附表1计算法则核算。* 为选配功能区指标，具体功能依校而定。

表 2　初中图书馆使用面积指标　　　　单位：平方米

班数	藏书室		借阅室		教师阅览室		学生阅览室		数媒阅览室		报刊阅览室		办公及采编室		儿童非书资源室*		其他选配功能区*		使用面积合计	
	基准	示范	基准	示范	基准	示范	基准	示范	基准	示范	基准	示范	基准	示范	基准	示范	基准	示范	基准	示范
18班 900人	70	90	10	15	60	65	170	260	55	90	40	50	12	12	0	50	417	632	202	332
24班 1200人	95	120	10	15	80	90	230	340	70	120	55	65	18	18	0	70	558	83	282	462
30班 1500人	120	150	15	20	100	110	285	430	90	150	70	85	18	18	0	90	698	1053	373	603
36班 1800人	140	180	15	20	120	130	340	515	110	180	85	100	24	24	0	110	834	1259	463	748
48班 2400人	190	240	20	25	160	175	455	685	145	240	110	130	30	30	0	150	1110	1675	548	888

注：本表依附表1计算法则核算。* 为选配功能区指标，具体功能依校而定。

表3　九年一贯制图书馆使用面积指标　　　　　　　　　　　　　单位：平方米

班数	藏书室		借阅室		教师阅览室		学生阅览室		数媒阅览室		报刊阅览室		办公及采编室		儿童非书资源室*		其他选配功能区*		使用面积合计	
	基准	示范	基准	示范	基准	示范	基准	示范	基准	示范	基准	示范	基准	示范	基准	示范	基准	示范	基准	示范
18班840人	55	75	10	15	45	50	130	190	50	85	40	50	12	12	0	20	0	50	342	546
36班1680人	110	150	15	20	90	100	255	385	100	170	85	100	24	24	0	30	0	100	679	1079
54班2520人	170	225	20	25	140	150	385	575	150	250	125	150	30	30	0	40	0	150	1020	1595
72班3360人	225	300	25	30	180	200	510	765	200	335	165	200	36	36	0	50	0	200	1341	2116
48班2400人	190	240	20	25	160	175	455	685	145	240	110	130	30	30	0	150	1110	1675	548	888

注：本表依附表1计算法则核算。* 为选配功能区指标，具体功能依校而定。

表4　高中图书馆使用面积指标　　　　　　　　　　　　　单位：平方米

班数	藏书室		借阅室		教师阅览室		学生阅览室		数媒阅览室		报刊阅览室		办公及采编室		其他选配功能区*	
	基准	示范	基准	示范	基准	示范	基准	示范	基准	示范	基准	示范	基准	示范	基准	示范
18班900人	90	120	15	20	65	75	225	290	70	110	40	50	18	18	0	60
24班1200人	120	160	15	20	85	100	295	390	95	145	55	65	24	24	0	85
30班1500人	150	200	20	25	110	125	370	485	120	180	70	85	24	24	0	110
36班1800人	180	240	20	25	130	150	445	580	145	215	85	100	30	30	0	135
48班2400人	240	320	25	30	175	200	595	775	190	290	110	130	30	30	0	185
60班3000人	300	400	30	35	215	250	740	970	240	360	140	165	36	36	0	235

注：本表依附表1计算法则核算。* 为选配功能区指标，具体功能依校而定。

表 5 完全中学图书馆使用面积指标 单位：平方米

班数	藏书室		借阅室		教师阅览室		学生阅览室		数媒阅览室		报刊阅览室		办公及采编室		其他选配功能区 *		使用面积合计	
	基准	示范	基准	示范	基准	示范	基准	示范	基准	示范	基准	示范	基准	示范	基准	示范	基准	示范
24班 1200人	110	150	15	20	85	100	275	365	100	145	55	65	24	24	0	80	664	949
36班 1800人	160	220	20	25	125	145	410	545	145	215	85	100	30	30	0	120	975	1400
48班 2400人	215	295	25	30	165	195	545	730	190	290	110	130	30	30	0	160	1280	1860
60班 3000人	270	370	30	35	210	240	685	910	240	360	140	165	36	36	0	200	1611	2316

注：本表依附表 1 计算法则核算。* 为选配功能区指标，具体功能依校而定。

（2）泛在阅读空间。泛在阅读空间具有开放性与共享性特征。不同学段学校的泛在阅读空间生均使用面积的基准指标与示范指标如表 6 所示。

教室中班级阅读角。每班按生均纸质图书报刊 X 册数可折算为 2X 平方米计算面积。以"阅读＋X"为理念设计的空间，在每处配置纸质图书报刊不少于 100 册基础上，不含疏散通道，按可开展阅读的使用面积计算面积。以"X ＋阅读"为理念设计的空间，不含疏散通道，在每处配置纸质图书报刊不少于 50 册基础上，按可开展阅读的使用面积减半计算面积。以墙面为主的阅读文化墙，按有效墙面面积计算面积。

表 6 中小学泛在阅读空间生均使用面积标准 单位：平方米

类别	基 准	示 范
小学	≥ 0.3	≥ 0.5
初中	≥ 0.3	≥ 0.5
九年一贯制	≥ 0.3	≥ 0.5
普通高中	≥ 0.2	≥ 0.3
完全中学	≥ 0.2	≥ 0.3

注：鉴于泛在阅读空间的开放性，因此生均面积采用大于等于的指引标准。

（3）智慧阅读空间。智慧阅读空间，宜结合不同学校实际，由学校自主选择配置。

智慧书柜可按每12班1个选配，每个书柜藏书量不少于200本。朗读亭可按每1000生1个选配。智慧阅读触屏可按具体需求选配。

4.建筑设计

（1）图书馆。模块化设计。应符合《图书馆建筑设计规范》和《中小学校设计规范》相关规定。建筑造型宜结合不同学段特征和学校特色。新建项目宜采用模块化设计方法，按需求确定空间功能块，实施分区模数化设计；同一功能块内同柱网、同层高、同荷载，为未来空间的有机更新预留灵活性。为确保良好通风，房间进深宜不大于14米。合理设计读者、书籍和馆员三条流线，避免相互冲突和交叉。宜设一个主要出入口，便于统一管理。

灵活性设计。体现新素养、新课堂、新学习和新技术的发展趋势，在依据使用面积指标设一般功能分区的基础上，可结合场地与需求进行功能的灵活优化与动静态分区设计，设资源服务区、开放阅读区、信息共享区、行政管理区等分区，选择性引入席地阅读区、自主学习区、小组研讨室、名师工作室、创客空间、可视化学习区等空间。

人性化设计。重视自然通风、北侧采光、噪音控制等方面的合理设计。接受残疾学生随班就读的学校，应实施空间无障碍设计。增加安全性设计，合理规划危机意外逃生与安全通道；门窗开启方式不得影响使用和通行安全；不得设门槛和弹簧门。鼓励设应急声、光报警系统。

（2）泛在阅读空间。泛布性设计。适当提高普通教室面积标准，鼓励有条件学校按小学85平方米/间、中学90平方米/间规划，为班级阅读角预留空间。加强公共区域阅读空间的分散化规划，体现便捷性与可访问性，如走廊局部加宽的"阅读港湾"设计，共享空间的泛在阅读区设计。有计划预留可用于阅读交流的展示文化墙。

功能复合设计。重视功能叠加理念，按"阅读＋X"或"X＋阅览"的理念，合理设置功能，加强建筑、结构、给排水、强弱电、暖通等之间的协调设计，特别是阅读区域应避免风雨隐患。

（3）智慧阅读空间。依不同类型智慧阅读设施，合理规划设施选址，在建筑、强弱电、消防疏散等方面具有设置条件。

（三）设施设备指引

中小学阅读空间应具备良好的通风、采光、照明、安全等条件，保障高品质阅读服务，并依需要及时更新设施设备。

1.建筑设施设备

（1）通风换气。重视空间有组织的自然通风。不同地区依气候条件，可有选择地安装暖通设施。采用机械通风时新风量应符合《公共建筑节能设计标准》（GB50189）的有关规定。鼓励学校在人流较为密集的阅览空间，安装以二氧化碳浓度、温度等指标为监控重点的空气质量智能调节设施。

（2）温度湿度。重视师生学习工作环境和文献典藏环境。普通书库温度宜为14—28℃，相对湿度宜为 30%—65%，并配置空调、抽湿机等设备。师生阅览区的温度湿度，宜令人体舒适。

（3）采光照明。空间采光应符合《建筑采光设计标准》（GB/T 50033）、《建筑照明设计标准》（GB 50034）和《图书馆建筑设计规范》（JGJ 38）的相关规定。阅读空间宜充分利用北向自然光，供阅读的区域照度达到 300 勒克斯。书库照明达到 50 勒克斯，避免眩光，书架垂直面宜照度均匀。窗应是无色透明玻璃，设可控窗帘，避免阳光直射。

（4）声环境。阅读空间的噪声控制应符合《图书馆建筑设计规范》（JGJ 38）的有关规定。有动静态分区的阅读空间，内墙、顶棚与地面宜选吸音装饰材料，安静区域噪声 ≤ 40 分贝。泛在阅读空间宜采取适当的隔音降噪措施，营造良好阅读氛围。制作视音频素材的特殊空间，应有优质隔音设施。

（5）强弱电。电源插座应为安全型，数量充足，位置满足教学设备安装要求。电源插座、空调电源插座和照明用电应分设不同支路。重视信息化环境建设，按需求覆盖无线网络，预留计算机、广播、智慧书柜、朗读亭等设备需要的有线网络端口。

（6）安全防护。在防火、防潮、防虫、保洁和安全等方面，配置相应设施设备。

2. **基础阅读设备**

用于中小学生阅读的设施设备，其规格应符合相应年龄使用需要。阅读空间家具包括书架、阅览桌椅、借阅台、报刊架等必要设施，并选配文件柜、陈列柜、办公桌椅、研讨桌椅等设施。家具应标准化与成套化，功能实用并符合人体工学，质感、外形与所在空间相协调。依需配置计算机、借还机、打复印一体机、扫描仪、电子阅读设备、文献保护设备、装订机、安全监测等相关设备。

不同类型阅读空间需配置的设施设备，见附表 2、表 3 和表 4。

3. **智慧阅读设备**

加强阅读空间的智慧化建设。依学校需求，合理选配智慧书柜、朗读亭、智慧阅读触屏、数字阅读平台等，可依托大数据开展智能化"可知、可导、可管"的个性化阅读服务设施。

鼓励采用新技术。重视科技在中小学阅读空间建设、管理和服务中的作用，有条件学校可采用 AR、VR、数字化信息采集器、交互式智能设施设备等新技术和新设备，创建能增强师生深度阅读感知的互动体验空间。

4. **消毒杀菌设备**

（1）空气消毒。应重视阅读空间内空气清新与通风工作。各校宜配可移动式空气净化消毒器，重点加强藏书室等相对密闭、空气不流通空间的杀菌消毒与除味除尘工作。有条件学校的图书馆宜配新风系统。

（2）图书杀菌。宜在图书流通处附近配置 1—2 台单次可消杀多本图书的图书杀菌机，规模较大学校可适当增加。提供杀菌机的安全操作导引，小学低年级学生应在成人指导下操作杀菌机。

5. **消防设备**

（1）符合规范。应按《图书馆建设设计规范》《建筑设计防火规范》《建筑内部装修设计防火规范》

等规范要求落实防火设计，配足配齐相关消防设备。

（2）加强管理。阅读空间应加强日常的防火管理，空间非使用时应切断电源。严格控制一切用火，不得在阅读空间内吸烟、点蚊香等。每校应制定适用的阅读空间灭火和应急疏散方案。

五、建设路径与方法

教育行政部门和学校应高度重视中小学阅读空间建设，加强组织领导，加大经费投入，创新建设理念，着力营建一流的阅读空间。

（一）建设路径

按照"政府支持、学校主导"的原则，以"示范带动，扶持薄弱，整体推进，均衡发展"为工作思路，有序推进中小学校的阅读空间建设，包括五大阶段。

1. 前期规划

结合各校办学实际，做好建前需求调研，落实项目建议书，较大的项目应编制可行性报告，重点对全校阅读空间建设进行整体规划与顶层设计。

2. 开展设计

依前期顶层规划，编制内容翔实的设计任务书。由学校主导，请专业机构对相关空间进行专业化设计，统筹协调设计各专业和软硬件资源，形成具有可实施性的高质量设计成果。设计机构提交的图纸应通过学校自审后方可进入后续图审、预算等环节。

3. 组织施工

根据阅读空间设计方案，编制详细实施方案，明确项目实施计划。由施工单位和学校一道，精心组织施工，完成相关设施设备的采购、安装与调试等工作。

4. 空间验收

按照设计图纸、合同和有关标准，对阅读空间的功能与性能进行全面验收。对不符合要求的环节实施限期整改。

5. 运营维护

制定切实可行的阅读空间运营维护方案，设立日常运营经费。动态评估空间绩效，形成阅读空间价值可持续提升的优化机制。

（二）师生全程参与

学校成立副校长以上领导为组长的阅读空间建设领导小组，图书馆馆长具体负责的工作机制。师生代表特别是学生代表全过程参与阅读空间的需求调研、规划设计、施工建设与用后持续完善。鼓励有条件的学校聘请专业顾问指导项目的设计与建设。

（三）PST 设计方法

引入基于需求和证据的阅读空间建设理念。空间设计深入思考教育学（pedagogy）、设施技术（technology）与阅读空间（space）之间的互动关系，引入 PST 设计方法，促进空间功能、设施设备与教育目标之间的协调统一。不同阅读空间设计，应围绕不同教育理念与教育方式，提出相应功能与设施需求，确保空间规划设计能达到预期目标。

（四）实施用后评估

倡导可持续发展理念，引入阅读空间的用后评估方法。围绕不同阅读空间的绩效目标，建立评估指标体系，通过邀请使用者参与评估、实测评估等方式，获得客观评估结果。重视阅读空间的建后微更新，形成持续提升阅读品质的长效机制。

附　录

为便于在执行本指引条文时区别对待，对要求严格程度不同的用词说明如下。

（1）表示严格，在正常情况下均应这样做的：正面词采用"应"，反面词采用"不应"；

（2）表示允许稍有选择，在条件允许时首先应这样做的：正面词采用"宜"，反面词采用"不宜"；

（3）表示有选择，在一定条件下可以这样做的：采用"可"。

（4）指引中指明应按其他有关标准执行的写法为："应符合……的规定（或要求）"或"应按……执行"。

附表 1 中小学图书馆使用面积测算标准

类别	人均纸质藏书量/册		藏书室		借阅空间/平方米		教师阅览室座位配置率（3平方米/座）		学生阅览室座位配置率（小学1.8平方米/座，中学1.93平方米/座）		数媒阅览室学生座位配置率（小学1.8平方米/座，中学2平方米/座）		报刊阅览室每班座位配置数（小学1.8平方米/座，中学2.3平方米/座）		办公及采编室（6平方米/座）		儿童非书资源室		其他选配功能空间	
	基准	示范	基准	示范	基准	示范	基准	示范	基准	示范	基准	示范	基准	示范	基准	示范	基准	示范	基准	示范
小学	25	35			≥10	≥15	25%	30%	7%	10%	3%	5%	1	1.2						
初中	35	45			≥10	≥15	30%	33%	10%	15%	3%	5%	1	1.2			小学段选配指标，12班及以下每校20平方米，每6班增加5平方米		示范学校依各校需求，功能选择性配置	
九年一贯	30	40	面积按450册/平方米计算		≥10	≥15	30%	33%	8%	12%	3%	5%	1	1.2						
高中	45	60			≥15	≥20	30%	35%	13%	17%	4%	6%	1	1.2						
完全中学	40	55			≥15	≥20	30%	35%	12%	16%	4%	6%	1	1.2						

附表 2 图书馆设施设备配置参考指引

序号	设备名称	功能	单位	数量	备注
1	书架	存放图书	个	按藏书（刊）量配置	宜用可调层高的双面或单面书架
2	报纸架	陈列报纸	个		
3	期刊架	陈列期刊	个		
4	陈列柜	陈列文献资料	顶		
5	矮书柜	存放图书，可用于功能分隔	个	适量	
6	书柜	存放文献资料	组		
7	文件柜	存放各类归档资料	组		
8	书立	整理、陈列图书	个		
9	书车	搬运图书	辆		
10	装订设备	装订文献			
11	可组合阅览桌	阅读、研修等	张	适量	

续表

序号	设备名称	功能	单位	数量	备注
12	数字阅览桌	放置数字阅览终端	张		可与阅览桌兼用
13	计算机或平板	数字阅览	台		
14	阅览桌椅、垫等	读者阅览	个		
15	投影设备	用于研讨交流	套		
16	台灯	补充照明	个		
17	电脑桌椅	师生使用	组	适量	
18	办公桌椅	管理人员使用	组		
19	计算机	文献采编和管理	套		
20	流通工作台	读者借还图书资料	套		
21	读卡器	图书借还	个		
22	扫码器	ISBN 录入、图书借还	台		
23	图书采集器	图书采购查重、清点	把		
24	检索终端	文献信息检索	台		
25	RFID 安全门	图书进出管理	个		
26	宣传栏	新书推介与成果展示	个	适量	
27	WEB 服务器	支持文献的电子化存储和应用	台	适量	宜放置在学校中心机房
28	数据库服务器		台		
29	光盘镜像服务器		台		
30	移动硬盘	数据资料备份	台		
31	打印复印一体机	书标条码和资料打印	台	适量	
32	扫描仪	文献资料扫描	台		
33	无线路由器	WIFI 学习环境	台		
34	空调	空气调节	台	适量	
35	消毒设备	文献资料消毒	台		
36	监控系统	全馆及出入口的监控	套	1	馆内宜无死角监控
37	文献管理系统	文献资源管理	套	1	软件
38	数字文献平台	数字文献利用与管理	套	1	软件
39	影音欣赏设备	影音欣赏	套	1	
40	音响设备		套	1	

续表

序号	设备名称	功能	单位	数量	备注
41	观摩椅		张	适量	
42	休闲桌椅、茶几	读者休憩交流	张	选配	
43	智慧图书柜	自助办证、借阅、查询等服务	台	选配	软硬件一体
44	数字图书借阅机	提供数字化图书的自助借阅服务	台		软硬件一体
45	智慧阅读触屏	提供基于大数据的个性阅读服务	台		软硬件一体
46	朗读亭	智慧型听、说、阅平台	套		软硬件一体

附表3　公共阅读空间设施设备配置参考指引

序号	设施设备名称	配置要求	备注
1	书架	依公共场地条件	书架与报刊架可整体设计
2	报刊架	若干	选配
3	阅读交流区	阅读桌椅或席地阅读座位若干	符合人体工学
4	电脑终端	1—4 台	选配，配有线网络端口
5	智慧阅读触屏	1个，有数字化学习资源	选配，配有线网络端口
6	阅读文化墙	方便师生交流与展示	全校不少于1处，宜多设
7	图书	每处总册数100本以上	自然科学类图书不少于30%
8	报刊	小学至少3种，中学至少5种	选配，可以是下架报刊

附表4　班级阅读角设施设备配置参考指引

序号	设施设备名称	配置要求	备注
1	书架	不少于1组	书架与报刊架可整体设计
2	报刊架	1个	选配
3	班级读书园地	1个	班内读书宣传交流
4	图书	不少于人均2册	自然科学类图书不少于20%
5	工具书	小学至少3种，中学至少5种	
6	报刊	小学至少3种，中学至少5种	选配，可以是下架报刊

《城市论》

（上、中、下）

王国平 著

《城市论》是我国第一部综合性的城市理论著述；也是一部"城市学"研究的学术专著、一部城市研究学科的专业教材、一部推进城市科学发展的干部手册，值得城市的研究者、规划者、建设者、管理者和经营者一读。

《城市怎么办》

（1—12卷）

王国平　著

　　《城市怎么办》（1—12卷）真实记录了作者近十多年来在杭州城市建设与发展中形成的一系列新理念、新思路、新举措，不仅是杭州应对城市化挑战的经验总结，更是我国一部以问题为导向的综合性的城市学研究专著。该书既具有很强的思想性、学术性和指导性，也具有很强的实践性、针对性和操作性，是面向城市研究者的理论专著、面向城市管理者的工作手册，也是面向广大市民的城市学教材。

《城市学总论》
（上、中、下）

王国平　著

　　《城市学总论》是一部以系统科学和集成创新方法、全面综合研究城市的教科书式学术专著。作者在其中对城市的历史与现状有着广泛和深入的研究，对城市的建设与发展具有全面和系统的理论思考。特别难能可贵的是，为了探究中国新型城镇化发展道路，作者以强烈的历史使命感和时代责任感，集数十年丰富的城市管理和研究经验积累，直击中国城市化进程中面临的各种挑战与问题。全书用26章、150万字、1500多页的鸿篇巨制和2200多张精心挑选的图片，通过梳理城市学理论和总结城市发展实践经验，鲜活地解读了城市这一有机体、生命体和复杂的系统，为社会各界了解、认识、研究城市进而应对当前日益凸显的"城市病"，推进城市科学和谐发展提供了指南和参考。

　　《城市学总论》既是一部立足前沿领域的学术专著，也是一部指导城市管理的工作手册；既是一部启迪专家学者的研究指南，也是一部引领从业人员的经典教材。该书内容博大精深，涉及城市的方方面面，既有关于城市基本理论、发展历程、未来展望的总体阐述，也有关于城市规划、建设、保护、管理、经营等层面的专题研究，具有很强的学术性、实践性、可读性和权威性，是近年来国内少见的高水平城市学研究著作。

《城市学文库》

王国平　总主编

　　"城市学文库"是杭州国际城市学研究中心城市学研究成果出版物的统称，主要由"城市学论丛""城市学译丛""城市学教科书""城市学蓝皮书"等部分组成，涵盖城市农民工、城市交通、城市教育、城市文化遗产、城市住房、城市土地、城市医疗卫生和城市环境八大城市问题研究领域。

历史城市景观研究

（第1辑）

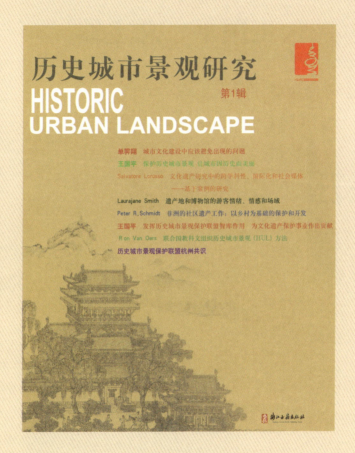

　　《历史城市景观研究》是中国首家致力于历史城市景观保护，以及联合国教科文组织《关于历史城市景观的建议书》落实、推广的组织——历史城市景观保护联盟的综合性刊物。围绕文化遗产保护问题，收录文化遗产保护研究与实践领域的最新成果，汇聚文化遗产保护研究领域专家学者、一线管理者的思想结晶，打造历史城市景观保护和研究的成果发布、学术交流、信息资讯平台，努力成为中国文化遗产保护和历史城市景观保护"研究先行"的典范。以落实联合国教科文组织《关于历史城市景观的建议书》，结合中国历史文化名城保护实际，探索具有针对性、操作性的保护方法，为破解"千城一面"、文化同质化等问题寻求可行性路径。

《杭州全书》

"存史、释义、资政、育人"
全方位、多角度地展示杭州的前世今生

王国平　总主编

杭州全书

杭州文献集成	杭州丛书	杭州通史	杭州辞典	杭州研究报告
西湖文献集成	西湖丛书	西湖通史	西湖辞典	西湖研究报告
西溪文献集成	西溪丛书	西溪通史	西溪辞典	西溪研究报告
运河（河道）文献集成	运河（河道）丛书	运河（河道）通史	运河（河道）辞典	运河（河道）研究报告
钱塘江文献集成	钱塘江丛书	钱塘江通史	钱塘江辞典	钱塘江研究报告
良渚文献集成	良渚丛书	良渚通史	良渚辞典	良渚研究报告
湘湖（白马湖）文献集成	湘湖（白马湖）丛书	湘湖（白马湖）通史	湘湖（白马湖）辞典	湘湖（白马湖）研究报告

《杭州全书》已出版书目

文献集成

杭州文献集成

1.《武林掌故丛编（第1—13册）》（杭州出版社2013年出版）
2.《武林往哲遗著（第14—22册）》（杭州出版社2013年出版）

西湖文献集成

1.《正史及全国地理志等中的西湖史料专辑》（杭州出版社2004年出版）
2.《宋代史志西湖文献专辑》（杭州出版社2004年出版）
3.《明代史志西湖文献专辑》（杭州出版社2004年出版）
4.《清代史志西湖文献专辑一》（杭州出版社2004年出版）
5.《清代史志西湖文献专辑二》（杭州出版社2004年出版）
6.《清代史志西湖文献专辑三》（杭州出版社2004年出版）
7.《清代史志西湖文献专辑四》（杭州出版社2004年出版）
8.《清代史志西湖文献专辑五》（杭州出版社2004年出版）
9.《清代史志西湖文献专辑六》（杭州出版社2004年出版）
10.《民国史志西湖文献专辑一》（杭州出版社2004年出版）
11.《民国史志西湖文献专辑二》（杭州出版社2004年出版）
12.《中华人民共和国成立50年以来西湖重要文献专辑》
　　（杭州出版社2004年出版）
13.《历代西湖文选专辑》（杭州出版社2004年出版）
14.《历代西湖文选散文专辑》（杭州出版社2004年出版）
15.《雷峰塔专辑》（杭州出版社2004年出版）
16.《西湖博览会专辑一》（杭州出版社2004年出版）
17.《西湖博览会专辑二》（杭州出版社2004年出版）
18.《西溪专辑》（杭州出版社2004年出版）
19.《西湖风俗专辑》（杭州出版社2004年出版）
20.《书院·文澜阁·西泠印社专辑》（杭州出版社2004年出版）

西溪丛书

27.《西溪与蕉园诗社》（杭州出版社 2012 年出版）
28.《西溪集古楹联匾额》（杭州出版社 2012 年出版）
29.《西溪蒋坦与〈秋灯琐忆〉》（杭州出版社 2012 年出版）
30.《西溪名人》（杭州出版社 2013 年出版）
31.《西溪隐红》（杭州出版社 2013 年出版）
32.《西溪留下》（杭州出版社 2013 年出版）
33.《西溪山坞》（杭州出版社 2013 年出版）
34.《西溪揽胜》（杭州出版社 2013 年出版）
35.《西溪与水浒》（杭州出版社 2013 年出版）
36.《西溪诗词选注》（杭州出版社 2013 年出版）
37.《西溪地名揽萃》（杭州出版社 2013 年出版）
38.《西溪的龙舟胜会》（杭州出版社 2013 年出版）
39.《西溪民间语言趣谈》（杭州出版社 2013 年出版）

运河（河道）丛书

1.《杭州运河风俗》（杭州出版社 2006 年出版）
2.《杭州运河遗韵》（杭州出版社 2006 年出版）
3.《杭州运河文献（上）》（杭州出版社 2006 年出版）
4.《杭州运河文献（下）》（杭州出版社 2006 年出版）
5.《京杭大运河图说》（杭州出版社 2006 年出版）
6.《杭州运河历史研究》（杭州出版社 2006 年出版）
7.《杭州运河桥船码头》（杭州出版社 2006 年出版）
8.《杭州运河古诗词选评》（杭州出版社 2006 年出版）
9.《走近大运河·散文诗歌卷》（杭州出版社 2006 年出版）
10.《走近大运河·游记文学卷》（杭州出版社 2006 年出版）
11.《走近大运河·纪实文学卷》（杭州出版社 2006 年出版）
12.《走近大运河·传说故事卷》（杭州出版社 2006 年出版）
13.《走近大运河·美术摄影书法采风作品集》（杭州出版社 2006 年出版）
14.《杭州运河治理》（杭州出版社 2013 年出版）
15.《杭州运河新貌》（杭州出版社 2013 年出版）
16.《杭州运河歌谣》（杭州出版社 2013 年出版）
17.《杭州运河戏曲》（杭州出版社 2013 年出版）
18.《杭州运河集市》（杭州出版社 2013 年出版）
19.《杭州运河桥梁》（杭州出版社 2013 年出版）
20.《穿越千年的通途》（杭州出版社 2013 年出版）
21.《穿花泄月绕城来》（杭州出版社 2013 年出版）
22.《烟柳运河一脉清》（杭州出版社 2013 年出版）
23.《口述杭州河道历史》（杭州出版社 2013 年出版）
24.《杭州运河历史建筑》（杭州出版社 2013 年出版）
25.《杭州河道历史建筑》（杭州出版社 2013 年出版）
26.《外国人眼中的大运河》（杭州出版社 2013 年出版）

3.《玉器的故事》（杭州出版社 2013 年出版）
4.《从村居到王城》（杭州出版社 2013 年出版）
5.《良渚人的衣食》（杭州出版社 2013 年出版）
6.《良渚文明的圣地》（杭州出版社 2013 年出版）
7.《神人兽面的真像》（杭州出版社 2013 年出版）
8.《良渚文化发现人施昕更》（杭州出版社 2013 年出版）

研究报告

南宋史研究丛书

1.《南宋史研究论丛（上）》（杭州出版社 2008 年出版）
2.《南宋史研究论丛（下）》（杭州出版社 2008 年出版）
3.《朱熹研究》（人民出版社 2008 年出版）
4.《叶适研究》（人民出版社 2008 年出版）
5.《陆游研究》（人民出版社 2008 年出版）
6.《马扩研究》（人民出版社 2008 年出版）
7.《岳飞研究》（人民出版社 2008 年出版）
8.《秦桧研究》（人民出版社 2008 年出版）
9.《宋理宗研究》（人民出版社 2008 年出版）
10.《文天祥研究》（人民出版社 2008 年出版）
11.《辛弃疾研究》（人民出版社 2008 年出版）
12.《陆九渊研究》（人民出版社 2008 年出版）
13.《南宋官窑》（杭州出版社 2008 年出版）
14.《南宋临安城考古》（杭州出版社 2008 年出版）
15.《南宋临安典籍文化》（杭州出版社 2008 年出版）
16.《南宋都城临安》（杭州出版社 2008 年出版）
17.《南宋史学史》（人民出版社 2008 年出版）
18.《南宋宗教史》（人民出版社 2008 年出版）
19.《南宋政治史》（人民出版社 2008 年出版）
20.《南宋人口史》（上海古籍出版社 2008 年出版）
21.《南宋交通史》（上海古籍出版社 2008 年出版）
22.《南宋教育史》（上海古籍出版社 2008 年出版）
23.《南宋思想史》（上海古籍出版社 2008 年出版）
24.《南宋军事史》（上海古籍出版社 2008 年出版）
25.《南宋手工业史》（上海古籍出版社 2008 年出版）
26.《南宋绘画史》（上海古籍出版社 2008 年出版）
27.《南宋书法史》（上海古籍出版社 2008 年出版）
28.《南宋戏曲史》（上海古籍出版社 2008 年出版）
29.《南宋临安大事记》（杭州出版社 2008 年出版）
30.《南宋临安对外交流》（杭州出版社 2008 年出版）

31.《南宋文学史》（人民出版社 2009 年出版）

32.《南宋科技史》（人民出版社 2009 年出版）

33.《南宋城镇史》（人民出版社 2009 年出版）

34.《南宋科举制度史》（人民出版社 2009 年出版）

35.《南宋临安工商业》（人民出版社 2009 年出版）

36.《南宋农业史》（人民出版社 2010 年出版）

37.《南宋临安文化》（杭州出版社 2010 年出版）

38.《南宋临安宗教》（杭州出版社 2010 年出版）

39.《南宋名人与临安》（杭州出版社 2010 年出版）

40.《南宋法制史》（人民出版社 2011 年出版）

41.《南宋临安社会生活》（杭州出版社 2011 年出版）

42.《宋画中的南宋建筑》（西泠印社出版社 2011 年出版）

43.《南宋舒州公牍佚简研究》（上海古籍出版社 2011 年出版）

44.《南宋全史（一）》（上海古籍出版社 2011 年出版）

45.《南宋全史（二）》（上海古籍出版社 2011 年出版）

46.《南宋全史（三）》（上海古籍出版社 2012 年出版）

47.《南宋全史（四）》（上海古籍出版社 2012 年出版）

48.《南宋全史（五）》（上海古籍出版社 2012 年出版）

49.《南宋全史（六）》（上海古籍出版社 2012 年出版）

50.《南宋美学思想研究》（上海古籍出版社 2012 年出版）

51.《南宋川陕边行政运行体制研究》（上海古籍出版社 2012 年出版）

52.《南宋藏书史》（人民出版社 2013 年出版）

53.《南宋陶瓷史》（上海古籍出版社 2013 年出版）

54.《南宋明州先贤祠研究》（上海古籍出版社 2013 年出版）

杭州研究报告

1.《金砖四城——杭州都市经济圈解析》（杭州出版社 2013 年出版）

2.《民间文化杭州论稿》（杭州出版社 2013 年出版）

3.《杭州方言与宋室南迁》（杭州出版社 2013 年出版）

钱塘江研究报告

《钱塘江研究报告（一）》（杭州出版社 2013 年出版）

杭州国际城市学研究中心简介

　　杭州国际城市学研究中心成立于2009年，是杭州专门设立的从事城市学、杭州学研究的正局级事业单位。

　　研究定位：努力打造"国际特征、中国特色、杭州特点"的城市学学派、建设"全国领先、世界一流"的城市学智库。推进城市学"理论研究中心、学术交流中心、信息发布中心、人才培养中心"建设。

　　研究理念：用系统科学的方法，科学系统地研究城市。中心坚持定性研究与定量研究相结合，问题导向与规律导向相结合，推进"历史城市景观保护联盟、世界遗产保护杭州研究中心、浙江省哲学社会科学重点研究基地浙江省城市治理研究中心、浙江大学城市学博士后研究基地"建设。

　　研究路径：打造融"评选、论坛、平台、课题、人才、宣传、基金、咨询、培训"于一体的城市学研究链。举办"钱学森城市学金奖、西湖城市学金奖"征集评选活动，主办"中国城市学年会"，搭建"八大城市问题"研究平台，承揽国家级、省市级课题数十项，建设"中国城市网、城市怎么办官方微博"等城市学全媒体。

　　研究机制：以治理的理念，开展"模块化研究、矩阵式管理"。推动城研中心发展"有人办事、有钱办事、有房办事、有章办事"，开展全方位战略合作，构建协同创新新模式，组织编纂《杭州全书》、《城市学文库》，已出版成果300多种，出版《城市学研究》、《历史城市景观研究》期刊。

承担多项国家级课题，推进城市学智库建设。图为国务院原副总理、中国国际经济交流中心理事长曾培炎出席中心承担课题开题报告会。

整合资源，协同创新，开展全方位战略合作。图为与联合国教科文组织签署战略合作协议（UNESCO文化助理总干事弗朗西斯科·班德林出席）。

开展"钱学森城市学金奖"、"西湖城市学金奖"征集评选活动。图为第三届钱学森城市学金奖颁奖仪式。

举办高层次城市学学术交流活动。图为中国城市学年会·2013在杭召开。

开展城市管理者培训服务。图为为中国浦东干部学院省部级干部专题研讨班授课。

为各地党委、政府提供决策咨询。图为在湖北省黄冈市东坡赤壁调研。

建设城市学全媒体。图为@城市怎么办微博上线仪式。

推进浙江省哲学社会科学重点研究基地浙江省城市治理研究中心建设。图为浙江省城市治理研究中心工作会报会。

与联合国教科文组织世界遗产中心共同建设世界遗产保护杭州研究中心，组建历史城市景观保护联盟，打造推进美丽城镇建设的智库。图为国际文化景观科学委员会主席莫妮卡·卢恩格为"世界遗产保护杭州研究中心"揭牌。

@城市怎么办

http://e.t.qq.com/urbanchina

中国城市网

http://www.urbanchina.org

地　　址：杭州市上城区粮道山 18 号
邮　　编：310002
电　　话：0571-85250985
网　　址：http://www.urbanchina.org
官方微博：http://e.t.qq.com/urbanchina